21 世纪高等院校汽车类创新型应用人才培养规划教材

电动汽车结构与原理

主　编　赵立军　佟钦智
副主编　魏平涛　盛团结

内 容 简 介

本书按照当前电动汽车的主流设计理念，力求系统地阐述电动汽车技术和原理知识，涉及电动汽车的能源系统、驱动系统、辅助系统、控制系统、计算仿真、基础设施等。具体内容包括电动汽车发展概况及法规现状、电动汽车的构成、各种能量源和电动机的原理及特性；电动汽车冷却、转向、暖风、空调等辅助系统；电动汽车的电气系统、充电系统；根据工程设计经验，进行了电动汽车设计计算实例介绍和环保性与经济性分析。

本书既有编者近几年来在电动汽车设计领域的研究成果，也有收集到的国内外有关文献资料及研究成果。

本书适合高等院校汽车相关专业的学生学习，符合高等院校车辆工程相关专业新能源汽车方向课程的教学需要。同时本书也可供高职高专院校师生、政府有关部门人员和企业的工程技术人员阅读参考。

图书在版编目(CIP)数据

电动汽车结构与原理/赵立军，佟钦智主编. —北京：北京大学出版社，2012.7
(21世纪高等院校汽车类创新型应用人才培养规划教材)
ISBN 978-7-301-20820-5

Ⅰ. ①电… Ⅱ. ①赵…②佟… Ⅲ. ①电传动汽车—高等学校—教材 Ⅳ. ①U469.72

中国版本图书馆CIP数据核字(2012)第132385号

书　　名：电动汽车结构与原理
著作责任者：赵立军　佟钦智　主编
责 任 编 辑：童君鑫
标 准 书 号：ISBN 978-7-301-20820-5/TH·0297
出　版　者：北京大学出版社
地　　址：北京市海淀区成府路205号　100871
网　　址：http://www.pup.cn　http://www.pup6.cn
电　　话：邮购部 010-62752015　发行部 010-62750672　编辑部 010-62750667
电 子 邮 箱：pup_6@163.com
印　刷　者：北京虎彩文化传播有限公司
发　行　者：北京大学出版社
经　销　者：新华书店
787毫米×1092毫米　16开本　16印张　369千字
2012年7月第1版　2022年8月第6次印刷
定　　价：35.00元

前　　言

自1886年汽车诞生起，汽车已经历经了120多年的发展。随着科学技术的进步与经济的发展，汽车已经成为人们日常生活中离不开的代步工具或运输工具。然而随着全球人口的急剧膨胀，到2011年，实际总人口已突破70亿人。《2010年世界人口状况报告》预测，到2050年，世界人口将超过90亿人。能源紧缺、环境污染、气候变暖成为了汽车产业面临的难题和挑战。我国是一个能源紧缺的国家，国家通过汽车产业的调整或振兴规划，新能源汽车的研发受到越来越多的关注。国家重点强调以新能源汽车为突破口，加强自主创新，形成新的经济增长点和竞争优势。

电动汽车作为新能源汽车的领军者，尤其受到人们的关注和追捧。电动汽车的推广和应用，已成为我国各地实施新能源战略的热门话题。电动汽车虽然目前仍有诸多的限制因素，但相比过去，电动汽车的发展可谓是日新月异，而且性能不断提高，新品辈出，并不断推向市场。

本书结合目前电动汽车的主流设计理念，全面系统地论述了电动汽车技术。全书共分10章。第1章阐述了电动汽车发展概况以及目前的政策导向和适用的法律法规状况；第2章概括叙述了电动汽车的构造和组成部分；第3章和第4章着重介绍了电动汽车关键零部件——能量源及电动机的类型、特点、工作原理和基本特性；第5章介绍了电动汽车的冷却系统；第6章介绍了转向、暖风、空调等辅助系统在电动汽车中的应用；第7章介绍了电动汽车的电气系统；第8章介绍了电动汽车的充电系统，阐述了充电模式对电池的影响，并介绍了目前国内对电动汽车充电的方案；第9、10章介绍了电动汽车设计计算及车辆设计的关键因素等，介绍了仿真分析在电动汽车设计中的应用。

本书第1、2、8～10章由赵立军、佟钦智编写；第3、4、6章由魏平涛编写；第5章由陈兆伟与佟钦智合作编写；第7章由盛团结和胡子龙合作编写。全书由赵立军统稿。

本书有编者近几年来在电动汽车设计领域的研究成果，也有收集到的国内外有关文献资料及研究成果。本书系统地从理论上和实践上对电动汽车进行了分析，内容包括了电动汽车的能源系统、驱动系统、辅助系统、控制系统、计算仿真、基础设施等。希望本书的出版能对电动汽车的科学技术人员有所帮助，本书也适用于大专院校师生、政府有关部门人员和企业的工程技术人员阅读参考。

尽管我们努力欲将国内外电动汽车领域的最新发展和技术介绍给读者，但由于各类电动汽车的发展日新月异和新技术的不断推出，以及作者的水平限制，难免有疏漏之处，恳请读者不吝指正。

谨以此书献给多年来帮助编者的各界朋友和广大读者。

编　者

2012年5月

目　录

第1章 电动汽车发展概况

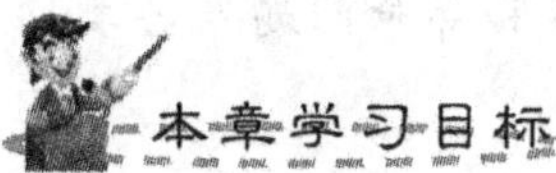

本章学习目标

★ 了解电动汽车的发展状况，熟悉电动汽车用途和发展方向

★ 了解我国电动汽车生产资质及要求，理解电动汽车的各种适用标准

★ 熟悉电动汽车的主要技术术语，理解其含义并能够熟悉应用

本章教学要点

知识要点	能力要求	相关知识
电动汽车工业现状	了解电动汽车的发展状况	目前电动汽车发展状况； 电动汽车技术的发展阶段和趋势
电动汽车的用途	熟悉电动汽车的用途	电动汽车的用途及分类； 电动汽车的发展阶段
电动汽车适用标准	了解电动汽车标准； 熟悉电动汽车主要标准	电动汽车主要标准
电动汽车术语	理解术语定义	电动汽车术语相关含义和特性

导入案例

近年来，随着世界能源紧缺，各国对石油资源的不断开采，导致石油产量的不均衡和价格飞涨，而且燃油汽车对石油资源的过分依赖，导致能源危机凸显。另外，随着能源的大量消耗，环境问题日益突出，地球变暖、臭氧层破坏带来的问题不断出现。汽车的发展加剧了能源消耗，人们越发意识到替代能源的必要性和紧迫性，电动汽车再次提上日程。

电动汽车是一种以电能作为主要能源驱动的车辆，随着近年来各国政府的大力推广，电动汽车取得了长足的进步。电动汽车的历史虽然悠久，但是人们对汽车的要求越来越高，目前现代电动汽车还处于起步阶段，在性能方面，尤其是续驶里程与燃油汽车还有很大差距，电池的寿命也不十分理想。随着电动汽车技术的发展，新式电动汽车不断涌现，同时这也带来了一系列需要解决的问题，如电动汽车的分类和发展方向问题、电动汽车的充电问题、电力设备的负荷问题、蓄电池性能和寿命问题及各类标准的适用性问题等。

1.1 电动汽车的定义

由于燃油汽车对不可再生的石油资源的过分依赖，以及燃油汽车对环境的压力不断加大，各国都在大力推进新能源汽车的发展，新能源汽车是实现汽车工业可持续发展的必由之路。而新能源汽车领域，电动汽车以其高能量利用率和优异的排放性能，成为了新能源汽车的主力。这里所指的新能源不是指全新的能源，而是指汽车所用的能源区别于传统的燃油(气)汽车。

电动汽车是指以车载电源(或其他能源)为动力，用电动机驱动车轮行驶，符合道路交通、安全法规各项要求的车辆。

1.2 电动汽车的历史与现状

电动汽车历史悠久，它的发展史甚至比燃油汽车的还长。据考证，世界上的第一辆电动汽车是美国发明家 T. Davenport 在 1834 年发明的。虽然当时这辆汽车的性能还非常差，仅仅依靠一个简单的玻璃封装蓄电池驱动，行驶距离很短，而且不能充电，但是这已经是世界上第一辆真正意义上的电动汽车。直到 1881 年，法国工程师 G. Trouve 给车辆装配了铅酸电池作为动力，世界上第一辆可以充电的电动汽车才真正诞生。随后在 1886 年，有轨电车出现了，不过该车出现的更大意义在于首次提出了再生制动技术，即制动回馈技术，将电动汽车的能量效率大幅度的提升。在随后十多年的时间内，电动汽车飞速发展，人们开始追求电动汽车的速度。1899 年 5 月，比利时人 C. Jenatzy 创造了 110km/h 的速度记录，成为世界上第一辆时速超过 100km/h 的电动汽车。

从 19 世纪末到 20 世纪前期，在欧美等发达国家，汽车已经逐步替代了马车和自行车，电动汽车也变得流行起来，进入了商业化的发展阶段。到1912年，仅美国就有超过34000辆的电动汽车注册，成为了早期电动汽车的全盛时期。不过随后由于内燃机汽车的出现，伴随着内燃机的不断发展，电动汽车由于受到价格和续驶里程等的限制，逐渐退出了汽车市场。自20世纪30年代起，电动汽车基本上完全淡出市场，进入了冬眠期。

混合动力汽车的历史也与其他类型的汽车一样悠久。众所周知，混合动力汽车省油、节能，但是，混合动力汽车的出现却并非为了节能的理念。当时由于内燃机汽车的性能不够稳定，续驶里程不能满足需要，电动部分作为辅助动力使用。由于电动机技术和电池技术不够成熟，成本、体积和效率都不理想，因此在20世纪30年代以后，混合动力汽车和电动汽车一起逐渐淡出市场。目前的混合动力汽车与早期的混合动力汽车相比已经有了质的飞跃，现在混合动力成了节能的新概念。但是，在2011年我国的新能源车辆划分中，非插电式混合动力汽车不再属于新能源汽车，而是作为了节能汽车出现。现在非插电式混合动力已经属于较成熟的技术。插电式混合动力汽车逐渐替代非插电式混合动力汽车。

燃料电池的思想最早出现在1839年，但是由于当时的技术限制，直到半个世纪以后的1889年，C. Langer和L. Mond才设计出第一块具有一定使用价值的燃料电池。之后燃料电池一直处于研发状态，直到1959年燃料电池才第一次作为一种全新的电力能源系统应用于电动汽车的驱动，这已经是在燃料电池出现的120年之后了。由于燃料电池性能的特殊性，在美国宇航局的推动下，燃料电池迅猛发展，并用于多个太空项目。但是，在汽车领域，由于燃料电池初期是使用氢气作为燃料，在生产、存储和运输等发面一直受限，发展缓慢。

20世纪70年代，中东的石油危机爆发，一场能源革命随之到来。普通燃油汽车的劣势凸显。对于燃油汽车来说，石油代表了一切，没有了石油，车辆就无法运行。因而，各国政府开始更加注重能源的安全和能源的替代，寻找新的能源和新的能源载体。电动汽车又开始引起人们的重视，因为其使用电能作为能源，不但排放接近零污染，而且电动机比内燃机更简单可靠、电动机的转速和转矩也比内燃机更加容易控制，因而电动汽车重新进入了各国政府和科研机构的研究内容之中。随后，电动汽车开始复苏。在20世纪70年代，美国陆续颁布了关于电动汽车的研究、开发和应用的法律法规。与此同时，欧洲、亚洲等国也逐渐投入大量的人力、物力和财力致力于电动汽车的开发和研究。随后，欧美和日本的汽车公司相继推出了各种电动汽车。在学术界，全面研发电动汽车的时机也已到来，与电动汽车相关的各个领域的研发人员一起参与进来，从而为电动汽车的飞速发展奠定了基础。

但是，比较戏剧性的是，在20世纪的70年代末和80年代，能源危机的影响逐渐散去，电动汽车的研发进展缓慢，政府更多地提倡汽车制造商加大内燃机的改进，提高内燃机燃油的利用率以减小污染排放。例如欧洲的燃油排放标准一直由欧Ⅰ排放标准延伸到目前的欧Ⅴ甚至欧Ⅵ排放标准。我国政府也随后颁布了适合我国的排放标准，国Ⅰ标准一直到目前的国Ⅴ排放标准。在这种环境下，电动汽车再次失去了商用化动力，发展又变得缓慢起来，再次走入低谷。

从20世纪90年代起，随着世界汽车业的高速发展，气候变化异常，环境恶化，全球变暖等问题出现，电动汽车的研发又开始活跃起来，进入了又一个更加迅速的发展期。在这近20年的时间里，随着各种科学技术高速发展，尤其是电子和电池技术的发展，电动汽车的许多技术难点逐一得到解决。世界各大汽车制造商纷纷推出了各自的电动汽车产品。汽车生产商在积极地涉足电动汽车领域的同时，一些电力公司和电池生产商也在起着积极的推动作用。同时，由于各国政府的重视，加大了电动汽车的鼓励和补助，更加强了汽车生产商对于电动汽车的信心。另外，各研究机构和大学也在不断地研究电动汽车的新技术，提升电池及电动机等核心部件的性能。

1.2.1 国际电动汽车的发展状况

国际上，以日本丰田公司为代表的世界汽车巨头，很早便投入电动汽车的研发。丰田公司在1971年开始研发电动汽车，当时正值石油危机，加之日本政府担心能源安全，非常重视新能源在汽车上的应用。由日本丰田公司和日本工业部共同发起了电动汽车研究，丰田汽车正式研发电动汽车。到20世纪80年代，丰田公司相继研发了EV系列电动汽车，随后的90年代，丰田公司基本上每年都会推出一款或多款电动汽车，由于电池性能有待提升，当时丰田公司推出的电动汽车以混合动力电动汽车为主。

作为日本另一个主要的汽车制造商本田公司，在电动汽车的研发和销售上也是不甘落后。本田公司着重点与丰田公司有所不同，主要是集中在混合动力和燃料电池电动汽车的方向上。燃料电池电动汽车是本田公司电动汽车的主要研发方向。2006年年初，本田公司投入大量资源研发的燃料电池汽车FCX试运行，并将其作为下一代商用化绿色汽车。该车配备了交流同步电动机，最高车速达到160km/h，连续行驶里程更是达到了普通车辆标准的570km。

另一个日本的汽车制造巨头日产公司也是不遗余力的研发电动汽车。日产公司在1970年开始了电动汽车的基础研究，并在同年推出了概念汽车CITY。日产公司与本田公司类似，也是主要集中在混合动力和燃料电池电动汽车的方向上，日产公司更是把燃料电池电动汽车的研发提升到一定的战略地位。日产公司的主力产品之一FCV2005燃料电池电动汽车，集成了日产公司的核心技术，包括Tino Hybird的控制技术、Hyper Mini小汽车的高压电子系统技术和锂电池技术。

在美国，通用汽车公司曾经雄踞全球汽车公司行业老大77年之久，虽然在国际金融危机中受到重创，但是同样在电动汽车领域颇具实力。通用汽车公司在电动汽车的研发领域起步较早，经过几十年的经验积累，在1990年推出了媲美传统燃油汽车驱动能力的Impact，它证明了电力驱动技术能够代替传统燃油汽车。通用汽车公司在这一领域也是主要集中在混合动力和燃料电池电动汽车两个方向上。通用汽车的混合动力汽车的应用领域更加广泛，涵盖了小轿车、卡车和公共汽车。通用汽车在2007年推出的一款增程式电动汽车Volt，在纯电动的情况下，可以达到483km的续航能力，在启动增程发动机的情况下，连续行驶里程超过1000km。

通用公司的第一款燃料电池汽车是Zafira，采用的是低温燃料箱的液态氢作为燃料。真正定性的燃料电池电动汽车是Chevy Equinox，该车是通用公司真正零汽油和零排放的燃料电池电动汽车。相关资料显示，该车可以在冰点以下正常启动，续驶里程达到320km以上。

北美的福特公司于20世纪60年代也开始了电动汽车的研究。福特的第一辆电动汽车Comuta于60年代末推出。随后又研发了Econoline、Fiesta、Escort和ETX等多款电动汽车。进入90年代后，福特公司推出了多款商用化的电动汽车甚至电动货车。比较知名的是Ecostar增程式小型电动送货汽车，该车采用了新式的钠硫电池，容量达到30kW·h，电动机为55kW的交流感应电动机，最大载重为450kg，最高时速为112km/h，续航能力为210km，同时该车配备了车用空调。

目前福特公司的电动汽车主要研发混合动力和燃料电池两大类，相应产品也已经商业化。福特公司的燃料电池电动汽车代表作P2000是一款四门轿车，采用氢燃料及质子交换膜燃料电池系统，资料显示，该车由交流感应式电动机驱动，最大功率可达91kW，最大扭矩为190N·m，最高车速为128km/h，续驶里程为160km。

戴姆勒-克莱斯勒公司于1997年推出了该公司的第一台燃料电池电动汽车NECAR。该车以甲烷为燃料，容量为38L，续驶里程为400km，最高车速为145km/h。燃料电池为质子交换膜结构，最大功率为50kW。在2000年，戴姆勒推出了该车的升级版NECAR5，功率提升到75kW，最高车速提高到150km/h以上。其最突出的特点是驱动设备体积明显缩小，仅为原来的一半。戴姆勒公司真正全面商用化的产品是F-Cell燃料电池电动汽车。

在欧洲，意大利的菲亚特汽车公司是一家较早从事电动汽车研发的企业。从20世纪60年代起，菲亚特就开始了一整套电动汽车的生产和研究，积累了丰富的经验。1974年，菲亚特推出了其第一款电动汽车X1/X23，该车为试验性电动汽车，没有商品化推广。1990年，菲亚特公司成功推出了城市实用型电动汽车Panda。随后又推出了Cinquecento电动客车、Ducato电动货车、Zic两座电动汽车及四座电动汽车Seicento。现在，菲亚特公司也大力研究混合动力和燃料电池电动汽车。2009年6月，菲亚特公司依靠取得克莱斯勒公司的部分股权，同时通过与克莱斯勒的全面技术合作，生产共享，车型平台互补等措施，加快了电动汽车技术的发展。

法国的雪铁龙公司在20世纪的90年代开始了电动汽车的研发，1990年雪铁龙投放了Peugeot J5和Citroen C25两款电动汽车，随后又加快研发，投放了Peugeot 106、Citroen AX、Citroen Citela、Peugeot Ion电动汽车。

德国宝马公司在电动汽车领域也不甘落后，在1989年推出了它的第一款电动汽车E30E，1991年又推出了第二代电动汽车E36E，同年又正式推出了两门四座电动轿车E1，第二年推出了四门四座电动轿车E2。目前宝马公司全力研发的环保汽车是氢燃料内燃机汽车。宝马公司现在将新能源车辆的方向放在了氢燃料燃烧技术上，他们认为采用内置液氢燃烧室将是未来的发展趋势。

另外，像马自达、雷诺、沃尔沃等汽车制造商都在研发并推出电动汽车。随着各大汽车制造商角逐电动汽车，各种各样的蓄电池电动汽车、混合动力汽车、燃料电池电动汽车等越来越多的出现在市场上。

1.2.2 国内电动汽车的现状

欧洲国家和美、日等国家在热衷于电动汽车研究开发时，中国的电动汽车的发展也没有停滞脚步，具有中国自主知识产权的电动汽车也是层出不穷。国内很多高校、研究机构和汽车生产商都在研究和开发电动汽车。中国在“八五”、“九五”期间就开始立项研究电动汽车，并在“十一五”期间全面开花，取得了丰硕的研究成果。电动汽车技术的研发，涉及多学科的基础理论和最新技术，国产电动汽车除了面临机遇，也充满着挑战。国内汽车行业发展迅猛，我国在2009年便跃居成为世界第一汽车产销大国，国内市场潜能巨大，这为电动汽车的发展提供了有利条件，同时，电动汽车的发展，在中国遇到了前所未有的三大有利条件。

1. 大型国际活动在中国频繁举办，提供了有力推广契机

奥运会的影响不可小觑。1996年亚特兰大奥运会上，250辆电动高尔夫球车和15辆电动大巴组成的绿色车队投入使用；2000年悉尼奥运会上，投入了由400辆纯电动汽车组成的车队；2004年雅典奥运会火炬传递和马拉松比赛上也出现了电动汽车的身影。到了2008年，北京奥运会更是以“绿色奥运、科技奥运、人文奥运”为主题，充分展示了中国电动汽车的研发水平和科技实力。在奥运会期间，北京奥运会向世界郑重承诺，“严格控制汽车尾气和其他污染源的污染物排放总量，以及市区主要污染物的日平均浓度，保证在最不利的气象条件下，空气质量达到国际奥委会的要求标准”，实现这一承诺的过程非常困难，严控和关停了北京部分污染企业的同时，还限制燃油车辆的使用。同时，奥运会和残奥会期间的车辆采用的电动汽车技术就是承诺的技术保障。据统计，2008年奥运会和残奥会期间，达到零排放的电动汽车就有595辆之多，实现了奥林匹克公园区域和周边地区的交通“零排放”。这一绿色车队的阵容非常庞大，有北京理工大学和京华客车公司合作生产的锂电池电动汽车，有清华大学和北汽福田合作研发的燃料电池电动汽车。根据中国政府规定，该批电动汽车必须是在国内生产制造，因此奥运会的电动汽车全部是中国制造。而且由于该批次的电动汽车，汽车企业获得了政府的资金支持和配套设施方面的资助，包括为完善汽车充电网络建立的实验和应用平台。

2010年的上海世博会的成功举办，对于电动汽车更是有一个有力的推动。2010年上海世博会的主题便是“城市，让生活更美好”。据统计，世博会期间，共有超过20辆的燃料电池公交车和300辆燃料电池出租车及1000辆电动汽车投入使用。另外，根据《中国燃料电池公共汽车商业化营运计划》，6辆燃料电池公交车将在上海世博会后继续运营，采集运行中的各种实验数据，以期进一步推动燃料电池公共汽车在中国的产业化和推广应用。

2. 中国政府在政策上大力支持

中国电动汽车的产业化需要政府的积极支持，政府在这方面制定了多方政策，从“八五”开始便列入了科技攻关计划，到“九五”期间，正式列入重大科技产业工程项目，在“十五”期间，电动汽车成为了“863计划”的重大专项课题。为此中国政府投入了超过24亿人民币的支持力度。“电动汽车重大专项”提出了“三纵三横”研究开发布局。“三纵”是指电池、电动机和控制系统的关键项目。“三横”是指纯电池电动汽车、混合动力汽车和燃料电池电动汽车的整车开发。并强调，建立符合整车开发规律的严密整车开发程序，提出以整车开发为主导，关键零部件和相关材料紧密结合、基础设施协调发展，政策法规、技术标准与评估技术同步展开的基本方针，作为国内汽车科技项目的一个探索，以保证电动汽车重大专项产品化和产业化的目标实现。“电动汽车重大专项”在市场和技术分析的基础上，对混合动力汽车、纯电池电动汽车、燃料电池电动汽车、电动汽车共性技术采取了不同的研发导向、时间安排、投资策略和推广及产业化措施，致力于体现“有所为有所不为”的原则，以恰当定位、突出重点，来取得

实效。

到了“十一五”期间，在“863 计划”中，节能与新能源汽车重大项目的重点任务是：推进燃料电池电动汽车研发和示范运行，实现混合动力电动汽车规模产业化，拓展纯电池电动汽车的应用范围，进一步扩大替代燃料汽车的推广应用；促进节能与新能源汽车的产业政策、法规和相关标准的研究与制定，改善相关监测评价能力，形成知识产权保护和投融资服务体系，构建节能与新能源汽车公共服务平台，建立中国节能与新能源汽车产业联盟；把握交通能源动力系统转型的重大机遇，建立以企业为主体、产学研结合的自主研发创新体系。并先后通过《汽车金融公司管理办法》和《新能源汽车生产准入管理规则》。

目前国家已经制定了“十二五”汽车规划，到了“十二五”，国家对中国企业，包含新能源汽车的发展有了更加明确和详细的阐述。未来五年，中国汽车业将从过去的做大规模转向做强实力。具体来看，一方面提倡发展包括发展新能源汽车在内的节能汽车；另一方面，提倡通过兼并重组、淘汰落后产能来解决结构性产能过剩问题。

按照目前的规划草案，2015 年，中国将促进汽车产业与关联产业、城市交通基础设施和环境保护协调发展，从汽车制造大国转向汽车强国，预计 2015 年产销量达到 2500 万辆。自主品牌汽车将成为中国汽车业做大做强的基石。2015 年，中国自主品牌汽车市场比例将进一步扩大，自主品牌乘用车国内市场份额超过 50%，其中自主品牌轿车国内份额超过 40%。此外，中国汽车业将从依靠内需市场，转向大规模走出国门，2015 年自主品牌汽车出口占产销量的比例超过 10%。

为实现这一目标，中国将大力扶持自主开发力度，鼓励汽车生产企业提高研发能力和技术创新能力，积极开发具有自主知识产权的产品，实施品牌经营战略。此外，国家将大力扶持传统燃料的节能环保汽车、以纯电动汽车为主的新能源汽车，以及支持研究开发混合燃料、氢燃料等汽车。具体包括：

(1) 2015 年前，将大力扶持发展节能与新能源汽车的关键零部件的发展。在电动机、电池等核心零部件领域，力争形成 3 至 5 家动力电池、电动机等关键零部件骨干企业，产业集中度超过 60%。

(2) 实现普通混合动力汽车的产业化，力争中/重度混合动力乘用车保有量达到 100 万辆以上。

(3) 针对电能，在整个“十二五”电力行业规划中，将强调对水电、核电、风电和太阳能发电等清洁能源进行大规模投资，火电将大举让路，装机量退居 70%以下，清洁能源装机将超过 30%。具体来看，清洁能源中，风能设备这几年市场猛增，但是竞争激烈，光伏市场竞争更为激烈，而核电设备行业则以其高门槛和巨大的市场空间，有望成为最具潜力的投资方向。这也为电动汽车的发展提供了有利的促进作用。

3. 企业、科研院所和高校的全力配合

自我国将电动车列为“十五”重大科技专线起，国内的产、学、研三方便开始了共同参与公关，成功研发出了多款纯电池电动汽车、混合动力电动汽车和燃料电池电动汽车。

纯电池电动汽车方面，我国的纯电动电动汽车业已批量生产并开始小规模出口，在混合动力电动汽车方面已经成熟并大量生产。在燃料电池电动汽车方面，也有了长足的发

展，但是由于燃料电池制造成本过高，燃料要求苛刻，因此还是处于实验阶段，没有形成规模发展。

1.3 不堪重负的环境压力

目前世界汽车保有量约8亿辆，并以每年超过3000万辆的速度递增，预计到2020年全球汽车保有量将达到12亿辆以上，主要增幅来自发展中国家。我国汽车产销保持快速增长，2008年汽车产量934.5万辆，2009年汽车产量超过1300万辆，2010年汽车产量更是达到了1800万辆，2011年汽车产量1840万辆。这些燃油汽车所排放的废气造成空气质量日趋恶化，使得各国政府都在逐步限制燃油汽车的排放；同时，目前世界石油资源日趋紧张，石油价格始终居高不下。目前，各国政府和各大汽车制造厂商都正在加紧开发无排放或低排放、低油耗的清洁汽车。

近几年来，我国政府也越来越重视能源安全问题和环境保护问题。现在我国石油的对外依存度已经达到了55.2%，2010年共消耗了4.4亿吨石油，其中2.4亿吨来自海外进口，对外依存度已经超过了美国，这是一个很危险的信号。随着石油产品越来越昂贵，不管是否愿意，传统汽车将从生活中减少甚至消失，作为汽车生产厂家是不会愿意看到这种场景，因此一直以来都在寻找石油的替代能源。

在环境保护方面，我国政府把环境保护作为实施可持续发展战略的一项重要内容。我国环境监测数据表明，汽车尾气排放是城市大气污染的主要来源之一。北京市机动车尾气排放对大气污染物中CO、HC、NO_x的分担率分别为63.4%、73.5%和46%，在非采暖期这一分担率更高，分别为80.3%、79.1%和54.8%。上海市更为严重，分别为86%、96%和56%。广州、武汉、天津、重庆等许多大中型城市具有类似情况。随着工业化进程的加快，以及汽车保有量的迅速增加，汽车尾气的影响已经蔓延到了中小城市。调查研究表明，平均而言大气污染的42%来源于交通运输。据有关部门年统计，在全国600多座规模城市中，空气质量达到国家一级标准的城市不足1%。

因此，我国政府决定推广新能源汽车的应用，并以此为契机，推动我国汽车产业的结构升级，促进汽车产业的长远发展，振兴中国的汽车产业。随着我国汽车保有量的不断增加，市场需求与能源环境约束之间的矛盾越来越突出，传统燃油汽车将向高效低排放的电动汽车方向发展。我国必须把发展新能源汽车放在重要的战略位置。目前我国已经具备发展新能源汽车的基础和条件，一些技术处于世界领先水平。

1.4 电动汽车常见产品和发展方向

电动汽车的主要动力源为电能，车载能量转换为电能通过电动机等动力装置转化为机械能，从而驱动汽车行驶。电动汽车又包括电池电动汽车、燃料电池电动汽车、超级电容电动汽车、动能电池电动汽车等。以前将混合动力汽车也列为电动汽车，但是目前国家“十二五”规划中新的划分，非插电式混合动力汽车不再属于新能源车辆，而将其列为节能汽车类别。因为电动汽车属于新能源汽车领域，混合动力被排除在新能源车辆之外，因此也不将混合动力汽车列为电动汽车。原理上讲，虽然非插电式混合动力汽车有电动部分，但主要动力源仍然是内燃机，而且混合动力的节能效果不是十分明显，国内外资料显示，一般为15%以下。国家将插电式混合动力电动汽车仍然归属于电动汽车范畴，是因为插电式混合动力汽车的驱动仍为电动，内燃机部分仅在整车电能不足的情况下提供动力，来获得较大的续驶里程。

1.4.1 电动汽车的发展方向

汽车从诞生到现在已经有100多年历史了，主要发展历程有三个阶段：欧洲的手工生产、美国的自动化生产和日本引导的精益化生产。目前全球汽车发展处于精益化和规模化发展的阶段。汽车的出现改变了世界，促进了经济的发展，改善了人们的生活。但是发展到今天，却带来了三大严重问题：能源问题、环保问题和安全问题。为了解决这些问题，科学家在不断的改造和完善汽车，不断地改造汽车的驱动动力和燃料。动力改造主要包括研制新型发动机，革新发动机的燃烧及控制，提高燃油经济性和减少排放水平。在燃料方面，研发新型清洁燃料，寻找替代的新型能源，改造传统的汽车动力设备。电动汽车以其低排放，高经济性等特点经过漫长的沉浮发展，又重新走上了历史舞台。由于石油的价格不断攀升和环境的不断恶化，人们对电动汽车又有了新的认识。纵然在以后的十年甚至几十年内，电动汽车还不能完全替代传统的燃油汽车，但是，电动汽车至少为汽车的长远发展提供了一个最有效的方向。电动汽车必将引起更大的关注，也会有一个深远的发展。

虽然现在许多地方和企业都不同程度地完成了电动汽车的功能样车、性能样车，并有了一定的批量生产和示范运行，但是还要清醒地认识到电动汽车发展和产业化的艰巨性，不仅仅要解决驱动控制理论和实践问题，还要解决电动机、电力电子变换器、动力电池、能源管理系统、变速器等批量生产的技术问题，更要保证产品的可靠性、安全性、稳定性和考虑产品成本等诸多问题。

1.4.2 国内常见的电动汽车

国内常见的电动汽车类型如图1.1~图1.6所示。

图1.1 纯电动轿车

图1.2 电动大客车

图 1.3 电动高尔夫车

图 1.4 电动叉车

图 1.5 电动观光车

图 1.6 电动平板车

1.4.3 国外电动汽车产品

国外电动汽车产品如图 1.7～1.9 所示。

图 1.7 电动货车

图 1.8 韩国现代蓄电池电动跑车

图 1.9 法国图瑞公司推出的最昂贵的电动汽车

1.5 电动汽车的关键技术和优劣分析

1.5.1 电动汽车的关键技术

现代电动汽车的核心是高效、清洁和智能化地利用电能驱动车辆。其关键技术包括：汽车制造技术、电子技术、信息技术、能源技术、电力驱动技术、能量管理技术、自动控制技术、材料技术、电化学技术、安全技术等，还涉及交通、能源、网络和城市规划等多学科技术。将相关的技术全面整合，合理控制成本，是电动汽车技术成功的核心。现代电动汽车技术归纳为如下几个方面：

1. 电力驱动系统

电力驱动系统是电动汽车的心脏，该系统包括电动机驱动装置、机械传动装置、车轮等。电动机驱动装置是电力驱动系统的核心，针对电动汽车设计的电力驱动系统需要满足以下基本要求：

(1) 具备高功率密度和高瞬时输出功率；

(2) 在电动汽车行驶或爬坡时能够输出最大的转矩；

(3) 具备宽调速范围，能够在各种转速下提供合适的扭矩；

(4) 具备较高的能量效率；

(5) 能够具备高可靠性和鲁棒性；

(6) 实现制动能量回馈，具有较高的能量回收效率；

(7) 具备优异的性价比；

(8) 具备合理的外形和构造，便于安装、维修。

2. 能量源

现代电动汽车的能量源是电动汽车商业化和全面推广的关键因素，也是电动汽车领域的一个主要研究内容。适合现代电动汽车的能量源应满足如下要求：

(1) 高能量和能量密度；

(2) 高功率和功率密度；

(3) 能够实现快速充电和深度放电的能力；
(4) 使用寿命长，循环使用；
(5) 高充电率和高放电率；
(6) 使用安全可靠；
(7) 环保且可以回收；
(8) 同一型号的电池的一致性较好；
(9) 具备较高的性价比。

3. 能量管理系统

电动汽车的能量管理系统是人机对话的基本窗口。电动汽车不能像传统的燃油汽车那样对能量那么直接观察，它需要一套能量管理系统，以便最大限度地利用电动汽车所带的能量源，更能获得车辆运行的各种信息。其主要是由安装在电动汽车上的各种传感器和处理器等组成，从而可以实现以下功能：

(1) 优化系统能量流；
(2) 实时显示剩余能量和可继续行驶的里程数；
(3) 提供最佳的驾驶模式；
(4) 实时监控外界及能量源的温度情况；
(5) 实时监控能量源的能量分布情况；
(6) 提供必要的能量源工作记录；
(7) 甄别能量源错误信息，监控能量源的运行状况。

4. 车辆结构

现在的电动汽车的生产主要有两种方式：一种是改装；另一种是专门设计和生产。改装的电动车就是在原有车辆的基础上，用电动机、功率转换机分配装置、蓄电池等取代现有的发动机和相关部件。改装车仍然用原来的底盘，这对于小规模电动汽车生产而言是比较经济的。但是这类电动车却又有着天生的缺点：车体重、质心高、质量分布不平衡等。而对于专门设计的电动汽车，可以实现特定的设计目标，可以更加灵活的协调各部件和电动系统，车辆结构和质量分配也更加合理。

为了提高电动汽车的整体性能，如续驶里程、最高车速、加速能力和爬坡能力等，电动汽车需要重新设计，对电动汽车的外观、风阻系数、滚动阻力等问题充分考虑，更能体现较高的人机工程学水平。

5. 系统整体优化

电动汽车是综合了多个学科、多个领域的复杂技术系统。为了提高电动汽车的总体性能，降低电动汽车的成本，系统优化尤为重要。目前的设计可以通过计算机建模仿真、有限元分析、综合评估的方式进行优化，从而降低开发成本和缩短开发时间。电动汽车整体优化需要考虑的问题主要有：

(1) 电动汽车各个子系统之间的相互作用复杂，并且影响全车性能，因此要充分考虑这些相互作用的结果对整车的影响。

(2) 由于模型的精确性与复杂性往往一致，却与仿真的实用性相矛盾，因此合理地建立模型十分重要。

(3) 这种考虑各部件或设备的电压等级需求，合理安排好电池电压，控制系统电压，驱动电动机电压之间的关系，车辆的电压与电器往往与车辆的安全性有着密切关系。

(4) 需要着重考虑车辆各电能消耗部件用电的比例关系，合理分配能源的同时，充分考虑总的电能需求。

(5) 着重考虑电动汽车与传统汽车的性能和操作对驾驶者的影响，尽量合理的设计，尊重操作习惯。

(6) 车辆的传动和操控系统可以从新的角度重新设计，但必须要考虑新的传动和操作系统在失电情况下的安全性和可靠性。

1.5.2 电动汽车优势

尽管目前内燃机电控技术和排气净化技术的应用，使汽车的排放和油耗都降到了很低的程度，但是未能从根本上解决环境污染和能源问题。另外，燃气汽车或双燃料汽车虽然具有低排放的特点，但是所燃烧的天然气或液化气资源有限，并且储存所需空间大，携带不便；太阳能汽车能实现零排放的要求，但由于车辆的可利用面积有限，太阳能电池板所能提供的功率有限，不足以支持车辆的正常行驶，而且太阳能电池受日照及环境的影响非常严重，不能作为移动车辆的动力源使用。太阳能电池一般由太阳能板和电池结合构成，但是由于太阳能的发电量限制，携带电池容量较小，因此其行驶里程很短，且充电时间很长。目前能见到的太阳能电池汽车仅仅出现在实验性或者概念性电动汽车上。即使有的电动车自带太阳能电池板，但是其带的太阳能电池板还只是附属品，产生的电能仅仅能够支持部分低压电器使用。

电动汽车的主要优点还表现在以下几点：

1. 无污染，噪声低

电动汽车无内燃机汽车工作时产生的废气，不产生排气污染，对环境保护和空气的洁净是十分有益的，几乎是“零污染”。众所周知，内燃机汽车废气中的CO、HC及NO_x、微粒等污染物形成酸雨酸雾及光化学烟雾。电动汽车无内燃机产生的噪声，电动机的运转噪声也比内燃机小。噪声对人的听觉、神经、心血管、消化、内分泌、免疫系统也是有危害的。诚然，电动车需要电能，我国的电能结构仍然以火电为主，火电占发电总数的80%以上。但是，火电厂绝大多数处于城市外沿或者人口比较稀少的地段，而且电厂对烟尘的排放处理更为彻底和有效，主要的排放以二氧化碳为主。因而，对城市而言，电动车的使用相当于污染转移，还是非常有利的。

2. 削峰填谷

众所周知，我国的电能十分紧张，但是电能的利用主要是在白天用电高峰比较集中，对电网和电路形成较大冲击，而夜间电力需求较低，造成大量电能剩余和浪费。因此国家一直鼓励分时用电，对于夜间用电给予更多优惠。电动车充电一般是在夜间进行，而且相对用电量比较大，这就能够起到调节电能利用的效果。电动车夜间充电不仅可以起到削峰填谷的作用，更会降低车辆的使用成本。

3. 能源效率高，多样化

经过大量研究表明，电动汽车能源效率已远远超过汽油机汽车。特别是在城市运行工况，汽车走走停停，行驶速度不高，电动汽车更加适宜。电动汽车停止时不消耗电量，在制动过程中，电动机可自动转化为发电机，实现制动减速时能量的再利用。有些研究表明，同样的原油经过粗炼，送至电厂发电，经充入电池，再由电池驱动汽车，其能量利用效率比经过精炼变为汽油，后再经汽油机驱动汽车要高，因此有利于节约能源和减少二氧化碳的排量。

再者，目前国内电力源的构成在逐步发生变化，水能、风能、核能、地热能、潮汐能等多种能源的不断兴起，将使电动车的环保优势更加凸显，也更符合能源安全的要求。

4. 结构简单，使用维修方便

电动汽车采用电动机驱动，电动机相对于内燃机来说，其外观结构简单，体积较小，无高温或排放设施，必要时可以取消变速系统和传动轴系统。从而使电动汽车相对于传统内燃机汽车结构更加简单，车辆运转、传动部件可以有效减少，还有车辆的各类滤芯基本上不复存在，车辆的维修保养工作量减小。尤其近年来，电动汽车电动机的高速发展，动力电动机多采用交流电动机或者是永磁无刷电动机，基本上属于免维护电动机，车辆的维护和保养周期更长，故障率更低。近年来，随着电动机和电子技术的不断发展，电动机体积不断缩小，电动机能量密度不断增加，因而电动机可以做到很小或者很薄。这样电动汽车就可以将驱动系统分开，实现多轮驱动甚至全轮驱动，车辆结构会更加简单。

1.5.3 制约电动汽车发展的不利因素

虽然电动汽车有诸多的优点，但是目前来说，其缺点也是显而易见的，制约电动汽车的不利因素主要有以下几点：

1. 电池或者能量装置价格偏高

电动车用电池的种类较多，但是每一种电池的价格都相对较高。相对于传统汽车来说，电动汽车的电池价格占到了整车价格的很大比例甚至一半。无论是传统的铅酸电池，或者是较为先进的锂电池，又或者是造价更高的燃料电池，价格都非常昂贵。究其原因，主要是电池所用的材料区别于传统的材料，或者是稀有金属，或者是贵重金属。例如锂电池的锂元素、燃料电池的铂元素等，都属于贵重材料，还有就是目前多数动力电池的规模还是比较小或者没有成批量生产，而且生产工艺复杂，投入较大，因此电池的价格一直在高位运行。随着国际能源的紧缺，贵金属资源分配的不平衡，稀有金属的价格一路走高，因而电池的价格有可能继续攀升。

2. 整车制造成本较高

电动汽车制造成本较高不仅仅是电池的价格高，电动汽车的各类配件和总成相对于传统车辆都有很大的不同。同样受到工艺和产量的影响，电动汽车除电池外的各种总成的价格也比较高。而且车辆过度依赖电子控制，电子产品的需求较大。因为电动汽车使用的多数为高功率电子产品，这样就对电子产品的要求较高。为了保证性能的稳定，电子产品的选用上也格外注意。而且由于这类产品的需求量较低，产量不大，造成电动汽车整车成本的大幅上升。但是随着电动汽车的广泛应用和普及，电动汽车的电子产品的产量会明显增加，价格将会逐步回落到一个合理的范围。

3. 电池性能不足

电池是目前困扰电动车发展的关键因素之一。电池的性能不足严重困扰了电动汽车的发展步伐。电池的性能不足主要体现在能量密度不够高，循环使用寿命不够长，充电性能不够强。虽然目前电池的性能有了长足的发展，但是相对于传统汽车来说，目前的电动汽车还是不能完全适应所有环境。电池的能量密度不够高，要想得到较大的续驶里程，只能配备更多的电池，由此造成，车辆的成本和重量提高，承载量也就相应下降，出现了成本过高，性能不足的现象。电池的循环寿命决定了使用成本。虽然电动汽车的整车使用寿命较传统车辆有了很大的提升，然而，如果电池的循环寿命过短，在车辆的使用寿命中就需要更换电池。由于电池价格昂贵，使得人们更加关注电池的使用寿命问题。再就是充电问题，电动汽车充电的方式有很多种，燃料电池可以更换燃料，但是由于价格十分昂贵，采用的较少。更多的是采用化学性动力蓄电池。目前虽然多数厂家均表示电池可以进行大倍率充放电，但是由于电池的性能所致，高倍率充电将会严重影响电池的使用寿命，甚至会影响电池的安全性。

虽然电动汽车蓄电池还有这样或那样的缺点，但是目前的蓄电池已经有了长足的发展。目前车辆的使用也越来越专业化，针对于车辆的使用工况和使用环境，在电动汽车车辆设计过程中，针对电池的特点和性能，经过严格计算和合理配置，还是能够适合产品的要求的。在随后的第3章电动汽车能量源的内容中，将重点分析各类电池的性能和优缺点，如何合理选择动力电池。

4. 充电设施的制约

充电对电动汽车来说是不容忽视的一个关键环节。虽然多数电动汽车的充电动机还不算是其自身的一部分，但是充电动机的影响却不容忽视。对于电动汽车的整个运营环节来看，充电机的价格显得非常重要。对于不同的电动车辆，充电的需求也不一样，对于不同的电池规格，充电动机的原理也不尽相同，充电的好坏将直接影响电池的使用寿命。有的车辆带一个车载充电动机即可满足使用要求，有的车辆却需要专用的地面充电设备，甚至需要大型的充电中心等。

1.6 电动汽车的法规与标准

1.6.1 电动汽车的准入准则

我国对电动汽车的生产有严格的要求，生产电动汽车的相关企业，必须取得相关的资质。《新能源汽车生产企业及产品准入管理规则》(简称《规则》)对该项要求详细说明。下面对《规则》进行简要解读：

1.《规则》指导思想

1) 鼓励和支持

坚决鼓励和支持，具体体现：

(1) 降低门槛：未限定资金投人、生产设备、检验设备；

(2) 允许改装类商用车生产企业自制、自用底盘；

(3) 在标准不完备的条件下允许发布产品《公告》。

针对新能源汽车所采用的技术方案的多样性，根据新能源汽车整车、系统及关键总成技术成熟程度、国家和行业标准完善程度以及产业化程度的不同，将其分为起步期、发展期、成熟期三个不同的技术阶段，分别实施不同的管理制度，并在条件成熟时，重新调整技术阶段的划分。

2) 风险控制

风险控制、保护用户和第三方利益，从而保护新能源汽车事业健康发展，体现在：

(1) 起步期和发展期产品的生产批量；

(2) 示范运行或销售区域；

(3) 售后服务承诺(电池回收等)；

(4) 建立档案、实时监控、产品质量/安全跟踪；

(5) 起步期产品需提交年度示范运行报告等。

2. 企业资质要求

《规则》第八条：新能源汽车生产企业应当为《公告》内汽车整车生产企业或改装类商用车生产企业；新建汽车企业或现有汽车生产企业跨产品类别生产其他类别新能源汽车整车产品应按国家有关投资管理规定先行办理项目的核准或备案手续。

1) 允许生产的产品类别

《规则》第九条：企业获得新能源汽车生产资格后，汽车整车生产企业可生产同类新能源汽车产品(指与《公告》中已有的常规汽车相同类别的产品)；改装类商用车企业可改装生产同类新能源汽车产品，其中具备底盘生产条件的，可以自制底盘，但自制底盘仅限于本企业自用。

2) 企业准入——生产准入现场考核

内容包括生产能力和条件、设计研发能力、生产一致性保证能力、营销和售后服务能力、零部件采购管理能力五方面，共 17 个条款，其中否决项 4 条，一般项 13 条。

生产准入现场考核的重点是设计开发能力以及与新能源汽车专项性能相关的生产设备和检验设备，同时产品必须满足相应的标准要求。判定原则如下：

(1) 现场考核全部否决项均符合要求，一般项不符合的比例不超过 20%，考核结论为通过；

(2) 当现场考核结果未达到第(1)条要求时，申请企业可在 2 个月内针对不符合项进行整改，经验证后达到第(1)条要求的，考核结论为通过；验证未达到第(1)条要求的，结论为不通过，申请企业 6 个月后方可重新提出申请。整改验证只能进行一次。

3. 核心技术掌握要求

至少掌握新能源汽车车载能源系统、驱动系统及控制系统三者之一的核心技术。应理解、享有所掌握的核心技术的技术原理、结构、功能和性能要求、控制方法、通讯和数据交换、失效模式和安全风险以及测试评价方法、主要故障模式的诊断和解决措施等。

此外还应理解、制定控制系统、车载能源系统、驱动系统等各系统的边界划分与接口定义等。对于所掌握的核心技术应具有相应的知识产权(至少包括设计更改权和使用权)。

核心技术的基本要求:

(1) 理解整车、关键系统或总成的技术原理、控制方法、通讯、结构、功能、主要技术特性、失效模式和测试评价方法;

(2) 理解各系统的边界划分与接口定义,包括各系统之间接口定义、逻辑关系图、技术特征参数等;

(3) 理解产品的生产加工过程及主要环节的加工参数,仅对掌握的核心技术;

(4) 理解产品的安全性及潜在风险;

(5) 理解主要故障模式、诊断方法和解决方案。

另外,在上述基本要求的基础上,对车载能源系统、驱动系统、控制系统三种核心技术的掌握程度,应按不同的要求处理。

1) 掌握整车控制系统核心技术

整车控制系统包括各种传感器、通讯线缆及接口、软件源程序、通讯协议、控制器、仪表(显示屏)等硬件和软件。

申请企业应具有:

整车控制系统和子系统(硬件和软件)的功能和性能检验、测试能力;

控制系统和子系统的主要故障模式、诊断方法和维护、维修能力。

2) 掌握驱动系统核心技术

驱动系统包括控制器(控制程序和PCB电子电路板、壳体等)、通讯接口和数据线缆、变换器(电压升/降压器)、逆变器、动力耦合机械装置、电动机、变速器、离合器、换挡变速操纵机构等。

允许申请企业采购其他企业开发的驱动系统的成套部件,但应提供与供应商长期合作的技术协议和商务协议,明确双方的战略合作关系,确保供应商能够及时提供满足整车要求的驱动系统或部件(如动力耦合装置或电动机、变速器及换挡机构等)。

申请企业应具有:

(1) 具备简单的电性能(包括电压、电流、电阻、绝缘等)、高压电安全、温度测量等项目的检测能力;

(2) 具备驱动系统及子系统的主要故障模式、诊断方法和维护、维修能力;

(3) 具备驱动系统功能和性能的检测能力。

3) 掌握车载能源系统核心技术

车载能源系统包括:动力模块(动力电池、电池管理系统及控制器、直流-交流电压转换器)、通讯接口和数据线、各种电子传感器、车载充电装置。

动力电池由电池单体、电池箱、动力电池组构成。

对控制器具体而言,包括电池管理系统控制程序和PCB电子电路板、壳体等;对直流-交流电压转换器具体而言,包括DC/DC电压升/降压器、DC/AC直流变交流的逆变器、AC/DC交流变直流的转换器等。

允许申请企业采购其他企业开发的动力电池,但应提供与供应商长期合作的技术协议和商务协议,明确双方的战略合作关系、确保供应商能够及时提供满足整车要求的动力电池(成组电池)。

4）掌握车载能源系统核心技术

企业应自行开发(或者联合开发)车载能源的管理系统。当联合开发管理系统时，企业应提供双方签订的技术合作协议，特别说明以下两个问题：

(1) 对于电池管理系统硬件的生产，可以委托加工。但企业应确定委托加工的生产企业，并对其生产过程实行监督管理，包括制定检验规范、实施检测、评价。

(2) 对于电池单体及电池箱，应与生产企业形成战略联盟(或者密切合作关系)，保证其按照规定的方式与整车企业同步开发电池，有稳定的生产供应体系，供应商可根据整车企业的需求予以调整、改进电池产品(单体电池、电池模块、成组电池)，生产适用于整车配套用电池产品。

申请该项核心技术的企业应具有：

① 具备简单的电性能(包括电压、电流、电阻、绝缘等)、高压电安全、温度测量等项目的检测能力；

② 具备车载能源系统及子系统的主要故障模式、诊断方法和维护、维修能力；

③ 具备整车动力系统功能和性能的检测能力；

④ 核心技术在多能源管理系统等方面的兼容。

对于“掌握”的核心技术，企业应具有相应的知识产权。

① 自主开发的核心技术应具有完整的知识产权，此时需要详细说明自主知识产权相关的工作过程及成果(如硬件、软件、评价验证、流程规范等)。

② 当采用非完全自主研发(包括转让技术、委托开发、合作开发等)的技术时，企业应具有部分或全部知识产权，至少包括设计更改权和使用权。

对于不“掌握”的核心技术的企业，知识产权方面不做要求。

4. 其他

《规则》第九条：符合《准入条件》、获得生产资格的改装类商用车生产企业可以改装生产同类新能源汽车产品，其中具备底盘生产条件的，可以自制底盘，但自制底盘仅限于本企业自用。

1.6.2 我国电动汽车发展阶段

根据国家颁布的《新能源汽车生产企业及产品准入管理规则》第五条规定：根据新能源汽车整车、系统及关键总成技术成熟程度、国家和行业标准完善程度以及产业化程度的不同，将其分为起步期、发展期、成熟期三个不同的技术阶段，见表1-1。新能源汽车专家委员会负责确定和调整新能源汽车产品类别的技术阶段，提出适用于新能源汽车的专项技术条件和检验规范建议。

(1) 技术阶段的划分基本以储能装置种类为依据。

(2) 采用电-电混合方案的汽车，其技术阶段的确定以储能装置中技术阶段较低的一种为准，如：采用铅酸蓄电池与超级电容器电-电混合方案的纯电动商用车，其技术阶段确定为起步期。

(3) 目前表1-1中所列的锂离子动力蓄电池包括锰酸锂锂离子动力蓄电池和磷酸铁锂锂离子动力蓄电池两种类型。如果有企业申报采用其他锂离子动力蓄电池的产品，需临时提请专家委员会确定技术阶段。

表 1-1 电动汽车阶段划分

序号	产品类别	储能装置种类	技术阶段
1	乘用车	锂离子动力蓄电池	发展期
2		金属氢化物镍动力蓄电池	成熟期
3		铅酸蓄电池	成熟期
4		锌空气蓄电池	起步期
5		超级电容器	发展期
6		液压/气压储能装置	发展期
7		动能电池	起步期
8	商用车	锂离子动力蓄电池	发展期
9		金属氢化物镍动力蓄电池	发展期
10		铅酸蓄电池	发展期
11		锌空气蓄电池	起步期
12		超级电容器	发展期
13		液压/气压储能装置	发展期
14		动能电池	起步期

1.6.3 电动汽车的相关标准

任何车辆都需要符合国家或行业的相关标准和法规，这是一个合格产品的首要条件。针对设计人员来说，电动汽车的标准和法规就是设计准则。我们所设计的产品或所选用的零部件，均要符合这一要求。

自电动汽车的出现开始，有关电动汽车的法律法规和标准便不断产生。标准内容规定越来越细，要求也越来越高，同时也越来越专业化、系统化和针对性，而且标准也在不断地更新。因此对国家的相关法律法规以及标准要有所了解，尤其是对于纯电动汽车的设计人员，更要详细阅读，认真比对，对标准和法规中所规定的性能要求和参数要求要严格执行。

目前电动汽车的法律法规颁布的就有 40 多项，主要电动汽车适用的标准见表 1-2。

表 1-2 电动汽车适用的标准

序号	标准代号	标准名称
1	GB/T 18384.1—2001	电动汽车　安全要求　第 1 部分：车载储能装置
2	GB/T 18384.2—2001	电动汽车　安全要求　第 2 部分：功能安全和故障防护
3	GB/T 18384.3—2001	电动汽车　安全要求　第 3 部分：人员触电防护
4	GB/T 19751—2005	混合动力电动汽车安全要求
5	GB/T 4094.2—2005	电动汽车操纵件、指示器及信号装置的标志
6	GB/T 19596—2004	电动汽车术语
7	GB/T 20234—2006	电动汽车传导充电用插头、插座、车辆耦合器和车辆插孔通用要求

（续）

序号	标准代号	标准名称
8	GB/T 18385—2005	电动汽车 动力性能 试验方法
9	GB/T 18386—2005	电动汽车 能量消耗率和续驶里程 试验方法
10	GB/T 18387—2008	电动车辆的电磁场发射强度的限值和测量方法，宽带，9kHz～30MHz
11	GB/T 18388—2005	电动汽车　定型试验规程
12	GB/T 19750—2005	混合动力电动汽车 定型试验规程
13	GB/T 19752—2005	混合动力电动汽车 动力性能　试验方法
14	GB/T 19753—2005	轻型混合动力电动汽车　能量消耗量　试验方法
15	GB/T 19754—2005	重型混合动力电动汽车　能量消耗量　试验方法
16	GB/T 19755—2005	轻型混合动力电动汽车　污染物排放　测量方法
17	GB/T 18487.1—2001	电动车辆传导充电系统　一般要求
18	GB/T 18487.2—2001	电动车辆传导充电系统　电动车辆与交流/直流电源的连接要求
19	GB/T 18487.3—2001	电动车辆传导充电系统　电动车辆交流/直流充电动机(站)
20	GB/T 18488.1—2006	电动汽车用电动机及其控制器 第1部分：技术条件
21	GB/T 18488.2—2006	电动汽车用电动机及其控制器 第2部分：试验方法
22	GB/T 19836—2005	电动汽车用仪表
23	GB/T 18332.1—2009	电动道路车辆用铅酸蓄电池
24	GB/T 18332.2—2001	电动道路车辆用金属氢化物镍蓄电池
25	GB/Z 18333.1—2001	电动道路车辆用锂离子蓄电池
26	GB/Z 18333.2—2001	电动道路车辆用锌空气蓄电池
27	GB/T 24347—2009	电动汽车 DC/DC 变换器
28	GB/T 24554—2009	燃料电池发动机性能试验方法
29	GB/T 24549—2009	燃料电池汽车安全要求
30	GB/T 24548—2009	燃料电池汽车整车术语
31	GB/T 24552—2009	电动汽车风窗玻璃除霜除雾系统的性能要求及试验方法
32	GB/T 24158—2009	电动摩托车和电动轻便摩托车通用技术条件
33	GB/T 24157—2009	电动摩托车和电动轻便摩托车能量消耗率和续驶里程试验方法
34	GB/T 24156—2009	电动摩托车和电动轻便摩托车 动力性能 试验方法
35	QC/T 791—2007	电动摩托车和电动轻便摩托车定型试验规程
36	QC/T 792—2007	电动摩托车和电动轻便摩托车用电动机及控制器技术条件
37	QC/T 741—2006	车用超级电容器
38	QC/T 742—2006	电动汽车用铅酸蓄电池
39	QC/T 743—2006	电动汽车用锂离子蓄电池
40	QC/T 744—2006	电动汽车用金属氢化物镍蓄电池
41	QC/T 816—2009	加氢车技术条件

1.7 电动汽车常用技术术语

电动汽车常用的术语主要分为整车术语、电动机及控制器、电池和充电动机四个部分，下面给出了电动汽车常用术语及其英文名称以及简单的定义或解释。

1.7.1 整车术语

1. 整车

电动汽车(Electric Vehicle，EV)，指电动汽车总称。

纯电动汽车(Battery Electric Vehicle，BEV)，指由蓄电池或其他储能装置作为电源的汽车。

燃料电池电动汽车(Fuel Cell Electric Vehicle，FCEV)，指以燃料电池作为动力电源的汽车。

2. 驱动、行驶装置

辅助系统(Auxiliary System)，指驱动系统以外的其他用电操作的车载系统。

车载能源(On－board Energy Source)，指变换器和储能设备的组合。

驱动系统(Propulsion System)，指车载能源和动力系的组合。

动力系统(Power Train)，指动力电源与传动系的组合。

前后方向控制器(Drive Direction Control)，指通过驾驶员操作，控制汽车方向的装置。

电池承载装置(Battery Carrier)，指为承放动力蓄电池而设置的装置，分为固定式或移动式。

电平台(Electrical Chassis)，指一组电气相连的可导电部分，其电位作为基准电位。

动力电缆(Power Cable)，指构成驱动用电动机动力电路的电线。

充电插孔(Charging Inlet)，指在车身安装充电用插座或充电接口的装置。

3. 电气装置及部件

断路器(Circuit Breaker)，指当电路异常时，切断电路的装置。

储能装置(Energy Storage)，指能够存储电能的装置，包括蓄电池、超级电容、飞轮电池等。

带电部分(Live Part)，指正常使用时，被通电的导体或导电部分。

可导电部分(Conductive Part)，指能够使电路通过的部分。

外露可导电部分(Exposed Conductive Part)，指可触及的可导电部分。

主开关(Main Switch)，指用于开、关动力蓄电池和控制其主电路的开关。

绝缘电阻检测系统(Insulation Resistance Monitoring System)，指对动力蓄电池与车辆底盘之间绝缘电阻检测系统。

维护插接器(Service Plug)，指当维护或更换动力电池断开电路的装置。

4. 指示器、信号装置

电池过热报警系统(Battery Overheat Warning Device)，指当动力蓄电池温度超出限值时发出报警信号的装置。

电池液位报警系统(Battery Level Warning Device)，指当动力蓄电池的电解液位过低，需要补充时发出报警信号的装置。

剩余电量显示器(Residual Capacity Gauge)，指显示动力蓄电池剩余电量的仪器。

电动机超速报警装置(Motor Over Revolution Warning Device)，指当电动机的转速超过限值时发出报警信号的装置。

电动机过热报警装置(Motor Overheat Warning Device)，指当电动机的温度超出限值时发出报警信号的装置。

电动机过流报警装置(Motor Over Current Warning Device)，指当电动机的电流超出限值时发出报警信号的装置。

控制器过热报警装置(Controller Overheat Warning Device)，指当控制器的温度超出限值时发出报警信号的装置。

漏电报警装置(Insulation Failure Warning)，指当主电路出现漏电时发出报警信号的装置。

可运行指示器(Stand By Indicator)，指显示可以正常运行的装置。

制动能量回收指示器(Eclectic Retarder Indicator)，指显示电制动系统能量回收强弱的装置。

5. 行驶性能

放电能量(整车)(Discharged Energy)，指电动汽车行驶中，由储能装置释放的电能。

再生能量(Regenerated Energy)，指行驶中的电动汽车用再生制动回收的电能。

续驶里程(Range)，指电动汽车在动力蓄电池完全充电状态下，以一定的行驶工况，能连续行驶的最大距离。

能量消耗率(Energy Consumption)，指电动汽车在经过规定的实验循环后，消耗的电网的电量与行驶里程的百分比值。

最高车速(1km)(Maximum Speed(1km))，指电动汽车能够往返各持续行驶 1km 以上距离的最高平均车速。

30min 最高车速(Maximum Thirty - minutes Speed)，指电动汽车能够持续行驶 30min 以上的最高平均车速。

加速能力(Acceleration Ability)，指电动汽车由某一速度到达另一速度所需的最短时间。

坡道起步能力(Hill Starting Ability)，指电动汽车在坡路上能够启动且 1min 内向上行驶至少 10m 的最大坡度。

动力效率(Power Train Efficiency)，指在纯电动情况下，从动力系输出的机械能与输入动力系统电能的比值。

爬坡车速(Speed Uphill)，指电动汽车在给定的坡度上能够持续行驶 1km 以上的最高平均车速。

再生制动(Regeneration Breaking)，指将一部分动能转化为电能并储存在储能设备装置内的制动过程。

6. 安全性能

误起步(Unintended Starting Out)，指车辆不在期望的情况下发生起步移动。

爬电距离(Creepage Distance)，指在两个可导电部分之间沿固体绝缘材料表面的最短距离。

直接接触(Direct Contact)，指人或动物与带电部分直接接触。

间接接触(In Direct Contact)，指人或动物与基本绝缘失效的情况下变为与带电的外露可导电部分的接触。

基本绝缘(Basic Insulation)，指带电部分上对触电起基本防护作用的绝缘。

附加绝缘(Supplementary Insulation)，指为了在基本绝缘失效情况下防止触电而在基本绝缘之外使用的独立绝缘。

双重绝缘(Double Insulation)，指同时具有基本绝缘和附加绝缘的绝缘。

加强绝缘(Reinforced Insulation)，指为防止直接接触所提供的相当于双重绝缘防护等级的带电部分上的绝缘结构。

防护等级(Protection Degree)，指按照 GB4208 定义，对带电部分的所提供的防护程度。

7. 质量

电动汽车整车整备质量(Complete Electric Vehicle Kerb Mass)，指包括车载储能装置在内的整车整备质量。

电动汽车实验质量(Test Mass of an Electric Vehicle)，指电动汽车整车整备质量与试验所需附加质量之后的整车质量。

电动汽车最大总质量(Max Mass of an Electric Vehicle)，指电动汽车整备质量附加最大允许承载质量之后的整车质量。

1.7.2 电动机及控制器

1. 电动机及控制器

电机(Electrical Machine)，指将电能转化成机械能的或将机械能转换为电能的装置，它具有做相对运动的部件，是一种依靠电磁感应而运行的电气装置。

发电机(Generator)，指将机械能转化为电能的装置。

电动机(Motor)，指将电能转化为机械能的装置。

驱动电动机(Drive Motor)，指为车辆行驶提供驱动力的电动机。

辅助电动机(Auxiliary Motor)，指驱动电动机以外的电动机。

电动机控制器(Electrical Machine Controller)，指控制动力电源与电动机之间能量传输的一种装置，由控制信号接口电路、电动机控制电路和驱动电路组成，或称能量转换装置。

2. 电动机类型

串励直流电动机(DC Series Electrical Machine)，指励磁绕组和电枢绕组串联的直流电动机。

并励直流电动机(DC Shunt Electrical Machine)，指励磁绕组和电枢绕组并联的直流电动机。

无刷直流电动机(DC Brushless Electrical Machine)，指用电子电路取代电刷和机械转换器的直流电动机，通常由永磁转子电动机本体、转子位置传感器和电子换向电路三部分组成。

交流感应电动机(AC Induction Electrical Machine)，指转子与气隙旋转磁场同步旋转的交流电动机。

交流同步电动机(AC Synchronous Electrical Machine)，指转子采用永磁材料励磁的交流电动机。

永磁同步电动机(Permanent - magnet Synchronous Electrical Machine)，指转子采用永磁材料励磁的同步电动机。

电励同步电动机(Electrical Wound - field Synchronous Electrical machine)，指转子上的励磁绕组通过集电环接至转子外部励磁电源的同步电动机。

开关磁阻电动机(Switched Reluctance Electrical Machine)，指采用转子凸极且极数相接近的励磁绕阻式步进电动机结构，利用转子位置传感器通过电子功率开关控制各相绕组导通使之运行的电动机。

3. 控制器部件

变换器(Converter)，指使电气系统的一个或多个特征(电压、电流、波形、相数、频率)发生变化的装置。

逆变器(Inverter)，指将直流电转化为交流电的变换器。

整流器(Rectifier)，指将交流电变化为直流电的变换器。

斩波器(Chopper)，指将输入的直流电压以一定的频率通断，从而改变输出的平均电压的变换器。

4. 相关装置

DC/DC 变换器(DC/DC Converter)，指将直流电源电压转换成任意直流电压的变换器。

冷却装置(Cooling Equipment)，指用于电动机及控制器的冷却装置。

5. 性能参数

额定功率(Rated Power)，指在额定条件下的输出功率。

峰值功率(Peak Power)，指在规定的持续时间内，电动机允许的最大输出功率。

额定转速(Rated Speed)，指在额定功率下的电动机最低转速。

最高工作转速(Maximum Work Speed)，指相应于电动汽车最高设计车速的电机转速。

额定转矩(Rated Torque)，指电动机在额定功率和额定转速下的输出转矩。

峰值转矩(Peak Torque)，指电动机在规定的持续时间内允许输出的最大转矩。

堵转转矩(Locked - rotor Torque)，指转子在所有角位堵住时产生的转矩最小测得值。

电压控制方式(Voltage Control Method)，指通过改变电动机端电压而实现转速控制的控制方式。

电流控制方式(Current Control Method)，指通过改变电动机绕组电流而实现转速控制的控制方式。

频率控制方式(Frequency Control Method)，指通过改变电动机的电源频率而实现转速控制的控制方式。

矢量控制(Vector Control)，指将交流电动机的定子电流作为矢量，经坐标变换分解成与直流电动机的励磁电流和电枢电流相对应的独立控制电流分量，从而实现电动机转速/转矩控制的方式。

直接转矩控制(Direct Control Method)，指用空间矢量的分析方法，直接在定子坐标系下计算并控制交流电动机的转矩，采用定子磁场定向，借助于离散的两点式调节产生脉冲宽度调制(PWM)信号，直接对逆变器的开关进行控制，已获得转矩的高动态性能的控制方式。

再生制动控制(Regenerative Braking Control)，指通过驱动电动机由电动状态转化为发电状态，将行驶中的车辆的动能转化为电能回充至车载储能装置而实现对车速控制的控制方式。

弱磁控制(Field Weakening Control)，指通过减弱气隙磁场控制电动机转速的控制方式。

输出特性(Output Characteristic)，指电动机的转矩、输出功率与转速的关系。

连续输出特性(Continuous Output Characteristic)，指在规定的条件下，电动机和控制器非限时连续运行的最大输出特性。

短时输出特性(Short Time Output Characteristic)，指在规定的条件下，电动机和控制器在规定时间内连续运行的最大输出特性。

电动机及控制器整体效率(Combination Efficiency Machine and Controller)，指电动机转轴输出功率与控制器输入功率的百分比值。

1.7.3 蓄电池

1. 蓄电池种类

蓄电池(Battery)，指能将电能以化学能的形式储存并能将化学能转化为电能的一种电化学装置。

动力蓄电池(Traction Battery)，指为电动汽车动力系统提供电能的蓄电池。

辅助蓄电池(Auxiliary Battery)，指为电动汽车辅助系统提供电能的蓄电池。

铅酸蓄电池(Lead - acid Battery)，指正极活性物质为二氧化铅，负极为铅，并以硫酸溶液为电解液的蓄电池。

金属氢化物蓄电池(Nickel-mental Hydride Battery)，指正极使用镍氧化物，负极使用可吸收释放氢的贮氢合金，以氢氧化钾为电解液的蓄电池。

锂离子蓄电池(Lithiumion Battery)，指用碳酸锂、钴酸锂或锰酸锂等锂的化合物做正极，用可嵌入锂离子的碳材料做负极，使用有机电解液的蓄电池。

聚合物锂离子蓄电池(Polymer Lithium Battery)，指正极、负极和电解液中至少有一种有聚合物材料构成的锂离子蓄电池，其凝胶状电解质一般由聚合物膜与有机电解质构成。

2. 结构

单体蓄电池(Cell)，指构成蓄电池的最小单元，一般由正、负极及电解质组成。

蓄电池模块(Battery Module)，指一组相联的单体蓄电池。

蓄电池组(Battery Pack)，指有一个或多个蓄电池模块组成的单一机械总成，或称电池包。

蓄电池管理系统(Battery Management System)，指用于控制蓄电池输入和输出功率，监视蓄电池状态(温度、电压、荷电状态)，为蓄电池提供通讯接口的系统。

蓄电池辅助装置(Battery Auxiliaries)，指蓄电池系统正常工作所需的蓄电池托架、冷却系统、温控系统等部件。

蓄电池系统(Battery System)，指所有蓄电池组、辅助装置及蓄电池管理系统的组合。

3. 部件及相关设备

活性物质(Active Materials)，指蓄电池充分参与化学充/放电反应的物质。

电解质(Electrolyte)，指蓄电池进行化学反应时，为离子提供移动的介质，也可直接参与充/放电反应。

蓄电池壳(Container)，指容纳电池极板和电解质的容器。

液孔塞(Vent Plug)，指装载蓄电池上的孔盖，具备排气、防沫结构和防爆功能。

安全阀(Safety Valve)，指防止蓄电池内部压力过高而导致蓄电池变形或破裂，同时还能防止外部空气进入到电池内部的部件。

端子(Terminal)，即指电池的极柱，与外部电路连接的部分。

排气装置(Ventilation Device)，指将充电时因电解产生的气体收集起来，并排放出电池外的装置。

端子盖(Terminal Cover)，指防止端子(极柱)间发生短路的盖子。

4. 规格性能

1) 放电

工况放电(Load Profile Discharge)，指模拟实际运行时的负荷，用相应的负荷进行放电的过程。

恒流放电(Constant Current Discharge)，指蓄电池以一个受控的恒定电流进行放电。

恒功率放电(Constant Power Discharge)，指蓄电池以一个受控的恒定功率进行放电。

倍率放电(Rated Discharge)，指蓄电池以额定电流倍数值进行放电。

连续放电时间(Discharge Duration)，指蓄电池不间断放电至中止电压时，从开始放电到中止放电的时间。

放电深度(Depth of Discharge)，指称为“DOD”，表示蓄电池的放电状态的参数，等于实际放电量与额定容量的百分比。

深度放电(Deep Discharge)，指表示蓄电池 50%或更大的容量被释放的程度。

2）充电

充电(Charge)，指从外部电源供给蓄电池直流电，将电能转化成化学能的方式储存起来的过程。

浮充电(Floating Charge)，指随时对蓄电池用恒压充电，使其保持一定的荷电状态。

涓流充电(Trickle Charge)，指为补充自放电，使蓄电池保持在近似完全充电状态的连续小电流充电。

充电特性(Charge Characteristics)，指充电时，蓄电池的电流、电压等与时间的关系。

完全充电(Full Charge)，指蓄电池内所有的活性物质都转换成完全荷电的状态。

荷电状态(State - of - charge)，称为“SOC”，指蓄电池放电后剩余容量与全荷电容量的百分比。

3）充放电共有特性

n 小时率(*n* Hour Rate)，指表示蓄电池放电电流大小的参数，如果以 *I* 放电，蓄电池在 *n* 小时内放出的电量为额定值的话，这个放电率即为 *n* 小时放电率。

温度特性(Temperature Characteristics)，指蓄电池性能因温度的变化而变化的特性。

温度换算(Temperature Correction)，指将不同温度下的蓄电池容量、电解质比重等参数换算成标准温度下的值的过程。

温度系数(Temperature Coefficient)，指由于蓄电池温度的改变，可用的容量相对于标准温度下可用容量的比值百分比。

4）容量

容量(Capacity)，指完全充电的电池在规定条件下所释放的总的电量，用C表示。

额定容量(Rated Capacity)，指在规定条件下测得的，由制造厂家给定的蓄电池容量。

n 小时率容量(n Hour Rate Capacity)，指完全充电电池在 *n* 小时率放电电流放电，达到规定终止电压时所释放的电量。

可用容量(Available Capacity)，指在规定条件下，从完全充电的蓄电池中释放的电量。

理论容量(Theoretical Capacity)，指假设活性物质完全被利用，蓄电池可释放的电量。

储存性能(Storage Characteristics)，指表示蓄电池长期搁置后容量变化的特性。

总能量(Total Energy)，指蓄电池在其寿命周期内电能输出的总和。

充电能量(Charge Energy)，指通过充电，蓄电池所获得的电能。

放电能量(Discharge Energy)，指蓄电池放电时输出的电能。

5）密度

能量密度(Energy Density)，指从蓄电池的单位质量或体积所获取的电能。

质量能量密度(Specific Energy Density)，指从蓄电池的单位质量所获取的电能。

体积能量密度(Volumetric Energy Density)，指从蓄电池的单位体积所获取的电能。

功率密度(Power Density)，指从蓄电池的单位质量或单位体积所获取的输出功率。

质量功率密度(Specific Power Density)，指从蓄电池的单位质量所获取的输出功率。

体积功率密度(Volumetric Power Density)，指从蓄电池的单位体积所获取的输出功率。

6) 电压

标称电压(Normal Voltage),指用于鉴别蓄电池类型的适当的电压近似值。

开路电压(Open Circuit Voltage(Off - load Voltage)),指蓄电池在开路条件下的端电压。

单体蓄电池电压(Cell Voltage),指单体蓄电池的开路电压。

平均电压(Average Voltage),指在规定的放电过程中,以瓦时数除以安时数所得的值,它不是一段时间内的平均电压。

负荷电压(On - load Voltage),指蓄电池接上负载后处于放电状态下的端电压。

电压-电流特性(Voltage - current Characteristics),指蓄电池在充/放电过程中,电压与电流的关系特性。

充电终止电压(End - of - charge Voltage),指蓄电池标定停止充电时的电压。

放电终止电压(End - of - discharge Voltage),指蓄电池标定停止放电时的电压。

7) 电流

放电电流(Discharge Current),指放电时蓄电池里输出的电流。

额定放电电流(Rated Discharge Current),指额定容量除以规定放电时间所得到的电流。

充电电流(Charge Current),指充电时蓄电池里流过的电流。

最大允许电流(Maximum Allowable Current),指蓄电池充电时,所允许充电电流的最大值。

8) 电阻

绝缘电阻(Insulation Resistance),指蓄电池端子与电池箱或车体之间的电阻。

内阻(Internal Resistance),指蓄电池中电解质、正负极群、隔板等电阻的总和。

9) 效率

充电效率(Charge Efficiency),指库伦效率与能量效率的总和。

库伦效率(Coulombic Efficiency),指放电时,从蓄电池中释放的电量与恢复到初始容量所需的电量的百分比。

能量效率(Energy Efficiency),指放电能量与充电能量之比值。

10) 现象

自放电(Self Discharge),指蓄电池内部自发的或者不期望的化学反应造成的电量自动减少的现象。

内部短路(Internal Short Circuit),指电池内部正极与负极发生的短路现象。

析气(Gassing),指蓄电池在充电过程中产生气体的现象。

热失控(Thermal Runaway),指蓄电池充/放电过程中,电流及温度发生一种累积的相互增强作用而导致蓄电池损坏的现象。

反极(Reversal),指蓄电池正常极性发生改变的现象。

漏液(Leakage),指电解液泄漏到电池外部的现象。

记忆效应(Memory Effect),指蓄电池经过长期充放电后显示出明显的容量损失和放电电压下降,经过数次完全充/放电循环后可恢复的现象。

过充电(Over Charge),指蓄电池完全充电后仍延续充电的现象。

过放电(Over Discharge),指蓄电池放电低于放电终止电压的放电现象。

1.7.4 充电器

1. 概述

充电(Charge)，指以受控的方式将电能传输到电动汽车的蓄电池或其他储能装置中的过程。

充电能量(Charging Energy)，指用于充电的电能，有交流充电能量和蓄电池充电能量两种。

交流充电能量(AC Charging Energy)，指通过交流电源输入充电器的电能。

蓄电池充电能量(Battery Charging Energy)，指通过充电器输入蓄电池的电能。

充电电流(Charging Current)，指充电器工作时输出的电流。

充电电压(Charging Voltage)，指充电器工作时输出端的电压。

充电器(Charger)，指控制和调整蓄电池充电的电能转换装置。

车载充电器(On - board Charger)，指固定安装在车上的充电器。

非车载充电器(Off - board Charger)，指不固定安装在车上的充电器。

部分车载充电器(Partially On-board Charger)，指一些元器件安装在车上，另一部分元器件不安装在车上的充电器。

2. 充电方式

均衡充电(Equalizing Charge)，指为确保蓄电池所有单体蓄电池荷电状态均匀的一种延续充电。

恒流充电(Constant Current Charge)，指以一个受控的恒定电流给蓄电池进行充电的方式。

恒压充电(Constant Voltage Charge)，指以一个受控的恒定电压给蓄电池进行充电的方式。

脉冲充电(Pulse Charge)，指以脉冲电流给电池充电的方式。

感应式充电(Inductive Charge)，指利用电磁感应给蓄电池进行充电的方式。

传导式充电(Conductive Charge)，指利用电传导给蓄电池充电的方式。

3. 结构、部件

直流电源(DC Power Supply)，指提供直流电能的装置。

充电电缆(Outlet Cable)，指给电动汽车充电用的连接线。

充电连接器(Charging Connector)，指充电电流与电动汽车连接的装置。

充电计时器(Timer for Charge)，指设定充电时间的装置。

充电插头、插座(Outlet Plug of Charge)，指电动汽车充电用的插头、插座。

锁止机构(Lock Actuator)，指机械锁止充电连接器的装置。

充电控制器(Charging Controller)，指对充电过程进行控制的装置。

4. 规格、性能

额定频率，指交流电源输出频率的额定值。

额定输入容量(Rated Input Capacity)，指在规定条件下，充电器工作时的输入容量。

输入频率(Input Frequency)，指交流输入电源的频率。

频率变动范围(Frequency Fluctuation Range)，指交流输入电源的频率允许变动范围。

效率(Efficiency)，指输出与输入能量之比值。

电压调节范围(Voltage Adjustable Range)，指充电器输出电压的可调整范围。

电压变动范围(Voltage Alteration Range)，指充电器的交流输入电源电压的允许变动范围；直流输出电压的变动范围。

电压脉动(Voltage Ripple)，指叠加在直流电压上的脉动电压。

电流脉动(Current Rippe)，指叠加在直流电流上的脉动电流。

谐波电流(Harmonic Current)，指与基本频率成整数倍的电流的总称。

冲击电流(Rush Current)，指充电器启动时在一至数个周期内产生的过大交流(输入)电流，一般用峰值表示。

高频噪声(High Frequency Noise)，指由充电器发出的传导性及辐射性噪声。

传导噪声(Conduction Noise)，指重叠或侵入充电器输入或输出端的高频噪声。

辐射噪声(Radiation Noise)，指充电器传播并发射到空间的高频噪声。

小　　结

电动汽车是一种有电能参与驱动的新能源汽车，电能通过电动机等动力装置转化为机械能，从而驱动汽车行驶。由于环境污染问题日渐明显，电动汽车逐渐成为各国关注的焦点。电动汽车的动力蓄电池主要有车用超级电容、铅酸蓄电池、锂离子蓄电池、金属氢化物镍蓄电池等四种。现代电动汽车技术主要有电力驱动系统、能量源、能量管理系统、车辆结构和系统整体优化等五个方面。在各国政府对电动汽车的推动下，其各方面都有了长足的发展，但依然有几个明显不足之处：能量装置价格高、整车制造成本高、电池性能不足和充电设施的匮乏等。

习　　题

1. 电动汽车是如何定义的？其优势体现在哪些方面？
2. 电动汽车的关键技术有哪些？其发展瓶颈又有哪些？
3. 电动汽车的发展方向是什么？
4. 简述国内外电动汽车的发展现状。

第2章 电动汽车的结构组成

★ 了解电动汽车的基本结构组成
★ 了解电动汽车的几种结构分类方式
★ 熟悉电动汽车的行驶性能

知识要点	能力要求	相关知识
电动汽车构造	熟悉并掌握电动汽车的主要构造	电动汽车动力系统； 电动汽车的车身系统； 电动汽车的电气系统； 电动汽车的底盘系统
电动汽车的结构分类方式	了解电动汽车的结构分类方式，能够根据分类区别电动汽车	电力驱动系统分类； 储能装置分类； 电动汽车按行驶速度分级
电动汽车的行驶性能	了解如何评价电动汽车行驶性能	电动汽车的动力性； 电动汽车的续驶里程

导入案例

随着电动汽车技术的不断发展，电动汽车的结构方式发生了很大变化，结构越来越复杂，性能越来越高，速度和安全性也在大幅提升。电动汽车的驱动结构对电动汽车有很大影响，电动汽车的能源结构也会对电动汽车结构产生很大影响。电动汽车的划分变得复杂起来，除了这两类区分方式外，电动汽车还可以根据使用用途和电动汽车的速度进行划分。这些不同因素的影响，构成了电动汽车的复杂家族。

随着电动汽车的发展，电动汽车已经渐渐走出改装车的路线，各类专门设计的电动汽车，结构紧凑，造型特别，成为了电动汽车的风向标。

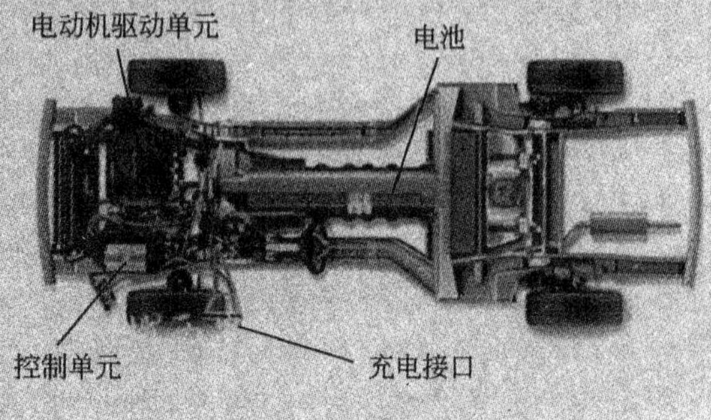

图 2.1　电动乘用车底盘

2.1　电动汽车的基本结构

传统的燃油汽车用液态的汽油或柴油作燃料，内燃机驱动车辆，而电动汽车用电动机驱动，用蓄电池、燃料电池、超级电容器或动能电池等做能源。传统汽车的结构已经深入人心，为大家所熟知。但是电动汽车由于能源的变化，导致其结构要比传统车辆更加复杂，车辆的控制和各类辅助装置结构也有了很大变化。电动汽车的能源也有很多种类，因此在电动汽车设计之前，对电动汽车的结构需要有一个全新、全面的认识。

电动汽车经过了长久的发展，无论是在性能、舒适度、安全性能还是在速度上，都与以前的简单电动汽车有很大的不同。现在高性能的电动汽车通常是专门设计制造的，这种专门设计制造的电动汽车以传统的车体和车架为基础，满足电动汽车独有的结构要求，并能充分利用电力驱动的灵活性。

与燃油汽车相比，电动汽车的结构特点是灵活，这种灵活性源于电动汽车具有如下几个特点：第一，能量传递方式不同，电动汽车的能量主要通过柔性的电缆电线，而不是通过刚性联轴器和传动轴传递，因此电动汽车各部件的布置具有很大的灵活性；第二，电动汽车驱动系统的布置不同，例如采用四轮驱动或轮毂电动机驱动系统等，会使系统机构与传统车辆区别很大，采用不同类型的电动机也会对汽车的结构、质量、尺寸和形状等产生较大影响。第三，储能装置不同，不同类型的储能装置也会对电动汽车的结构、质量、尺寸和形状产生影响。另外，能源补充不同，不同的能源补充装置需要不同的硬件和机构，同时能源补充的方式也不尽相同，这对整车的结构产生影响。

电动汽车系统可以分为四个子系统，即动力系统、电气系统、车身系统和底盘系统，如图 2.2 所示。从图中可以看出，电动汽车与传统汽车的主要区别在于其动力系统的区别，还有不同的地方就是电动汽车的制动可以进行制动能量回收，即常说的制动回馈，而传统汽车则做不到这一点。从图中，可以看出电动汽车的动力系统由电池系统、电动机系统和电控系统等组成。通常，电动汽车的电池系统由储能装置(例如：各类蓄电池、超级电容、燃料电池、高速飞轮等)、电池箱、冷却系统及温度传感器等组成；而电动机系统则由电动机(例如：永磁电动机、直流电动机、交流电动机、磁阻电动机等)，温度传感器，电动机冷却系统及变速机构等部分组成；电控系统主要由整车控制系统、电池管理系统、电动机控制器、功率转化器及各种辅助系统控制器等组成。

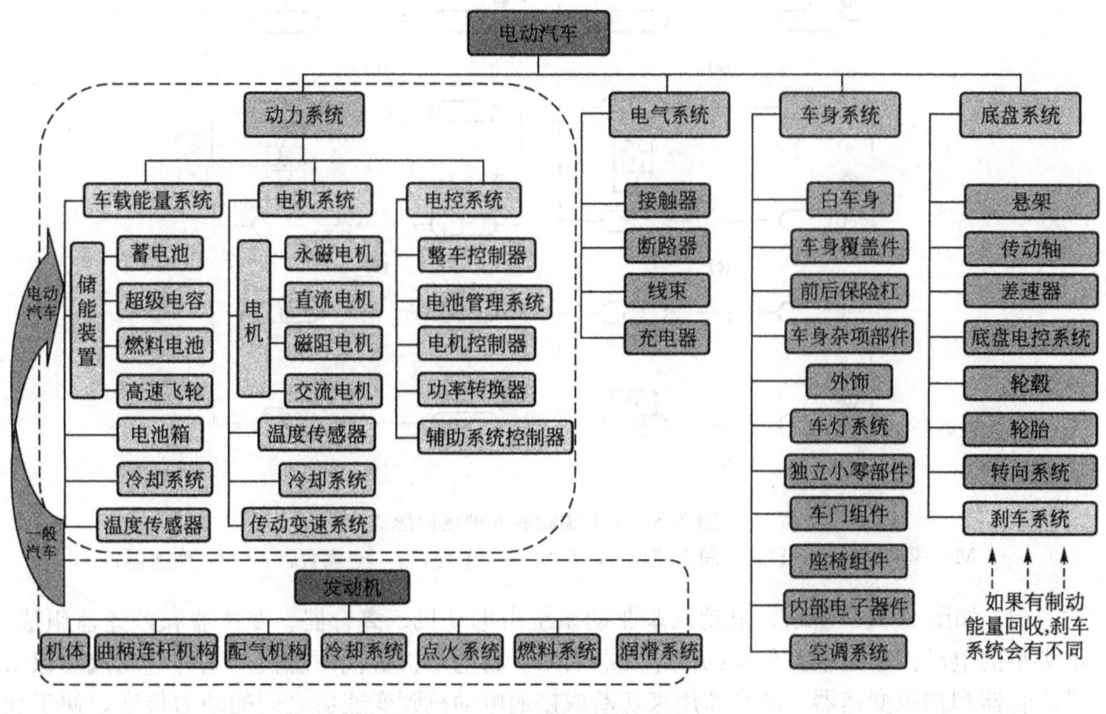

图 2.2 电动汽车基本结构

2.2 电动汽车结构类型

电动汽车应用范畴很大，应用范围很广，分类也较复杂。由第 1 章可知，电动汽车根据用途可以分为很多种。然而，由于电动汽车的结构复杂，形式多样，进行必要的分类，对认识电动汽车和熟悉电动汽车非常必要。电动汽车的分类可以从能源类型、驱动结构和车辆速度上进行分类。当然，分类的方式不同，车辆的归类不同，存在交叉就不可避免。

按照使用和用途分类，比较简单，即以电动汽车的主要装载物及功能上进行区分：载客电动汽车、载货电动汽车、电动轿车、电动观光汽车、电动工具车等。部分电动汽车的功能复杂，可能存在以上叙述的多种功能，称之为多功能电动汽车。

下面将根据电动汽车的电力驱动系统、储能装置和速度上进行电动汽车结构类型介绍。

2.2.1 电动汽车电力驱动系统的结构类型

现代的电动汽车多种多样，采用不同的电力驱动系统可构成不同结构形式的电动汽车。下面主要根据电力驱动系统把电动汽车分为以下 6 种结构类型：

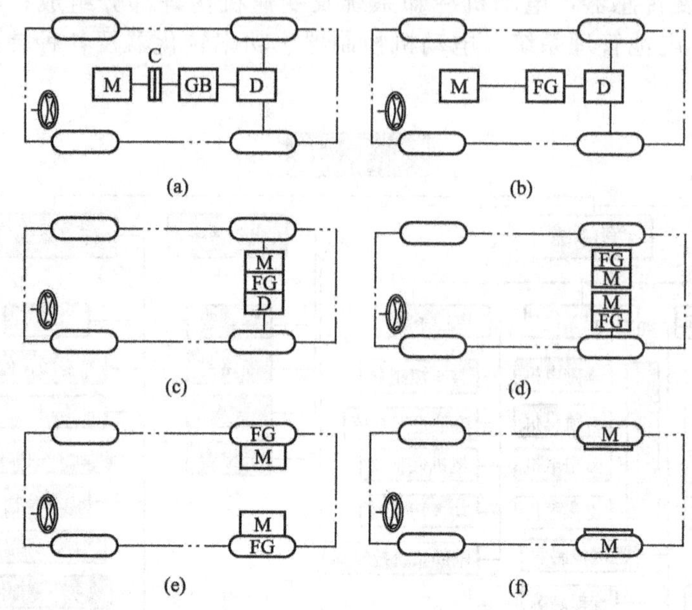

图 2.3 电力驱动的 6 种结构形式

M—驱动电动机；FG—(固定速比)减速器；D—差速器；C—离合器；GB—变速器；

(1) 如图 2.3(a)所示，电动汽车驱动系统由电动机、离合器、变速器和差速器组成。该类型的电动汽车是根据传统的汽车发展而来，将电动机替代内燃机。该种电动汽车保留了离合器和挡位变速器，离合器用来切断或接通电动机到变速器之间的动力传递，便于变速器的挡位切换。在低速时，车轮为获得较大力矩而将变速器置于低速挡，这时速比较大，就可以避免由于电动机力矩不足引起的车辆加速性能不足问题。在高速时，车轮需要高转速，扭矩需求不高，这时将挡位置于高挡位，以获得车辆的高速运行。这种情况在所采用电动机性能不足尤其是输出扭矩不足时常常采用。当然，高档的电动汽车采用这种结构时，常常采用自动变速器。

(2) 如图 2.3(b)所示，该类型的电动汽车采用的是固定速比的减速器，一般是用来减速增扭使用。该种结构去掉了离合器，采用电动机通过减速器与主减速器直接连接。这种结构的车辆的车轮始终与电动机连接，通过控制电动机的转速来控制车速，车辆的行驶方向也是通过电动机变换转动方向来实现。这种结构相比图 2.3(a)所示结构要简单，由于去掉了离合器，可明显减小传动系统的重量，结构更加紧凑，体积更小。随着电动机技术的不断发展，电动机的性能不断提升，电动机低转速下实现大扭矩特性的不断改善，采用这种结构的电动汽车越来越多。但这种结构也有其缺点，为了获得较大的车辆爬坡能力，减速器一般会选择较大的速比，这样就带来了车辆的速度范围比较窄，一般不能满足车辆的高速行驶性能。

(3) 图 2.3(c)所示的电动汽车结构类似于发动机横置的车辆，这种结构的特性与图 2.3(b)所示结构类似，但是要比其更加紧凑。它是把电动机，减速器和差速器集成为一个整体，采用两个半轴连接驱动车轮。这种结构的电动机功率一般不大，整个电动机减速器和差速器系统的体积不大，重量相对较小。该结构常见于一些小型电动汽车上，采用该种结构还有利于降低成本，更适合大批量生产制造。

(4) 图 2.3(d)所示的电动汽车结构是采用两个电动机，采用相同固定速比的减速器连成一个整体，然后用半轴的方式或者直接连接的方式分别驱动两个车轮。由于每个电动机都可以独立控制调节，这就可以省略差速器。该种结构即平常所说的电子差速模式。采用该种结构的车辆整体布置比较简单，而且更易实现多种功能，例如驱动防滑、制动力分配、防侧滑等。由于采用了两个电动机，因此对电动机的要求要远低于图 2.3(b)和图 2.3(c)所示两种结构，更易实现较大车辆的驱动问题。该种结构方式目前多出现在一些中型或大型的载客汽车上。例如 ZF 研发的双电动机驱动桥如图 2.4所示，电动机置于两侧，分别控制驱动两侧车轮，图 2.4 ZF 研发的双电动机驱动桥间没有了大型的差速器桥包，因此可以降低质心，一些大型的电动公交已经开始采用。

图 2.4　双电动机驱动桥

(5) 有些电动汽车的电动机也可以装在车轮里面，称之为轮毂电动机。该种结构可以进一步缩短充电动机到驱动车轮之间的传递路径，如图 2.3(e)所示。为了将电动机的转速降低到理想的车轮转速，可以采用固定的减速比的行星轮减速器，它可以提供较大的减速比，而且输入与输出轴可以布置在同一条轴线上。这样就可以进一步缩小电动机和减速器等占用的空间。

(6) 图 2.3(f)表示了另一种轮毂电动机的电动汽车结构，这种结构采用了低速的外转子电动机，彻底去掉了机械减速器，电动机的外转子直接与车轮的轮毂设计在一起，车轮的转速和电动汽车的车速完全取决于电动机的转速的控制。该种结构的电动汽车，由于电动机到驱动轮没有减速器，车辆的驱动完全靠电动机的扭矩，因此该类电动车的总重量目前还不能做到很大。采用该种结构的电动汽车多是小型的电动汽车，质量较轻，目前较多的出现在一些概念车型上，由于车辆的驱动与车轮在一起，车辆的布置更加自由，几乎不受约束和限制，造型都比较前卫。采用该种结构的电动汽车，还可以实现四轮全驱模式，车辆的加速性能和速度都会有很大提升。

电动汽车的驱动结构从上图还可以看出，有的结构采用了单电动机驱动，有的是采用了双电动机甚至多电动机驱动。差速器是传统汽车的标准组件，传统汽车是采用一台发动机驱动，对于采用单电动机的电动汽车来说，与传统汽车类似，差速器也是必需的设备。汽车在转弯时，外侧车轮的转弯半径比内侧车轮的大，为了避免车轮出现滑移而引起的轮胎磨损、转向困难、道路附着力变差的情况，必须使用差速器来调整。因此图 2.3(a)、

图 2.3(b)、图 2.3(c)的电动汽车类型中都有机械式差速器的存在。如果电动汽车采用双电动机甚至多电动机驱动，由于每个电动机的转速可以有效地独立调节控制，因此可以实现电子差速，在这种情况下，可以完全抛弃机械式差速器，见图 2.3(d)、图 2.3(e)、图 2.3(f)。

相对于机械式差速器来说，电子差速器的体积更小、质量更轻，在汽车转弯时可以实现精确电子控制，提高电动汽车的性能。使用电子差速的电动汽车也有缺点，主要缺点是由于增加了电动机和功率转换器，因而相应增加了不少成本，而且不同条件下，对两个电动机的精确控制的可靠性远没有机械式差速器高。不过近年来，随着电动机控制技术的不断发展，电子控制器的容错能力显著提升，其可靠性得到了很大的改善。一般的电子差速器是由三个微处理器组成，其中两个分别控制两个电动机，另一个用来控制与协调，通过监测器来监视彼此的工作情况，从而发出相应指令，控制两个电动机的转速和驱动力，实现电子差速功能。

2.2.2 电动汽车储能装置的结构类型

除了采用不同的电力驱动系统会对车辆结构产生影响外，采用不同类型的储能装置，如不同的蓄电池、燃料电池、超级电容和飞轮动能电池等，也会构成不同的电动汽车结构型式，由于储能装置种类繁多，而且多数可以配合使用，甚至三种储能装置一起使用，电动汽车的类型很多，这里列举目前较常见的一些类型，如图 2.5 所示，为了便于理解，图中只列出储能及功率转换器(或称电动机控制器)之前的部分，简要说明如下。

(1) 图 2.5(a)所示最常见的一种就是采用纯电池供电的电动汽车，该种电动汽车的储能及控制相对简单，整车使用动力电池这一种储能装置。该种结构的车辆采用单一的动力电池供电，在新能源车辆的划分上，称之为 BEV(Battle Electric Vehicle)，就是所说的纯电池电动汽车。目前动力电池的种类非常繁多，从铅酸电池、镍氢电池、镍镉电池、硅电池到锌空气电池等等，都属于动力电池的范畴。采用该种结构的电动车的电池布置相对简单，电池可以布置在车辆的四周，也可以集中分布在车辆的尾部、前部、底部或者顶部。这种结构对蓄电池要求较为苛刻，一般按照电动汽车的功能和使用工况，要选择较高比能量(或称能量密度)和比功率(或称功率密度)的电池，比能量影响整车的续驶里程，比功率则影响电池的大功率放电性能，因而影响电动汽车的加速性能和爬坡能力。

(2) 为了解决一种动力电池不能同时满足比功率和比能量的问题，有些电动汽车则是采用了两种不同的蓄电池，其中一种可以提供高的比能量，而另一种可以提供高的比功率。图 2.5(b)所示的就是两种电池作为混合能量源的基本结构，这种结构不仅解决了比功率和比能量的矛盾，由于较大比功率电池的存在，而且还可以在车辆的制动能量回收方面起到较为显著的效果。

(3) 除了蓄电池外，还可以用燃料电池作为储能装置，对于电动汽车来说，燃料电池相当于一个小型的发电机。目前燃料电池的种类较多，常见的就是氢燃料电池。氢燃料电池的原理就是利用可逆的电解过程，在特定的介质和工况下，氢气和氧气结合，产生电能和水。目前氢气的储存是一个较为麻烦的问题。由于氢气的液化压力非常大，而液化温度又比较低，氢气很难被液化，因而需要耐高压的储存容器。目前氢气一般是以气态的形式

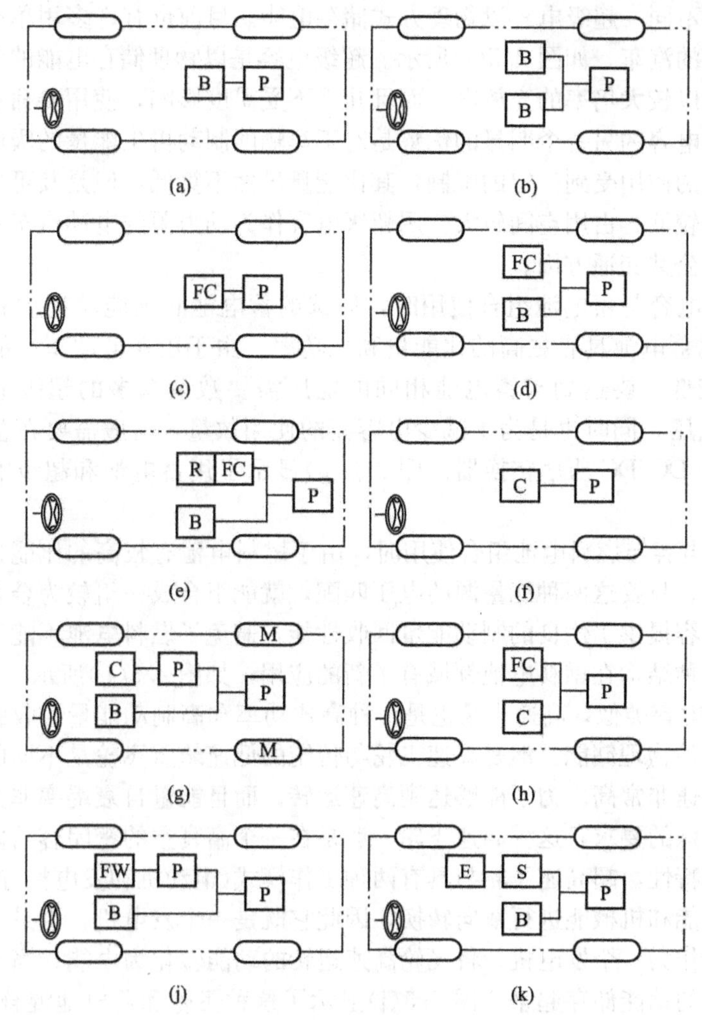

图 2.5 储能装置的 10 种结构形式

B—动力电池；C—超级电容；FC—燃料电池；

FW—高速飞轮；P—功率转换器；R—重整器；E—发动机；S—发电机

储存在一个高压的车载氢气罐中，少量以液态氢或金属氢化物的形式储存，氧气则可以直接从空气中获得。燃料电池虽然可以提供一种非常高的比能量，但是却不能回收制动的再生能量，如图 2.5(c)所示，目前这种结构基本上被混合式替代。

(4) 为解决燃料电池不能将制动能量再生利用这一缺点，更多的时候使用燃料电池的同时，将蓄电池一同使用。这样既可以吸收部分燃料电池的多余能量，更能起到吸收制动再生能量的作用，如图 2.5(d)所示。

(5) 燃料电池所需要的氢气目前不仅以氢气的形式存在，还以压缩空气、液态氢或金属氢化物的形式储存，并可由常温的液态燃料，如甲醇、乙醇或汽油随车产生。这就需要车辆带有一个小型的重整器，以便随时分解甲醇、乙醇或汽油来产生氢气，供燃料电池使用，如图 2.5(e)所示。

(6) 超级电容的出现，使电动汽车有了一个新的选择。超级电容类似于蓄电池，但是其工作原理完全不同。超级电容以物理方式储存电能。目前也有许多用单纯超级电容作为能量源驱动电动的汽车，如图 2.5(f)所示。超级电容是以物理储存电能的装置，不存在化学反应，因此可以较大倍率的充放电，而且几乎不受温度影响，使用寿命也很长，维护也较为简单。超级电容的另一个明显的优势是对于车辆的制动再生能量的吸收非常好。但是目前超级电容器的使用受到一定的限制，其比能量虽然不算低，但是其可用的比能量不算高，而且其密度较低，占用空间较大。用超级电容作为动力源的电动汽车一般续驶里程都不长，多数用于公共交通方面。

(7) 当超级电容与蓄电池组合使用时，所选的蓄电池必须能够提供高比能量，因为超级电容本身比蓄电池具有更高的比能量和比功率，由于用在电动车上的超级电容相对而言电压都比较低，要达到与蓄电池相同的电压需要数量众多的超级电容器才行，因此，为了平衡电压，同时也是为了减少电容器的使用数量，一般需要在蓄电池和超级电容器之间加一个 DC/DC 功率转换器。图 2.5(g)显示了用蓄电池和超级电容作混合能量源的结构。

(8) 当超级电容与燃料电池组合使用时，由于燃料电池有较高的比能量和比功率，和超级电容的类似。只要这两种能量源的电压匹配，就能组合成一组较为合理的混合能量源结构。而超级电容提供了优良的制动能量回收性能，避免了燃料电池不能制动再生能量回收问题，因此这种结构在燃料电池领域有了新的应用，如图 2.5(h)所示。

(9) 与超级电容类似，高速飞轮也是一种高比功率和高制动能量回收的储能器，而且高速飞轮也是一种物理储能。但是高速飞轮与传统的低速笨重飞轮是不同的，这种飞轮的重量轻，但是转速非常高。为了能够达到高速运转，而且能量自衰竭率非常低，对高速飞轮的制造有着特殊的要求，这种高速飞轮一般是在一个高真空的密闭容器内高速旋转。高速飞轮具备两种特性，超高速飞轮与具有两种工作模式(电动机和发电机)的电动机转子相结合，能够将电能和机械能进行双向转换，因此它既是一个发电机，也是一个电动机。当作为能量源时，作为一个发电机，将飞轮高速运转的动能转化为电能；当充电时，又能将电能转化为飞轮的动能储存起来。图 2.5(j)显示了这种飞轮和蓄电池混合能量源的结构，所选用的电池需具备高比能量。另外，这种混合结构应该在高速飞轮和蓄电池之间加一个 AC/DC 功率转换器。

(10) 因为目前蓄电池的比能量和比功率还不能完全让人们满意，特别是蓄电池的充电方面，不能像普通的燃油汽车一样随时加油。为了获得更长的续驶里程，就出现了一种在蓄电池后面加装一组传统燃油发动机带动的发电机组。车辆以电力驱动，正常用蓄电池提供能量驱动，在蓄电池电能不足时，发动机启动，带动发电机给蓄电池充电，以获得更长的续驶里程。采用这种结构的车辆就是增程式电动汽车，如图 2.5(k)所示。这是在电池还不能完全替代发动机时的一种过渡方案，如果在发动机不启动的情况下，其就是纯粹的一辆由蓄电池驱动的电动汽车。该结构的汽车不能完全实现零排放，但是如果发动机和发电机合理配备，确保发动机以最经济的工况工作，相对传统汽车，还是能够明显减少排放的。

2.2.3 电动汽车按行驶速度分级

从车速上分为：低速电动汽车、中速电动汽车、高速电动和极速电动汽车等。这里所谓的车速是指车辆的行驶速度能力，主要以车辆设计的最高车速表达。对于电动汽车，车辆的速度也是影响性能的关键因素，针对车辆的用途，车辆的设计最高时速也不尽相同。

1. 低速电动汽车

一般来说，最高车速低于 30km/h 的电动汽车，称之为低速电动汽车，例如各种电动工具车，电动平板车等。

2. 中速电动汽车

最高车速在 30～60km/h 的电动汽车，称之为中速电动汽车，这类汽车类型较多，例如电动观光车，电动高尔夫车等。

3. 高速电动汽车

高速电动汽车的最高设计时速一般要在 60～180km/h，这类汽车主要是一些乘用车或轿车类的载客汽车，目前大多数载人电动汽车均属于这一范围。

4. 极速电动汽车

极速电动汽车是指为追求高速度的驾驶体验而设计的电动汽车，目前最快的电动汽车已经达到传统汽车的最高行驶速度。这类汽车最高设计时速超过了 200km/h，甚至超过了 300km/h。目前的极速电动汽车绝大多数是试验车或概念车，没有量产，而且造型特殊，具备流体力学的外观和特殊的稳定机构，如图 2.6、图 2.7 和图 2.8 所示。据有关数据介绍，由美国俄亥俄州大学设计的锂电池电动汽车更是达到了前所未有的 491km/h 的时速，虽然该速度还有待国际汽车联合会的认可。虽然是一种追求速度的实验性电动汽车，但是这已经表明了，电动汽车的速度性能可以不亚于传统汽车。

图 2.6 美国俄亥俄州立大学设计制造的纯电动汽车

图 2.7 电动汽车

图 2.8 标致 EX1

2.3 电动汽车的行驶性能

电动汽车与传统内燃机汽车在外观上没有太大差别，机械构造方面也类似，力学方面没有本质区别。他们之间的主要差别是采用了不同的动力系统及不同的能量源。内燃机汽车是燃油混合气体在内燃机内燃烧膨胀做功，从而推动车辆运动。对于电动汽车而言，它是由不同的储能设备提供电能，经过电动机和驱动系统，驱动电动汽车行驶。因此，电动汽车的操纵稳定性、平顺性及通过性与传统车辆相同。电动汽车的能量供给和消耗，与储能设备密切相关，直接影响电动汽车的动力性和续驶里程，同时也影响电动汽车的成本和效益，这也是近年来研究电动汽车经济性的课题。纵观电动汽车与传统汽车的特点，对于电动汽车的特性，更加关注的是电动汽车的动力性和电动汽车的续驶里程。

2.3.1 电动汽车的动力性

和传统汽车一样，电动汽车的动力性也可用最高车速、加速性能和最大爬坡度来进行描述，但是与燃油汽车不同的是，电动机存在不同的工作制，如 1min 工作制、5min 工作制、30min 工作制等，即存在瞬时功率、连续功率和小时功率，在描述或评价电动汽车的动力性时，要进行说明。

(1) 电动汽车的最高车速是指汽车在无风条件下，在水平、良好的硬路面上所能达到的最高车速。现在电动汽车的最高车速已经大大提高，甚至超越了传统汽车，图 2.6、图 2.7和图 2.8 所显示的电动汽车都能达到很高的速度。

(2) 电动汽车的加速能力是用汽车原地起步的加速能力和超车加速能力来表示，通常采用电动汽车加速过程中所经过的加速时间和加速距离作为评价汽车的加速性能指标。

(3) 电动汽车的爬坡能力是指汽车在良好路面上，以低车速行驶上坡的最大坡度，坡度值一般用百分比来表示。对于电动汽车而言，不同的用途和使用工况，对于汽车的爬坡能力的要求是不一样的。

对于电动汽车的动力性能指标，国家有详细的标准，对实验条件、车辆准备、车辆状态、试验顺序和试验方法等做了详细的规定。实验方法详见 GB/T 18385—2005《电动汽车动力性能试验方法》。

电动汽车在行驶中，由蓄电池输出电能给电动机，电动机输出功率，用于克服电动汽车所受到的本身机械装置的内阻力和由于行驶条件决定的外阻力的功率消耗。对于电动汽车的受力分析和计算，在后续章节中进行表述。

2.3.2 电动汽车的续驶里程

电动汽车的续驶里程也是评价电动汽车性能的关键因素。由于传统汽车是采用燃油作为能源，无论是柴油还是汽油，在车辆油料不足时，通常在加油站即可以快速补充，因而对于传统车辆而言，续驶里程不是其关键的评价因素。电动汽车则不然，除了燃料电池电动汽车外，其他电动汽车均需要充电，而充电的过程相对来说会较长，一旦电量用完，必须回到特定的充电站来进行充电。因而，电动汽车的续驶能力是电动汽车的一个重要指标。

续驶能力是指车辆在特定工况下，可以连续行驶的最大距离。对于电动汽车而言，续驶能力又有标定续驶能力和普通工况续驶能力之分。标定续驶能力是指按照国家相关规定，车辆加载规定的载荷，在无风、温度适宜条件下，在平直无坡的硬路面上连续行驶所能行驶的最大距离。在这一过程中，有着严格的控制，例如载荷、风速、温度、路面条件、转弯、行驶速度、停车时间等都要符合要求。目前标定续驶里程还可以在制定工况下在测功机上进行。标定续驶能力是国家规定的一种电动汽车的续驶能力的标准，也便于区别不同车辆的性能。但是在电动汽车的实际使用过程中，由于工况和路况都比较复杂，实际续驶能力与标定续驶能力有很大不同。再者，不同的工况和路况下，同一辆电动汽车的续驶能力也是不一样的。电动汽车续驶能力计算和相关依据，在后续的章节进行表述。

2.4 电动汽车的发展前沿

电动汽车经过了多年的发展，已经颇具规模，对于电动汽车的发展模式和发展方向，各方面也是争论不休，观点很多。纵然目前储能设备的发展是限制电动汽车发展的主要因素，但是动力电池电动汽车仍然是电动汽车的发展方向，而且发展将会更加迅速。

将来的电动汽车的发展是伴随着储能设备、驱动电动机和车用电子设备的发展而进行的。储能设备的发展，包括动力电池、燃料电池等技术的发展。将来的动力电池的循环寿命更长，会带动电动车的使用寿命更长。随着动力电池的高倍率充放电性能进一步提升，电动汽车的充放电就更加快捷和便利。如果有一天，电池充电时间能够像与传统车辆加注燃油那样便捷，电动汽车将会普及，甚至可以完全替代传统车辆。目前驱动电动机还存在着低速功率和扭矩不足的问题 ，如果这一问题得到解决，将会使电动汽车的结构更加简单，车辆性能更加优异，与传统汽车相比，其动力性，操纵性甚至舒适性都会提高。

电动汽车是一个多元化的产品，电动汽车的发展能够带动一批相关专业领域的发展。同时，电动汽车相关领域的发展，也势必会推动电动汽车的发展。

小　　结

电动汽车系统由四个子系统组成，即动力系统、电气系统、车身系统和底盘系统。电动汽车与传统汽车的主要区别在于其动力系统的区别，还有不同的地方就是电动汽车的制动可以进行制动能量回收，即常说的制动回馈，而传统汽车则做不到这一点。电动汽车按照不同的标准有不同的分类结果，通常采用的分类标准有能源类型、驱动结构和车辆速度。在电动汽车的行驶性能方面通常关注的是电动汽车的动力性和续驶里程。

习题

1. 简述电动汽车的构造。
2. 从构造和动力性能两方面，对电动汽车与传统汽车进行比较分析。
3. 电动汽车的分类标准有哪些？按不同的标准，电动汽车分为哪几类？
4. 电动汽车的动力性和续驶里程该如何描述？

第3章 电动汽车能量源

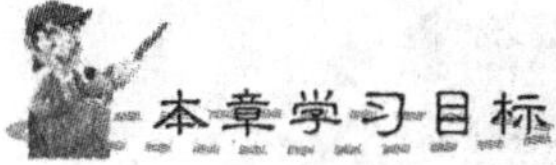

★ 了解电动汽车用能源的基本常识
★ 了解动力电池的构造、要求和性能指标
★ 熟悉各类储能设备的结构和性能
★ 了解动力电池性能的检测方法
★ 了解动力电池性能的水平和发展方向

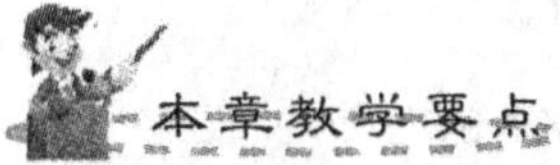

知识要点	能力要求	相关知识
电动汽车用能源的基本常识	了解电动汽车用储能设备的基本要求	化学电池的基本组成
动力电池的构造、要求和性能指标	熟悉动力电池的结构及性能指标	电池的充电、放电性能；性能指标
各类储能设备的结构和性能	了解各类储能设备的结构	铅酸电池；二次锂电池；镍氢蓄电池；钠硫蓄电池；燃料电池；其他储能装置
电池性能的检测方法	了解动力电池的检测方法	电池充放电性能测试；电池容量测定；电池循环次数测试；电池内阻的测定；安全性测试
电池组的选择与设计	了解电池组与单体电池的区别以及电池组的基本要求	电池的一致性要求；电池组安装设计要求
电池性能的水平和发展方向	了解电池的发展现况和发展方向	动力电池的基本要求；当前几种动力电池的技术水平；动力电池的发展动向

导入案例

目前电动汽车动力电池类型复杂，规格众多，性能不一，如图 3.1 所示。对于不同的电动汽车，所选用的动力电池的要求是不一样的。那么各种电池的构造和结构有什么不同？各种电池的性能又会有什么区别？目前铅酸电池属于一种成熟的电池，但是其比功率和比能量都比较低。随着锂电池的发展，人们更加注重锂电池的应用，但是成本的居高不下，又成了锂电池发展的障碍。同时超级电容，燃料电池等技术也在不断发展。通过了解电池的构造、原理、特性等，可以对动力电池有一个全面的了解。在电动汽车设计的过程中，应本着合适合理的原则对电池进行选用。

图 3.1　常见各类型电池

电动汽车的能量源是电能，电能的储存方式和来源不尽相同，姑且把储存电能的装置统称电池。目前电能的来源比较多，原理各异，结构也各不相同，由此，不同电池的价格和性能也不一样。电池的选择将对电动汽车的性能产生直接影响。实际设计中，需要针对车辆的不同需求，选择合适的电池。目前各种电池的发展不一，而影响电池的关键因素是能量密度和使用寿命，另外，价格也是需要考虑的重要因素。

3.1 动力电池概述

电动汽车动力储能装置包括所有动力蓄电池、超级电容、飞轮电池和燃料电池等储能元件及其以上各类电池的组合。

电动汽车发展的关键技术是提高其动力电池性能。它既是目前普及电动汽车的瓶颈，也是电动汽车能否与传统内燃机汽车竞争的重要因素之一。近几年来，世界各国对电动汽车十分重视，投入了大量的人力物力，并取得了许多进展。但要大规模普及、推广和应用，在性价比上还有待进一步提高。

3.1.1 化学电池的基本组成

化学电池一般由电极(正极和负极)、电解质、隔膜和外壳(容器)四部分组成。

其中电极是电池的核心部分，一般由活性物质和导电骨架组成。活性物质是指能够通过化学反应释放出电能的物质，要求它电化学活性高、在电解液中的化学稳定性高和电子导电性好。活性物质是决定化学电源基本特性的重要部分。导电骨架主要起传导电子和支撑活性物质的作用。当电池通过外部电路(负载)放电时，电池的正极从外电路获得电子，而负极则向外电路输出电子；对于电池内部来说恰好相反。

电解质在电池内部阴、阳极之间担负传递电荷(带电离子)的作用。电解质通常为液体或固体。液体电解质常称为电解液，一般是酸、碱、盐的水溶液；固体电解质一般为盐类，由固体电解质组成的电池即称为干电池。对电解液的要求是电导率高、溶液欧姆电压较小。对固体电解质，要求具有离子导电性，而不具有电子导电性。电解质必须化学性质稳定，使其在储存期间电解质与活性物质界面间的电化学反应速率小，这样电池自放电时容量损失就小。

为了避免电池内阴、阳极之间的距离较近而发生内部短路产生严重的自放电现象，需要在其阴、阳极之间加放绝缘的隔膜，隔膜的形状通常为薄膜、板材或胶状物等。对隔膜的要求是化学性质稳定，有一定的机械强度，对电解质离子运动的阻力小，是电的良好绝缘体，并能阻挡从电极上脱落的活性物质微粒和枝晶的生长。

电池的外壳是盛放和保护电池电极、电解质、隔膜的容器。一般要求外壳具有足够的机械强度和化学稳定性、耐振动、耐冲击、耐腐蚀。

3.1.2 电池的基本常识

1. 电池的组合

蓄电池作为动力源，一般要求有较高的电压和电流，所以需要将若干个单体电池通过串联、并联与复联的方式组合成电池组使用。电池组合中对单体电池性能有严格的要求，在同一组电池中必须选择同一系列、同一规格、性能尽可能一致的单体电池。

2. 电池的放电

电池放电是将电池内储存的化学能以电能方式释放出来的过程，即电池向外电路输送电流。蓄电池的放电参数主要有放电深度、放电率和连续放电时间。放电深度是指电池当前的放电状态，用实际放电容量与额定容量的百分比来表示。放电率是指放电时的速率，常用时率或倍率表示。时率是指一定的放电电流放完额定容量所需的小时数，倍率是指规定时间内放出其额定容量时所输出电流的数值与额定值的倍数。连续放电时间是指蓄电池开始不间断地放电至终止电压时所能进行的时间。放电的方式又分为工况放电、倍率放电、深度放电、恒流放电、恒功率放电。

3. 电池的充电

电池充电是将外部电源输入蓄电池的直流电能转换为化学能储存起来的过程。蓄电池的充电参数主要有充电特性、完全充电和充电率。充电特性是指充电时蓄电池的电流、电压与时间之间的关系。完全充电是蓄电池内所有可利用的活性物质都已转变成完全荷电的状态。充电率是指充电时的速率，也用时率和倍率来表示。时率是指在一定电流下，充到额定容量所需的小时数，倍率是指在规定时间内，充到额定容量所需的电流数值与额定值的倍数。蓄电池的荷电状态是指蓄电池当前容量与全荷电容量的百分比。充电方式又分为恒压充电、恒流充电、涓流充电和浮充电。

4. 电池的极化

极化是电池由静止状态(电流 $I=0$)转入工作状态($I>0$)产生的电池电压、电极电位的变化现象。电压与电流的乘积等于功率，再乘以电池运行时间即为输出电能，所以极化现象反映了由静止状态转入工作状态能量损失的大小，极化损失越小越好。极化现象也可理解为对平衡现象的偏离。热力学平衡过程与可逆现象紧密相连。可逆过程或平衡过程的变化率是很小的，但实际过程必须有一定的速率，有时还要求有很高的速率，如电动汽车驱动时要求有大电流放电，即要求反应速率很大，这样必然产生偏离平衡值的现象，即极化现象。常见的极化现象有阳极极化、阴极极化、欧姆极化(电阻极化)、浓差和电化学极化等。阳、阴极极化是指电池进入工作状态后阳、阴极电位出现偏离平衡值的现象。电池的电阻有电解质的电阻、电极材料的电阻，甚至还有由于反应产物的附着(如氢氧化物沉淀在电极上)造成的电阻等。浓差极化是电化学反应进行时，作用物浓度的变化造成电极电位对平衡值的偏差。任何极化过程均包括一个或几个反应质点接收电子或失去电子的过程，由这一过程引起的极化称之为电化学极化。

5. 记忆效应

记忆效应是指电池在没有完全放电之前就重新充电，电池会储存这一放电平台并在下次循环中将其作为放电的终点，尽管电池本身的容量可以使电池放电到更低的平台上，但在以后的放电过程中，电池将只记得这一低容量。同样在每一次使用中，任何一次不完全的放电都将加深这一效应，使电池容量逐渐变低，这主要表现在镍镉电池中。对于其他蓄电池，该效应较小或不存在，其原因是电池内生长晶枝，通过深度充放电虽可缓解，但如此会损坏电池，比较好的方法是采用脉冲充电法，不仅可抑制晶枝的生长，还有可能使一些生长的晶枝得到溶解。

3.1.3 电池的种类

电池的种类有很多，划分的方法也有多种。本章主要介绍车用动力电池，按其原理划分，主要可分为生物电池、物理电池和化学电池三大类。生物电池是利用生物(如生物酶、微生物或叶绿素等)分解反应过程中表现出来的带电现象所进行的能量转换，有酶电池、微生物电池和生物太阳电池等。它主要有体积小、无污染、寿命长、可在常温常压下使用等优点。随着全球能源危机的提出，目前对生物电池的研究日趋深入。物理电池是指利用物理原理制成的电池，其特点是能在一定条件下实现直接的能量转换，主要有太阳能电池、飞轮电池、核能电池和温差电池。太阳能电池是利用光电效应，将光能转化为电能，然后输出直流电存储于蓄电池中。飞轮电池是将电能转换为飞轮的旋转动能，飞轮以高速旋转来储存动能，而后再利用电动机将动能转变成电能输出。核能电池是依靠核子发生裂变或聚变工作的。温差电池是一种直接将热能转换成电能的电池。化学电池是将化学反应产生的能量直接转换为电能的装置，也称为化学电源。此外还有超级电容器，它是一种介于传统电解质电容器和电化学电池之间的新型储能元件。

化学电池是生活中使用最多的电池。化学电池通常按电解液种类、正负极材料和其功能有以下三种分类方式。

1. 按电池的电解液种类分类

按电池的电解液种类可分为碱性电池、酸性电池、中性电池及有机电解液电池四类。碱性电池的电解质主要是以氢氧化钾水溶液为主，如碱性锌锰电池、镍镉电池、镍氢电池等；酸性电池主要以硫酸溶液为介质，如铅酸电池；中性电池是以盐溶液为介质，如锌锰干电池；有机电解液电池是以有机溶液为介质的电池，如锂电池、锂离子电池等。

2. 按电池的正负极材料分类

按电池的正负极材料常分为锌系列电池、镍系列电池、铅系列电池、锂系列电池、二氧化锰系列电池及空气系列电池等。锌系列电池有锌锰电池、锌银电池等；镍系列电池有镍镉电池、镍氢电池等；铅系列电池有铅酸电池等；锂系列电池有锂离子电池、锂锰电池、聚合物锂电池、磷酸铁锂电池等；二氧化锰系列电池有锌锰电池、碱锰电池等；空气电池系列有锌空气电池、铝空气电池等。

3. 按电池功能分类

按电池功能分类是指根据工作性质或储存方式不同进行分类的分类法，主要被分为一次电池、二次电池、燃料电池和储备电池四类。一次电池又称为原电池，即不能再充电的电池。如果原电池中的电解质不流动则称为干电池，如锌锰干电池、锌汞干电池、锌银干电池等。二次电池即可充电电池，习惯上称为蓄电池。它是目前电动汽车上用得最多的动力电池，主要有铅酸蓄电池、锂离子电池、镍氢电池及磷酸铁锂电池等。燃料电池又称"连续电池"，即将活性物质连续注入电池，使其连续放电的电池。储备电池又称"激活电池"，这类电池的正负极活性物质在储存期不直接接触，使用前临时注入电解液或用其他方法使电池激活，如锌银电池、镁银电池。

3.1.4 电池的性能指标

1. 电池的容量

电池的容量是指完全充电的蓄电池在规定条件下所释放的总电量，常用字母 C 来表示，其单位为安培时(A·h)。与其相关的还有蓄电池储存性能，即表示蓄电池长期搁置后容量变化的特性。电池容量通常有以下几种：理论容量、额定容量、可用容量、剩余容量。

2. 电池的能量

电池的能量是指在一定标准所规定的放电条件下，电池对外做功所能输出的电能，其单位为瓦时(W·h)或千瓦时(kW·h)。电池的能量通常有如下几种：总能量、充电能量、放电能量。

在此需特别强调容量与能量的区别：前者表示电池输出的电量，而后者表示其做功能力。能量可以用容量乘以放电平均电压获得。电气设备用电流控制时，则用容量衡量；当电压显得重要时，则多用能量。分析比较电动汽车能量利用效率时即用能量。

3. 能量密度与功率密度

它们分别指从蓄电池的单位质量(或体积)所获取的电能与输出功率，也分别被称为比能量与比功率。有如下四种具体表示法：

(1) 质量能量密度，也称质量比能量，单位为W·h/kg。

(2) 体积能量密度，也称体积比能量，单位为W·h/L。

(3) 质量功率密度，也称质量比功率，单位为W/kg。

(4) 体积功率密度，也称体积比功率，单位为W/L。

能量密度与功率密度的区别：蓄电池的功率一定程度地解决了汽车的加速性、爬坡性和最高车速，而蓄电池的能量密度决定了汽车一次充电后的续驶里程。蓄电池的重量也一定程度地影响了汽车的驱动力，而电池的体积决定了汽车各部件在汽车底盘的布局空间。所以电动汽车希望比功率和比能量都能较大。但一般来说，蓄电池的功率密度增加时，能量密度要下降。其原因是：蓄电池内产生高电流的化学反应限制了能量密度，为了产生高电流，需要大量的集电器；为了让出空间，就得缩小储存电能量的电极材料的体积。

4. 电池的开路电压

蓄电池处于开路状态下电极两端的电位差称为开路电压，一般用高内阻的电压表或万用表测量。电池的开路电压主要取决于构成电池的材料特性，如正、负极材料及电解液的性质。对于同一系列的电池，如果材料来源不同，晶型结构不同，制成电池的开路电压也会有差异，这一点在电池组合时需特别注意，即要选择性能尽可能一致的单体电池为同一组。开路电压是电池体系的一种特征数据，随着电池存放时间的延长，其开路电压会有所下降，这是电池自放电引起的，但下降幅度不大。如果电池的开路电压下降很快，则说明电池内部可能存在慢性短路或电池性能衰退。

5. 电池的内阻

电池放电时的内阻包括欧姆内阻和极化电阻。欧姆内阻是电池中各组成部分的电子导电阻力、离子导电阻力及接触电阻之和，与电极结构和装配工艺有关。极化电阻是电极反应形成的，与电极反应的本质及材料有关。电池内阻越小，电池工作输出电流时电池内部的压降就越小，电池就能输出较高的工作电压和较大的电流，输出能量和容量也就越大。

6. 电池的工作电压、放电终止电压和放电曲线

电池工作电压是指电池放电时，电池两极之间的电位差，也叫放电电压或端电压。工作电压应等于其开路电压减去电池内阻的压降，与放电制度有关。放电制度是指电池放电时所规定的各种条件，主要包括放电方式(指连续或间断)、放电电阻、放电电流、放电时间、放电终止电压及放电环境温度等。

放电终止电压是指电池放电时，电压下降到不宜再继续放电的最低工作电压。根据不同的电池类型及放电条件，对电池容量和寿命的要求也不同，因此所规定的电池放电终止电压也不同。一般在低温或大电流放电时，终止电压要求低，因为此时电极极化大，活性物质不能得到充分利用，电池电压下降较快。而在小电流放电时，终止电压就规定较高，因为小电流放电电极极化小，且活性物质能得到充分利用。

放电曲线表示在一定放电条件下，连续放电时电池的工作电压随时间变化的关系曲线。如图 3.2 所示，表示某电池在不同放电率下的放电曲线。从中可清楚地看出放电时其工作电压随时间的变化过程，通过放电曲线也可计算出放电时间和放电量。放电时率小者，其电压下降速度快，终止电压低，放电时间也短。反之放电时率大者，其工作电压下降慢，往往也能输出较多的能量。工作电压的变化速度也被称为放电曲线的平稳度。

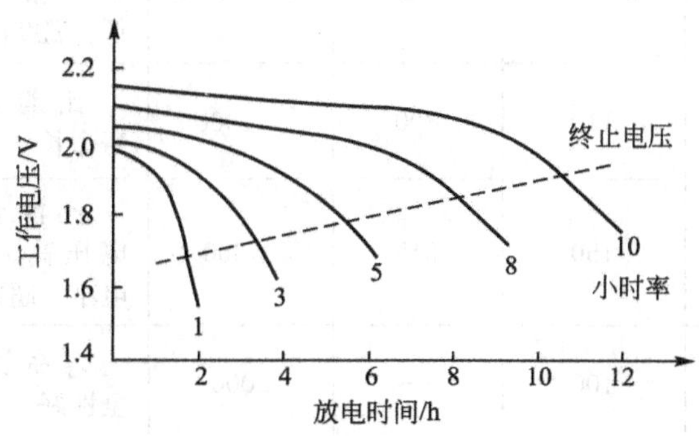

图 3.2 电池的放电曲线

7. 电池的寿命

电池的寿命是指电池使用时间或充电循环次数所表示的电池耐用性。循环充电电池经历一次充电和放电的过程，称为一个循环或一个周期。在一定的充放电制度下，电池容量下降到某一规定值时，电池所能经受的循环次数，称为蓄电池的循环寿命。影响蓄电池循环寿命的主要因素有：在充放电过程中，电极活性表面积减小；电极上活性物质脱落或转移；电极材料发生腐蚀；电池内部短路；隔膜损坏和活性物质晶型改变，活性降低。在每个充放电循环中，电池中的化学活性物质会逐渐老化变质，活性衰减，化学功能减弱，使得电池的充放电效率逐渐降低，最后电池丧失功能而报废。蓄电池的循环周期与其充电和放电的形式、使用环境温度和放电深度有关，放电深度“浅”时，有利于延长电池的寿命。蓄电池在电动汽车上的使用环境、电池组中各个电池的均衡性以及安装方式等都会影响电池的使用寿命。

8. 电池的温度特性

环境温度是影响电池性能的重要因素。电池对环境温度及温度升高的情况都比较敏感。大部分都要求在较狭窄的温度范围内工作，才能保持较高的性能，否则就会损坏。因此，蓄电池在电动汽车上的安装使用，必须注意其环境温度和温度变化的调节控制。

3.1.5 各种车用电池的性能比较

电动汽车动力电源的主要要求有比功率高(在大电流工况下可平稳放电，提高加速、爬坡性能)、比能量大(延长续驶里程)、循环寿命长、安全可靠、成本低、对使用环境温度要求低、能量转换效率高、对环境污染小等。

电动汽车的未来发展很大程度上决定于动力电池的各项性能。为了便于选取，特将各类车用动力电池的性能优缺点做集中比较，见表3-1。

表3-1 各类车用动力电池的性能比较

电池类别	单体电池电压/V	比能量/(W·h/kg)	比功率/(W/kg)	寿命(次)	优点	缺点
铅酸蓄电池	2.0	35～40	50	400～1000	技术成熟、原料丰富、价格低、温度特性好	比能量和比功率较低、寿命短、铅有污染
锂离子电池	3.6	110	300	>1000	比能量大、寿命长	成本高
聚合物锂电池	3.8	150	315	>300	比能量大、电压高、自放电小、超薄	成本高
磷酸铁锂电池	3.2	100	—	2000	寿命长、安全性好	体积大
镍氢蓄电池	1.2	55～70	160～500	600	放电倍率高、免维护	自放电高、单体电压低
钠硫蓄电池	约2.4	109	150	1000	比能量高、转换效率高、寿命长	工作温度高、性能不够稳定、使用不安全
钠氯化镍电池	约2.58	100	150	1000	优点同钠硫蓄电池，比钠硫蓄电池安全	工作温度较高
锌空气电池	—	180～230	小	短	比能量大	比功率低
铝空气电池	—	350	小	短	比能量大、成本低	比功率低
超级电容	—	小	1000	>10000	比功率大、寿命超长	比能量小

（续）

电池类别	单体电池电压/V	比能量/(W·h/kg)	比功率/(W/kg)	寿命(次)	优点	缺点
飞轮电池	—	小	大	长	比功率大、寿命长	比能量小
燃料电池	—	—	—	—	寿命长、效率高、污染小、噪声低、可快速补充能源和连续工作	存在制氢、储氢的成本和安全等问题

3.2 铅酸蓄电池

3.2.1 铅酸蓄电池的结构和原理

铅酸蓄电池的基本单元是单体电池，每个单体电池都是由正极板、负极板和装在正极板和负极板之间的隔板组成。正极板表面上附着一层褐色的二氧化铅，这层二氧化铅由结合氧化的铅细粒构成，在这些细粒之间能够自由地通过电解液。将正极材料磨成细粒的原因是，可以增大其与电解液的接触面积，这样可以增加反应的面积，从而减小了蓄电池的内阻。负极板是海绵状的铅板，颜色为深灰色。电解液是浓度为27%～37%的稀硫酸水溶液，将这两个电极板尽量靠近地平行放置，并保证其不接触，然后在两个电极板之间加入用绝缘材料构成的隔板。这种隔板上密布着细小的孔，既可以保证电解液的通过，又可以阻隔两电极板之间的接触。隔板有合成树脂纤维隔板和玻璃纤维隔板两类。

当电池两端加上负荷时，在电池外部，电路电子流动形成电流，而在电池内部，化学能转换为电能，电以离子的形式从一个电极到另一个电极。正电极在放电时，是由外界电路接收电子，形成还原反应；负电极释放电子到外界电路，形成氧化反应；电解液的作用是给正负电极之间流动的离子创造一个液体环境，或者说充当离子流动的介质作用。

化学反应方程式为

$$Pb+PbO_2+2H_2SO_4 \rightleftharpoons 2PbSO_4+2H_2O$$

从方程式中可以看出，上述反应为可逆反应，铅酸蓄电池即为可重复使用的电池。放电后电池内部的正极板和负极板的铅和二氧化铅都转变成了硫酸铅，所以这一充放电化学反应理论被称为双极硫酸盐化理论。在反应过程中，电解液里面的硫酸溶液不仅起到了为传导电离子提供电解质通道的作用，而且同时还参加了电池的充放电反应。当电池处于放点状态时，由于硫酸的不断消耗，同时电池反应还不断地产生水，从而起到了稀释电解液、降低硫酸溶液浓度的作用。其充电过程与放电过程正好相反，正负两极板上的硫酸铅分别生成二氧化铅和海绵状的铅，同时不断产生硫酸，使得电池中的电解液浓度升高。

铅酸蓄电池单体两端的额定电压为2V，而在实际应用时，往往要求蓄电池两端电压比较高，或者电池容量比较大。在这些情况下单个的电池单体是不能满足要求的，要将多个电池单体串联或并联，来满足高电压、大容量等要求。

3.2.2 铅酸蓄电池的充放电特性

铅酸蓄电池的充放电过程是一个十分复杂的电化学过程，具体表现在以下几个方面：

1）多变量

影响电池充放电的因素很多，诸如电池中电解液的浓度、正负极板的活性物质状态及活跃程度、环境温度、电池内部的压力，以及带孔隔板的质量等，这些参数的不同直接导致充电过程的不同。

2）非线性

铅酸蓄电池的充电过程最大可接受充电电流随时间成指数规律下降。

3）离散性

随着放电状态、使用时间和放置时间长短的不同，相同类型的不同电池所表现出来的充电曲线也不尽相同，所以不能按照同一种方式充电。

铅酸蓄电池的充电过程大致分为高效、混合和析气三个阶段。

(1) 高效阶段。这个阶段的主要反应就是两极的硫酸铅分别转换成了铅和二氧化铅，充电接受率高，接近100%。充电接受率指转化为化学能储备的电能与来自充电设备的电能的比值。这个阶段在温度和充电率都保证的情况下单体端电压达到2.39V时结束。

(2) 混合阶段。水解副反应和充电主反应同时进行，此时的充电接受率逐步下降。当两个反应达到平衡时，即电池两端电压与稀硫酸溶液浓度不再上升时，表示电池已经充满电。

(3) 析气阶段。此阶段内蓄电池已经被充满电，电池中所进行的反应只有水解副反应，再加上缓慢进行的自放电反应。此时会产生大量的气体，主要是氢气和氧气。在密封式铅酸蓄电池中，这两种气体在密闭环境中压力会变高，还可以进一步反应生成水，这也是阀控式密封铅酸蓄电池不需要加水的原因。

3.2.3 铅酸蓄电池的种类及现状

1. 开口式铅酸蓄电池

这种电池大多是在启动型蓄电池的基础上进行局部改进而成的，国内外均已正式批量生产。国内研制的电动汽车用的12V/150A·h电池，其$C/5$放电比能达40W·h/kg。开口式铅酸蓄电池多用于短距离的电瓶车、巡逻车、游览车和居民小区内的小交通车等。

2. 阀控式密封铅酸蓄电池

其原用于UPS系统中，现已广泛应用于各种电动助力车，我国电动自行车约95%使用的是阀控式密封铅酸蓄电池。目前国内此类电池在比能量、循环寿命、充电时间等几方面均有明显提升，按照行业标准检测电池的循环寿命达到700次以上，100% DOD放电循环寿命达到300次以上。

3. 双极性密封铅酸蓄电池

该电池的正负极板是各自独立的，它们之间夹有隔膜(板)，全部正极板并联焊在一起组成电池的正极；全部负极板并联焊在一起组成电池的负极。双极性密封铅酸蓄电池的正负极位于同一片导电基板的两侧面，双极式极板和吸液式纤维隔板交叉叠在一起，然后跟燃料电池相似，采用压滤机式结构组成密封电池。

该电池适合在高电压低电流条件下工作。由于电池结构紧凑，故其比能量很高。这种电池的充电方式跟一般密封铅酸蓄电池相似，但其内阻小，故可用大电流充电，此种电池的循环寿命也很高。双极性密封铅酸蓄电池目前正在研发中，还没有达到商品化阶段。

4. 水平式密封铅酸蓄电池

它跟普通铅酸蓄电池相比，不同之处有三点：正负极和隔板是采用卧式组合起来的，而其他蓄电池极板的组合均为立式结构；导电板栅是由将铅挤压在细的玻璃纤维四周形成的铅丝编织而成的；正极和负极铅膏分别涂在一片铅网的两端，中间留有一段未涂膏的板栅将两种铅膏分开，再用封包机将该双极板用超细纤维包起来。

这种电池的内阻很小，既可大电流放电又适合快速充电，这一特点正满足了电动车对蓄电池的要求。

5. 卷式圆柱形电池

将正负极板做成软性条状，中间和两侧均夹有纤维隔板，然后紧卷起来装入圆柱形电池壳内，焊接好极柱，加盖密封，组成电池。

卷式圆柱形电池现已商品化，其主要优点如下。

(1) 内阻低，输出电压比较平稳；

(2) 比功率高，适合高功率密度放电；

(3) 循环寿命长；

(4) 低温性能好；

(5) 快速充电性能好；

(6) 放电速度小。

3.2.4 铅酸蓄电池的应用

铅酸蓄电池已经经历了一个多世纪的发展，具有许多显著的优点：技术可靠，生产工艺成熟，成本低，单体电池电压高(高于其他液体电解液电池)，适合电动汽车使用的良好的大电流输出特性，良好的高温和低温性能，较高的能量效率(75%～80%)以及多种多样的型号和尺寸。目前，性能得到改进的多种类型的铅酸蓄电池正不断地被应用到电动汽车上，铅酸蓄电池仍是电动汽车最具吸引力的能量源选择方案。

但铅酸蓄电池也具有一些明显的缺点，如铅酸蓄电池的(质量)比能量和(体积比)能量都比较低(分别为 35W·h/kg 和 70W·h/L)，自放电率较高(25℃环境每天降低1%)，循环寿命相对较低(<1000 次)，硫酸腐蚀电极不便于长期储存等，以上缺点还需要进一步改进和完善，而铅酸蓄电池更需要在容量、密封、板栅合金、极板以及装配管理等几方面加以改进。

3.3 二次锂电池

锂电池是用金属锂作负极活性物质的电池总称，它包括锂原电池和可充电的二次锂电池。由于锂的标准电极电位可达到-3.045V，因此以锂为负极组成的电池具有比能量大、电压高、放电电压平稳、工作温度范围宽以及寿命长等特点。所以可以说锂电池是目前车用动力电池中最具有发展潜力的蓄电池。在我国，对发展锂电池有着得天独厚的资源优势，我国锂的储存量约占世界总储存量的一半，如我国的一些盐湖，储存了大量的锂，通过蒸干等方法就能得到碳酸锂，再经提纯后就可以做锂离子电池的原料。

二次锂电池有多种分类方法。按温度可分为高温二次锂电池和常温二次锂电池。按所用电解质状态可分为液体二次锂电池、凝胶二次锂电池和固态二次锂电池。按电极材料可分为磷酸铁锂电池、锂离子电池、聚合物锂电池等，这也是目前最具发展前途的动力电池。

3.3.1 锂离子电池

锂离子电池是由锂原电池改进发展而来的。锂原电池的正极材料是二氧化锰或亚硫酰氯，负极是锂，电池组装完成后无需充电即有电压。这种电池虽然也可充电，但循环性能不好，在充放电循环过程中，容易形成锂枝晶，造成电池内部短路，所以锂原电池是不允许充电使用的。以碳材料为负极的锂离子电池则可进行可逆反应，该反应不再是一般电池中的氧化还原反应，而是锂离子在充放电过程中可逆地在化合物晶格中嵌入和脱出反应。

1. 锂离子电池的工作原理

以正极为钴酸锂、负极为碳化锂的锂离子电池为例，在充放电过程中锂离子可逆地在化合物晶格中嵌入和脱出反应的示意图如图 3.3 所示。在电池充电时，Li^+ 的一部分会从正极中脱出，经过电解质嵌入负极碳的层间，形成层间化合物。电池放电时，则进行与此相反的可逆过程，即 Li^+ 从负极脱出，经过电解质再嵌回正极。锂离子在两电极之间来回嵌入和脱出的过程就是锂离子电池充放电的工作原理。充放电过程中正、负极的脱嵌反应方程式为

$$LiCoO_2 = CoO_2 + Li^+ + e^-\text{（正极）}$$
$$6C + Li^+ + e^- = C_6Li\text{（负极）}$$

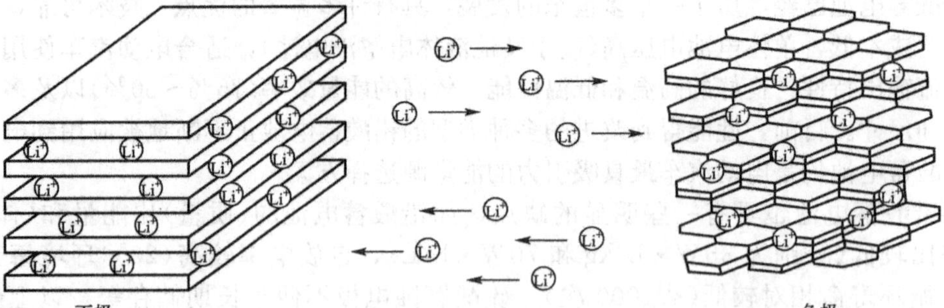

正极　　负极

图 3.3　锂离子反应示意图

2. 锂离子电池的特点

锂离子电池具有以下优点：

(1) 能量密度高。目前能达到的实际比能量为 100～125W·h/kg 和 240～300W·h/cm^3，随着技术的不断进步，锂离子电池比能量能够达到 150W·h/kg 和300～400·h/cm^3。

(2) 输出电压高。单体锂离子电池的电压为 3.6V，是镍-镉(Ni-Cd)或镍-金属氢化物(Ni-MH)电池的 3 倍。

(3) 循环寿命长。锂离子电池循环寿命可达 1000 次以上，若使用小电流放电则更高。

(4) 安全性能好。由于使用了优良的负极材料，克服了电池充电过程中锂枝晶的生长问题，使得锂离子电池的安全性大大提高，不存在诸如 Ni-Cd 或 Ni-MH 电池的“记忆效应”。

(5) 自放电小。室温下充满电的锂离子电池储存 1 个月后的自放电率为 10%左右。

(6) 环保性能好。生产和使用过程中均无污染，称为绿色电池。

(7) 充电效率高。充电效率可接近 100%。

(8) 可实现快速充电。

(9) 工作温度范围宽。目前为－25～45℃，将来可达－40～70℃。

锂离子电池存在的主要不足之处如下：

(1) 成本高。因钴 Co 材料的资源少，导致正极材料钴酸锂($LiCoO_2$)的价格高，电解质体系的提纯较难。

(2) 需有特殊的保护电路。需设置对电池过充电和过放电的保护线路控制。电池过充电将破坏正极结构而影响性能和寿命，同时过充电也使电解液分解，内部压力过高而导致漏液等问题，故必须在 4.1～4.2V 的电压下充电；电池过放电会导致活性物质的恢复困难，也需要有保护线路控制。

3.3.2 磷酸铁锂电池

磷酸铁锂电池是指用磷酸铁锂($LiFePO_4$)作为正极材料的锂离子电池。$LiFePO_4$ 与传统的 $LiCoO_2$、$LiNiO_2$、$LiMnO_2$ 和 $LiMn_2O_4$ 等正极材料相比，制备的原料来源广泛、价格低廉、对环境友好，用作正极材料时具有良好的电化学性能，充放电平台十分平稳，充放电过程结构稳定，并且该材料还具有无毒、无污染、安全性能好、可在高温环境下使用等优点，被认为是动力锂离子电池的理想正极材料，被当前电池界与汽车业竞相开发研究，并成为了人们关注的热点。锂电池的几种典型正极材料的特性比较见表 3-2。

表 3-2 锂电池的几种典型正极材料的特性比较

	钴酸锂 ($LiCoO_2$)	镍酸锂 ($LiNiO_2$)	锰酸锂 ($LiMnO_2$)	磷酸铁锂 ($LiFePO_4$)
密度/(g/cm^3)	2.8～3.0	2.0～2.3	2.2～2.4	1.0～1.4
比表面积/(m^2/g)	0.4～0.6	0.2～0.4	0.4～0.8	12～20

(续)

	钴酸锂($LiCoO_2$)	镍酸锂($LiNiO_2$)	锰酸锂($LiMnO_2$)	磷酸铁锂($LiFePO_4$)
克容量/(mA·h/g)	135～140	155～165	100～115	130～140
电压平台/V	3.6	3.5	3.7	3.2
原料成本	很高	高	低	很低
安全性	差	较好	良好	很好
应用	小电池	小电池/小型动力电池	动力电池	动力电池/超大容量电源

1. 磷酸铁锂电池的结构与工作原理

磷酸铁锂电池的内部结构如图3.4所示，左边是橄榄石结构的$LiFePO_4$作为电池的正极，由铝箔与电池正极连接；中间是聚合物的隔膜，它把正极与负极隔开，锂离子可以通过隔膜而电子不能通过；右边是由碳(石墨)组成的电池负极，由铜箔与电池的负极相连。电池的上下端之间是电解质，用金属外壳密闭封装。充电时，正极中的锂离子通过聚合物隔膜向负极迁移；放电时，负极中的锂离子通过隔膜向正极迁移。

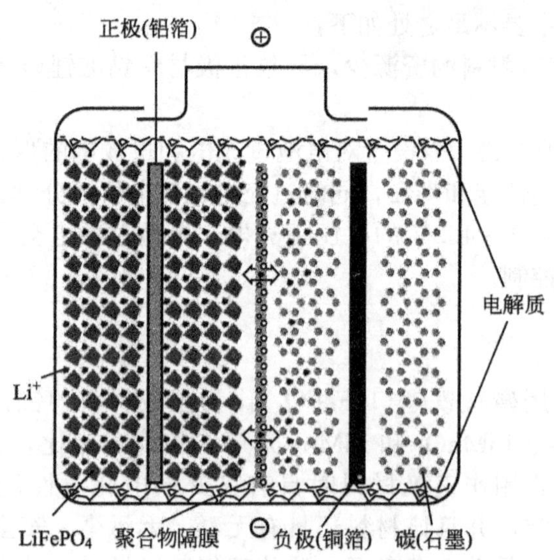

图3.4 磷酸铁锂电池的内部结构

2. 磷酸铁锂电池的性能特点

磷酸铁锂电池的标称电压为3.2V，终止充电电压为3.6V，终止放电电压为2.0V。磷酸铁锂电池的优点主要如下：

(1) 成本低。由于磷酸铁锂电池所需资源(磷酸、铁、锂)储量丰富，材料易得，所以随着制造工艺等技术的进一步成熟，其价格有望大幅下降。

(2) 寿命长。最高循环寿命可达2000次，经500次循环后其放电容量仍大于95%。

(3) 安全性好。无论电池内部或外部有何损伤，电池都不会燃烧或爆炸。这一优点对电动汽车行业尤为重要。

(4) 环保性好。磷酸铁锂电池的所有原料都无毒，生产与使用对环境无污染。

(5) 温度特性好。适于常温下使用，耐高温，电池温度升至160℃时，电池的结构仍安全、完好。

(6) 充放电特性好。可大电流充放电，1.5C 充电 1h 即可使电池充满，短时放电电流可达(2～10)C，瞬间(约 10s)脉冲放电可达 20C。充放电无记忆效应，并在一定的亏电存放条件下，仍能保持较好的电池性能。

磷酸铁锂电池的主要缺点是振实密度较低，一般只能达到(1.3～1.5)g/cm^3。所谓振实密度是指在规定条件下容器中的粉末经振实后所测得的单位容积质量。低的振实密度使得比表面积很大，电池体积也较大。

3.3.3 聚合物锂离子电池

聚合物锂离子电池也称高分子锂电池，它属于第二代可充电锂离子电池。聚合物锂离子电池与其他锂离子电池的主要区别在于电解质的不同，锂离子蓄电池使用的是液体电解质，而聚合物锂离子电池则以固态聚合物电解质来代替，这种聚合物可以是“干态”的，也可以是“胶态”的，目前大部分采用聚合物胶体电解质。聚合物锂离子电池可分三类：

(1) 固体聚合物电解质锂离子电池。电解质为聚合物与盐的混合物，这种电池在常温下的离子电导率低，适于高温使用。

(2) 凝胶聚合物电解质锂离子电池。在固体聚合物电解质中加入增塑剂等添加剂，从而提高离子电导率，电池可在常温下使用。

(3) 聚合物正极材料的锂离子电池。采用导电聚合物作为正极材料，其比能量可以是现有锂离子电池的3倍，它是目前较有发展前途的锂离子电池。

1. 聚合物锂离子电池的工作原理

聚合物锂离子电池的正、负极活性物质与液态锂离子电池类似，其负极可采用高分子导电材料、聚乙炔、聚苯胺或聚对苯酚等，正极多为 $LiCoO_2$、$LiMnO_2$、$LiNiO_2$ 和 $LiMn_2O_4$ 等。如电解质为 $LiPF_6$ 的有机碳酸酯混合物聚合物锂离子电池，正极用 $LiMn_2O_4$，负极为人造石墨，其电池总化学反应方程式为

$$Li_{x-y}Mn_2O_4 + yLiC_6 = Li_xMn_2O_4 + yC_6$$

2. 聚合物锂离子电池的性能特点

聚合物锂离子单体电池的工作性能指标：工作电压为 3.8V，质量比能量为 150W·h/kg，体积比能量为 246W·h/L，比功率为 315W/kg，循环寿命大于 300 次，自放电小于 0.1%/月，工作温度为−25～60℃，充电速度 1h 达到 80%容量，3h 达到 100%容量。

它与液态锂离子电池相比，具有安全性能好、小型化程度高、超薄化、轻量化、适用温度范围宽、自放电小、能量密度高及成本低等明显优势，是一种比较理想的动力电池。特别是安全性能好，聚合物锂离子电池由于不存在漏液问题，在结构上采用了铝塑软包装。而液态锂离子电池需要用金属外壳，容易爆炸，聚合物锂离子电池最多只会气鼓。并且其保护线路的设计也相应简化，从而可节约其成本。聚合物锂离子电池外形可根据需要定制，厚度可以做得很薄，使得其应用领域相当广泛。另外，由于聚合物锂离子电池是柔

性固态聚合物，金属锂箔密封在电池中，使得在较高温度环境下仍然能正常工作。

需要注意的是当多个聚合物锂离子电池串联成电池组使用时，要防止过充电和过放电。另外聚合物锂离子电池的快速充电性能还有待于进一步提高。

3.4 镍氢蓄电池

3.4.1 镍氢电池的分类与特点

镍氢电池是20世纪90年代发展起来的一种新型电池。它的正极活性物质主要由镍制成，负极活性物质主要由储氢合金制成，镍氢电池是一种碱性蓄电池。

镍氢电池可分为高压镍氢电池和低压镍氢电池两大类。按照外形可分方形镍氢电池和圆形镍氢电池。

高压镍氢电池单体电池采用镍(Ni)为正极，氢(H_2)为负极，因此高压镍氢电池也称为Ni－H_2电池。Ni－H_2电池的氢电极与镍电极之间夹有一层吸饱氢氧化钾(KOH)电解质溶液(20℃密度为1.30g/cm^3)的石棉膜。氢电极是用活性炭作载体的聚四氟乙烯(PTFE)粘结式多孔气体扩散电极，它由含铂催化剂的催化层、拉伸镍网导电层、多孔聚四氟乙烯防水层组成。镍电极可以用压制的$Ni(OH)_2$电极，也可用烧结的$Ni(OH)_2$电极。高压镍-氢(Ni－H_2)电池具有比能量高、寿命长、耐过充放电以及可以通过氢压来指示电池荷电状态等优点。其主要缺点是：容器需要耐高氢压，一般充电后氢压达到3～5MPa，这就需要用较重的耐压容器，降低了电池的体积比能量及质量比能量；自放电较大；不能漏气，否则电池容量减小，并且容易发生爆炸事故；成本高。因此目前研制的高压镍氢电池主要是应用于空间技术。

低压镍氢电池又被分为两种：一种是在镍氢电池中放入具有可逆吸放氢的储氢合金，以降低氢压；另一种低压镍氢电池以储氢合金(MH)为负极，氢氧化镍($Ni(OH)_2$)为正极，氢氧化钾(KOH)溶液为电解质。这种镍-金属氢化物(Ni－MH)电池(简称镍氢电池)与镍镉电池比较，二者的结构相同，只是所使用的负极不同，镍镉电池使用海绵状的镉为负极，而Ni－MH电池使用储氢合金为负极材料。Ni－MH电池有许多独特的优点：能量密度高；可快速充电；低温性能好；可密封，耐过放电能力强；无毒，无环境污染，不使用贵金属；无记忆效应。镍-金属氢化物(Ni－MH)电池被称为环保绿色电池。

3.4.2 镍氢电池的工作原理

镍氢电池由镍氢化合物正电极、储氢合金负电极以及碱性电解液组成。

充电时正极、负极的电化学反应为

$$Ni(OH)_2 - e^- + OH^- \rightarrow NiOOH + H_2O$$

$$M + H_2O + e^- \rightarrow MH + OH^-$$

放电时正极、负极的电化学反应为

$$NiOOH + H_2O + e^- \rightarrow Ni(OH)_2 + OH^-$$

$$MH + OH^- - e^- \rightarrow M + H_2O$$

当镍氢电池以标准电流放电时，平均工作电压为1.2V。当电池以$8C$率放电时，端电压降至1.1V时，则认为放电完毕。

3.4.3 镍氢电池的结构

镍氢电池主要由正极、负极、电解液、极板、隔膜等组成。

镍氢电池正极是活性物质氢氧化镍，负极是储氢合金，一般用氢氧化钾做电解质，在正负极之间有隔膜，共同组成镍氢单体电池。在金属铂的催化作用下，完成充电和放电可逆反应。

镍氢电池的极板有发泡体和烧结体两种，发泡体极板的镍氢电池在出厂前必须进行预充电，且放电电压不能低于0.9V，其工作电压不很稳定，特别是在存放一段时间后，会有近20%的电荷流失，老化现象比较严重，为避免发泡镍氢电池老化所造成的内阻增高，镍氢电池在出厂前必须进行预充电。经过改进的烧结体极板的镍氢电池，其烧结体极板本身就是活性物质，不需要进行活性处理，也不需要进行预充电，与发泡镍氢电池相比，烧结镍氢电池具有电压稳定、低温放电性能好、不易老化和寿命长等优点。

3.4.4 镍氢电池的性能特征

与铅酸蓄电池相比，镍氢电池除具有比能量高、质量轻、体积小等优点外，还具有如下特点：

(1) 比功率高。目前商业化的镍氢电池能做到1350W/kg。

(2) 循环寿命长。目前应用在电动车上的镍氢动力电池，80%放电深度循环可达1000次以上，100%DOD循环寿命也在500次以上，远高于铅酸蓄电池。镍氢电池在混合动力汽车中可使用五年以上。

(3) 无污染。镍氢电池不含铅、镉等对人体有害的金属，在生产和使用中均对环境无污染，为绿色环保动力电池。

(4) 使用温度范围宽。正常使用温度范围为－30～55℃，储存温度范围为－40～70℃，适合用作动力电池。

(5) 安全可靠。短路、挤压、针刺、跌落、加热、耐振动等安全性、可靠性试验均无燃烧、爆炸现象。

镍氢电池的缺点主要有如下几点：

(1) 成本高。其价格为相同容量铅酸蓄电池的5～8倍。

(2) 自放电损耗大。

(3) 电压低。单体电池电压只有1.2V，低于其他电池。

(4) 电池组热管理要求比较高。

近些年随着电动汽车的发展，Ni－MH电池也受到了普遍的关注，随着镍氢蓄电池技术的不断发展，其能量密度、功率密度、循环寿命和快速充电能力还会大幅度提高，价格也将进一步降低。

3.5 钠硫蓄电池

钠硫蓄电池也是被看好的车用动力电池，美国福特公司的Mnivan牌电动汽车使用的就是钠硫蓄电池，也曾被美国先进电池联合体(USABC)列为重点研究开发的高能电池之一。

3.5.1 钠硫蓄电池的结构原理

钠硫蓄电池的结构如图 3.5 所示。采用熔融状的硫(也可添加石墨)作为正极活性物质，金属钠作为负极活性物质，以三氧化二铝和氧化钠形成陶瓷固态电解质。钠硫蓄电池工作时，需保持 350～380℃的高温使硫熔融，才能使金属钠形成活性物质 Na^+，并发生电化学反应释放出电子。电池放电后其生成产物为多硫化钠(Na_2S_x)。

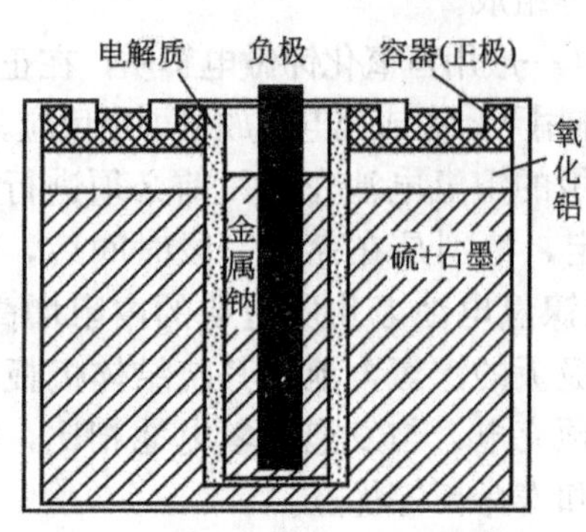

图 3.5 钠硫蓄电池的结构

其化学反应方程式如下：

$$2Na+xS=Na_2S_x$$

若电池的温度降低而使得硫凝固时，电池的电化学反应将立即停止。钠硫电池的单体电池用小型钢筒制造，在每个单体电池中装有 15g 金属钠，其余为硫和电解质。

3.5.2 钠硫蓄电池的性能特点

1. 钠硫蓄电池的性能指标

此处以美国福特汽车公司电动汽车使用的 MK4 型和 MK5 型钠硫蓄电池为例，说明钠硫蓄电池的各项性能指标，具体见表 3 - 3。

表 3 - 3 钠硫蓄电池的各项性能指标

技术指标	MK4	MK5
质量比能量(3 小时率)/($W\cdot h\cdot kg^{-1}$)	80	118
体积比能量(3 小时率)/($W\cdot h\cdot L^{-1}$)	124	153
质量比功率(80%DOD/30s)/($W\cdot kg^{-1}$)	101	243
体积比功率(80%DOD/30s)/($W\cdot L^{-1}$)	156	315

2. 钠硫蓄电池的高温工作特点

钠硫蓄电池在工作时，硫必须处在熔融状态，才能确保钠硫电池发生化学反应。因此在新的钠硫蓄电池充电前，要采用电加热的方法对电池加热到 300～350℃，使硫完全融化后再充电，其充电过程十分复杂。钠硫蓄电池使用时，化学反应所产生的热量使温升超过 300℃，这使得钠硫蓄电池可以正常工作。钠硫蓄电池在暂时停用时，也需要用电加热的方法使硫保持熔融状态，这给钠硫蓄电池的使用带来了很大的不便。钠硫蓄电池中的液态硫温度需保持在 300～350℃，而当液态硫温度达到沸腾温度(440℃)时，钠硫蓄电池的压力会突然升高，这十分危险。因此必须采用一套温度控制系统来保证其温度低于沸腾温度，其中还需采取一套通风装置来降温。一旦钠硫蓄电池中的液态硫溢出时，所产生的 Na_2S 受到碰撞时会引起燃烧。为了确保钠硫蓄电池的安全，要求电池具有十分坚固的壳体。

3.5.3 钠硫蓄电池的优缺点

钠硫蓄电池的主要优点有比能量高(理论上可达640W·h/kg)、转换效率高(接近100%)、循环寿命长、无污染、原材料资源丰富等。钠硫蓄电池的不足之处是由于使用温度高，存在高温腐蚀、性能不稳定、安全性差等缺点。

目前钠硫蓄电池需解决的技术难点主要有如下几个方面：在高温工作状态下需要有一套稳定可靠的温度调节控制管理系统；制造具有足够强度、可靠性好、成本低、能传导离子的高性能陶瓷电解质；解决陶瓷隔膜的老化、与硫接触材料的稳定性；蓄电池的密封与金属壳体的耐腐蚀等问题。

3.6 燃料电池

燃料电池是一种通过电化学反应的方式将燃料和氧化剂的化学能直接转化为电能的装置。虽然也称之为电池，但燃料电池无论是原理、结构还是管理方式都与其他电池有着本质的区别。燃料电池具有非常复杂的系统，其活性物质储存在电池外的容器中。燃料电池放电时，电极本身是不发生变化的，只要供给燃料和氧化剂，燃料电池就可以像传统的柴油机、汽油机一样连续工作，而常规蓄电池必须充电后才能使用。

早在1839年，英国人William Grove就首次提出了氢和氧反应发电的原理，建立了氢-氧燃料电池的概念。20世纪60年代，美国的空间飞行器开始将氢氧燃料电池作为辅助电源。进入21世纪后，由于一次能源的匮乏和环境保护的突出要求，人们开始转向开发利用新的清洁再生能源。燃料电池由于具有能量转换效率高、对环境污染小等优点，因而受到世界各国的普遍重视。

3.6.1 燃料电池的基本原理

燃料电池实质上是电化学反应发生器，其原理非常简单。燃料电池的反应机理是将燃料中的化学能不经燃烧而直接转化为电能。氢氧燃料电池实际上就是一个电解水的逆过程，通过氢氧的化学反应生成水并释放电能。氢气和氧气分别是燃料电池在电化学反应过程中的燃料和氧化剂。

简单的化学方程式为

$$2H_2+O_2 \rightarrow 2H_2O$$

图3.6是燃料电池基本原理简图。其反应过程如下：

(1) 氢气通过管道或导气板到达阳极。

(2) 在阳极催化剂的作用下，一个氢分子分解为两个氢离子，并释放出两个电子，阳极反应为

$$H_2 \rightarrow 2H^+ + 2e^-$$

(3) 在电池的另一端，氧气(或空气)通过管道或导气板到达阴极，同时，氢离子穿过电解质到达阴极，电子通过外电路也到达阴极。

(4) 在阴极催化剂的作用下，氧和氢离子与电子发生反应生成水，阴极反应为

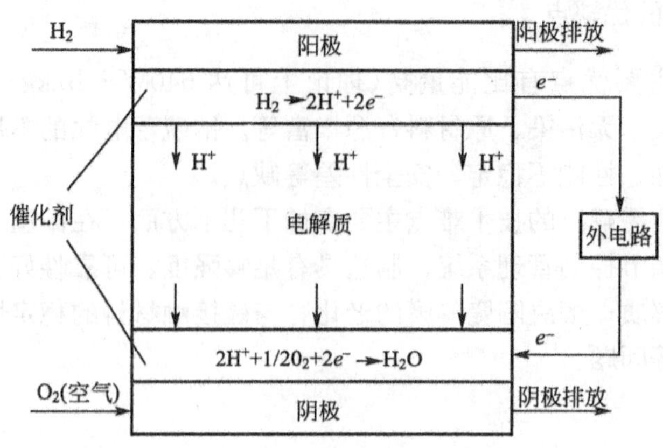

图 3.6　燃料电池基本原理图

$$\frac{1}{2}O_2 + 2H^+ + 2e^- \rightarrow H_2O$$

与此同时，电子在外电路形成电流，通过适当连接可以向负载输出电能。

从上面燃料电池的工作原理可以看出，燃料电池与普通电池有相同之处，都是通过电化学反应将化学能转换成电能。但两者是有本质区别的，电池是一个封闭系统，封装后它与外界只有能量交换而没有物质交换。当电池内部的化学物质耗尽或反应条件发生变化时，系统就无法继续输出能量。而燃料电池则不同，参与反应的化学物质，如氢和氧，是由燃料电池外部的单独供气系统供给的，只要保证物质供应的连续性，就可以保证能量输出的连续性。从这个意义上来讲，燃料电池相当于一个小型主动运行的发电厂，它高效、无污染地将储存在燃料和氧化剂中的化学能转化为电能，这正是燃料电池与普通电池最大的区别。

3.6.2　燃料电池的特点

1. 能量转换效率高

燃料电池是将储存在燃料和氧化剂中的化学能通过电极反应直接转化为电能，其反应过程不涉及燃烧和热机做功，因此能量转换效率不受“卡诺循环”的限制，理论上燃料电池的化学能转换效率可达100%，实际能量转换效率也已高达60%～80%，是普通内燃机热效率的2～3倍。

2. 良好的环境相容性

燃料电池是真正意义上的高效清洁能源。燃料电池不仅排放的水量少，而且非常干净，不存在水污染问题。由于没有运动的机械部件，其噪声也很小。

3. 使用寿命长

只要燃料和催化剂能从外部源源不断地供给，燃料电池即可持续不断地发出电能，其使用寿命远高于其他电池。

4. 能源补充快

燃料电池所需的燃料主要是氢，充气或更换氢气瓶一般只需几分钟，比纯电动汽车的蓄电池充电时间或更换电池的时间要短得多。

5. 制氢原料多

氢燃料可以从甲烷、天然气、石油气以及其他能分解出氢的烃类化合物获得，来源广泛。

6. 存在的问题

氢燃料不易获取、不易储存，燃料电池高温时寿命及稳定性不理想，电池成本高昂。

由于燃料电池同时兼备效率高、污染小、寿命长等优点，被公认为是今后替代传统内燃机的最理想汽车动力装置，并同样将在国防、通信和民用电力等更多领域发挥其重要作用。燃料电池已被列入新经济和21世纪可持续发展的三大支柱之一，与信息技术、生物技术并驾齐驱。但目前存在制氢、储氢等问题，还有待于通过技术上进一步探索提高来解决。

3.6.3 燃料电池分类

燃料电池通常可按其工作温度、燃料种类、电解质类型来进行分类。

按照工作温度划分，燃料电池可分为高、中、低温三类。工作温度从常温至100℃，称为低温燃料电池，这类电池包括固体聚合物电解质燃料电池等；工作温度介于100～300℃的为中温燃料电池，如磷酸型燃料电池；工作温度在500℃以上的为高温燃料电池，这种类型的电池包括熔融碳酸盐电池和固体氧化物燃料电池。

按照燃料的种类划分，燃料电池可分为直接式、间接式和再生燃料电池三类。直接式燃料电池，即燃料直接使用氢气；间接式燃料电池，其燃料不是直接使用氢气，而是通过某种方法把甲烷、甲醇或其他烃类化合物转变成氢或富含氢的混合气后再供给燃料电池；再生燃料电池，把燃料电池生成的水经适当方法分解成氢和氧，再重新输送给燃料电池进行发电。

燃料电池还可按其电解质类型进行分类，这是目前最常用的燃料电池分类方式。可分为质子交换膜燃料电池、碱性燃料电池、磷酸燃料电池、固体氧化物燃料电池和熔融碳酸盐燃料电池五大类。按电解质划分的各类燃料电池的特性见表3-4。

表3-4 按电解质类型划分的燃料电池的特性

电池种类	质子交换膜燃料电池	碱性燃料电池	磷酸燃料电池	固体氧化物燃料电池	熔融碳酸盐燃料电池
电解质	PEM	KOH	H_3PO_4	$Y_2O_3-ZrO_2$	$Li_2CO_3-K_2CO_3$
燃料	氢气	氢气	天然气、甲醇	天然气、甲醇、石油	天然气、甲醇、汽油
导电离子	H^+	OH^-	H^+	O_2^-	CO_3^{2-}
操作温度/℃	室温～90	65～220	180～200	500～1000	650
质量比功率/($W \cdot kg^{-1}$)	300～1000	35～105	100～220	15～20	30～40
寿命/h	5000	10000	15000	7000	15000

（续）

电池种类	质子交换膜燃料电池	碱性燃料电池	磷酸燃料电池	固体氧化物燃料电池	熔融碳酸盐燃料电池
优点	空气作为氧化剂，固体电解质，室温工作，启动快	启动快，常温常压下工作	成本相对较低	可用空气作为氧化剂，可用天然气或甲烷作为燃料	可用空气作为氧化剂，可用天然气或甲烷作为燃料
缺点	对CO敏感，反应物需要加湿	需纯氧，成本高	对CO敏感，启动慢	工作温度较高	工作温度较高
应用情况	汽车	航天	工业用200kW电池	100kW试验电厂	280kW～2MW试验电厂

3.6.4 常见燃料电池

1. 质子交换膜燃料电池(Proton Exchange Membrane Fuel Cell，PEMFC)

1) PEMFC的工作原理

图3.7所示为质子交换膜燃料电池的原理图。H_2和O_2通过双极板上的导气通道分别达到电池的阳极和阴极，之后通过电极上的扩散层、催化层到达质子交换膜，在膜的阳极一侧，氢气在阳极催化剂的作用下解离为H^+和e^-，H^+以水合质子$H^+(xH_2O)$的形式在质子交换膜中转移，最后到达阴极，实现质子导电。H^+的这种转移导致阳极出现带负电的电子积累，从而变成一个带负电的端子(即负极)。与此同时，阴极的O_2在催化剂作用下与阳极过来的H^+结合，使得阴极变成带正电的端子(即正极)，其结果就是在阳极的带负电终端和阴极的带正电终端之间产生了一个电压。如果此时通过外部电路将两极相连，电子就会通过回路从阳极流向阴极，从而产生电能。

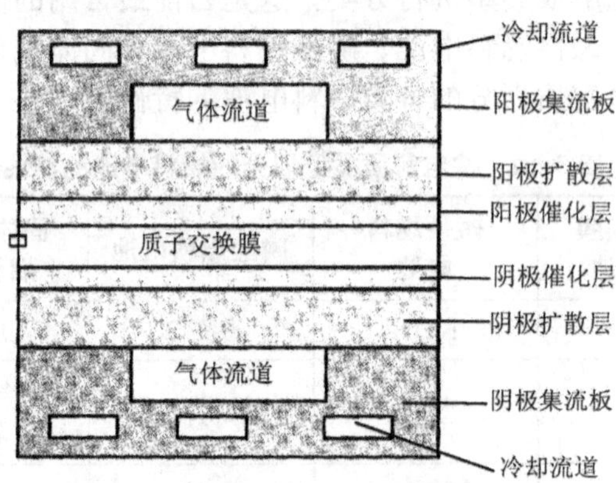

图3.7 质子交换膜燃料电池工作原理

2) PEMFC的特点

PEMFC具有效率高、结构紧凑、质量小、比功率大、不受CO_2的影响、燃料来源比较广泛等优点。PEMFC的最大优势在于工作温度，其最佳工作温度是80～90℃，在室温下也可以正常工作，所以特别适合用作动力电池。PEMFC最有希望替代内燃机而成为汽车动力源。

3）质子交换膜

质子交换膜是此燃料电池的核心部件，要满足如下基本要求：较长的使用寿命；较低的制造成本；较高的质子电导率和电子绝缘性；在100℃以上仍有较高的含水量和电导率，以便提高燃料电池的工作温度；热稳定性和化学稳定性(耐酸碱和抗氧化性)高；良好的力学性能，具有足够的强度和柔韧性等。

质子交换膜以后的发展方向主要有：将材料的改性与膜形态的改性相结合，在增加质子传导性的同时，提高膜的稳定性；改变膜的质子传导机理，提高膜在高温下的质子传导性能，开发高温质子交换膜燃料电池；开发新材料、改进装备工艺，大幅降低质子交换膜的成本，从而进一步降低质子交换膜燃料电池的成本。

开发导电性能优良、价格经济、高温性能好、甲醇渗透率低的新型质子交换膜是质子交换膜燃料电池研究的重点。

4）PEMFC的应用

根据PEMFC的使用特点，其应用可分为固定型和移动型两大类，前者主要为燃料电池发电厂用或家用，后者主要为车用和便携式电子器具使用。

PEMFC在发电厂的应用还面临技术不完善和发电成本高等问题，与其他发电方式无法竞争，无法用于大容量发电厂发电，目前多用于饭店、宾馆、医院或工厂等小容量场所，作为备用电源。

移动型PEMFC主要用作笔记本计算机等便携式电子器件的电源和军用便携式电源，应用比较广泛。PEMFC也比较适合作为车用动力电池，近几年以PEMFC为动力源的电动汽车的发展势头已经超过了蓄电池电动汽车，美国、欧洲和日本等的传统汽车制造厂商都加紧开发PEMFC技术。

2. 碱性燃料电池(Alkaline Fuel Cell，AFC)

1）AFC的工作原理

通常AFC由两个多孔电极以及多孔电极之间的碱性电解质组成，工作原理如图3.8

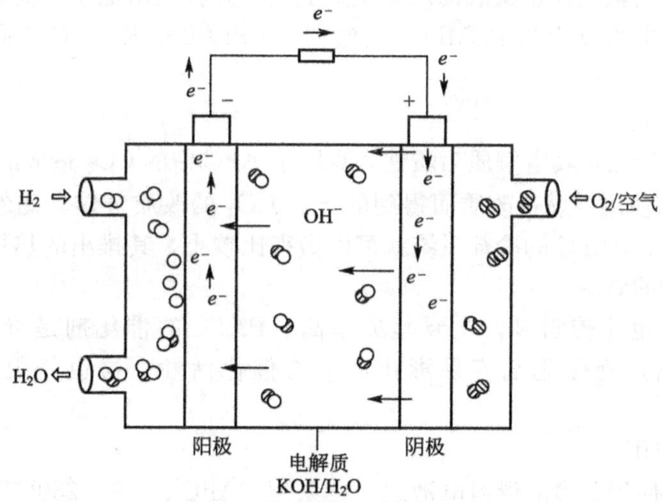

图3.8 碱性燃料电池工作原理

所示，具体过程为：在阳极催化剂的作用下，氢气与碱中的OH^-在阳极发生电化学反应，生成水，解离出电子，反应的标准电极电势为0.828V；电子通过外电路到达阴极，在阴极催化剂的作用下，与阴极的氧气和水反应生成OH^-，反应的标准电极电势为0.401V，生成的OH^-通过饱浸碱液的多孔石棉膜迁移到氢电极，电池的标准电势为1.229V。

反应方程式如下：

阳极：$H_2+2OH^- \rightarrow 2H_2O+2e^- \quad \phi_0=-0.828V$

阴极：$\frac{1}{2}O_2+H_2O+2e^- \rightarrow 2OH^- \quad \phi_0=0.401V$

总反应：$H_2+\frac{1}{2}O_2 \rightarrow H_2O \quad E_0=1.229V$

从上述方程式可以看出，阳极侧产生水，而阴极侧氧气还原消耗水，需要等速地从阳极侧排出反应生成的水，从而维持电解液浓度的恒定。KOH 和 NaOH 溶液以其成本低、易溶解、腐蚀性低的特点成为 AFC 首选的电解质。

2）AFC 的特点

AFC 工作温度低，可以用价格低的耐碱塑料制作电池本体；可以用镍作催化剂，而不需要用高价的铂。缺点是电池对燃料中的CO_2敏感，电解液与CO_2接触会生成碳酸根离子，从而影响输出功率；另外 AFC 需要冷却装置维护其较低的工作温度。

3）AFC 的应用

碱性燃料电池是最早研究成功并得以应用的燃料电池。20 世纪 60 年代，AFC 用于阿波罗号航天飞机，这是 AFC 首次出现在实际应用中。目前 AFC 是技术最成熟的燃料电池之一。

3. 磷酸燃料电池(Phosphoric Acid Fuel Cell，PAFC)

1）PAFC 的原理

PAFC 是以磷酸为电解质，由两块涂有催化剂的多孔碳素板电极和经浓磷酸浸泡的碳化硅系电解质保持板组合而成。通过具有隔离与集流双功能的双极性板，将单电池串联成电池组。燃料气中的氢气在正极表面反应生成氢离子并释放出电子，而氢离子通过电解质层迁移至负极，其电极反应与 PEMFC 一样。其与 PEMFC 及 AFC 不同之处是它不需要纯氢作燃料。

2）PAFC 的特性

PAFC 最大的特点是其电解质为酸性，克服了 AFC 中的CO_2造成的电解质变质问题，这样 PAFC 就可以使用煤燃料改质而得到的含有CO_2的改质气体。此外由于可以采用加压水冷的冷却方式，PAFC 的冷却系统就可以做得比较小，其排出的热量还可以作为空调的暖风，具有综合的效率。

PAFC 的缺点也比较明显，主要是成本高。PAFC 的催化剂是贵金属 Pt，如燃料气中 CO 含量过高，则催化剂容易毒化而失去催化活性，这也是阻碍其普及的主要原因。

3）PAFC 的应用

PAFC 是目前使用最多的燃料电池之一。采用 PAFC 的 50～250kW 的独立发电设备可用于医院、旅馆等，作为分散的发电站。

4. 固体氧化物燃料电池(Solid Oxide Fuel Cell, SOFC)

1) SOFC 的原理

SOFC 是在 1000℃高温区工作的固体电解质电池。电池燃料是碳氢化合物或一氧化碳，电解质为一些金属氧化物的混合物烧结成的陶瓷体。其工作原理如图 3.9 所示，氧气在阴极被还原形成氧离子；氧离子穿过固体电解质材料到达阳极，和阳极上的燃料反应，释放电子，并形成和燃烧过程一样的产物；电子经过外电路做功，最后回到阴极。

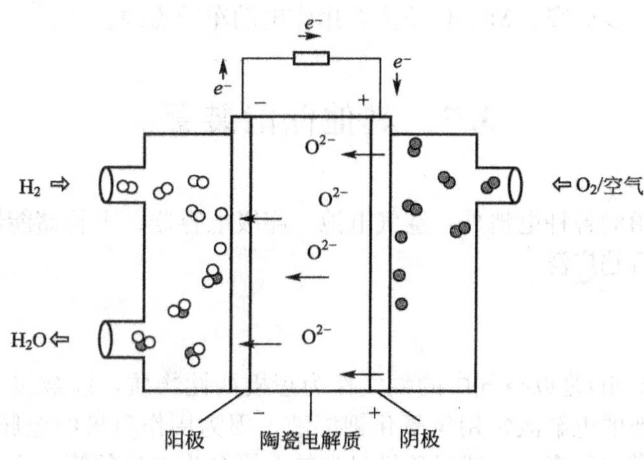

图 3.9 固体氧化物燃料电池工作原理

2) SOFC 的特点

SOFC 的效率非常高，热电联供时可达 80%以上。SOFC 的操作温度也非常高，通常为 700～1000℃。此高温对连接材料、密封材料的性能提出了更高的要求，使得 SOFC 的价格居高不下，如何降低 SOFC 的操作温度现已成为科研人员关注的技术之一。

3) SOFC 的应用

总体来讲，SOFC 结构简单，效率也比其他燃料电池高很多。另一方面，SOFC 对电解质、电极、连接材料的要求近乎苛刻，这在一定程度上影响了 SOFC 的应用。目前 SOFC 多用于独立工作的场所或偏远地区小型电厂。

5. 熔融碳酸盐燃料电池(Molten Carbonate Fuel Cell, MCFC)

MCFC 是一种高温燃料电池，较高的操作温度使其能够直接将天然气作为燃料，而不需要对燃料进行预处理，并能使用来自工业过程的低热值气体。MCFC 在 20 世纪 60 年代被开发出来，现在在制备方法、性能和寿命等方面都有了很大改进。

1) MCFC 的原理

MCFC 使用熔融碳酸盐混合物作为电解质，常用的熔融碳酸盐混合物有两种：碳酸锂与碳酸钾的混合物和碳酸钾与碳酸钠的混合物。在 600～700℃的温度下，这些碳酸盐的混合物成为高传导性的熔融盐，电解质中的 CO_3^{2-} 离子能够自由流动，在电场的作用下，从电池的阴极流向阳极，提供离子传导。在阳极，氢气与从电解质隔膜迁移过来的 CO_3^{2-} 发生反应，生成二氧化碳和水，并释放电子；而阳极产生的电子则通过外电路到达阴极，与氧气和二氧化碳相结合，生成 CO_3^{2-}。

2) MCFC 的特性

MCFC 主要有如下优点：可以使用石化燃料；不需要使用贵金属作催化剂；产生的多余热量可以再利用；电池反应过程中不需要使用水介质，避免了负载的水管理系统。但 MCFC 对温度要求过于敏感：超过 700℃高温环境中，熔融盐对电极的腐蚀将非常明显，从而可能会引发电解质泄漏；低于 600℃时阴极极化现象将会加重。

3) MCFC 的应用

目前美国和日本均在 MW 实验电厂中对 MCFC 进行示范运行，对电池的寿命、性能和系统可靠性做进一步研究。MCFC 不适合用作电动车动力源。

3.7 其他储能装置

除了前面所介绍的各种电池外，空气电池、超级电容器、飞轮储能器和太阳能电池等储能装置的应用也日趋广泛。

3.7.1 空气电池

空气电池(Air Cell)是以空气中的氧气作为正极活性物质，以金属为负极活性物质的一类电池。空气电池的电解液常用氢氧化钾溶液。因为用作负极的金属材料可选性很多，所以空气电池的种类也较多。一般以负极材料的金属名为电池的第一个字，后加空气电池即为电池名。常见的有锌空气电池、铝空气电池、锂空气电池等。

1. 锌空气电池

锌空气电池的发明已有上百年历史。1995 年，以色列 Electric Fuel 公司首次将锌空气电池用于电动汽车上，其后空气电池在电动汽车领域进入了实用化阶段。目前，美国、德国、法国、瑞典、荷兰、芬兰、西班牙、葡萄牙和南非等多个国家都在电动汽车上积极推广锌空气电池。

1) 锌空气电池的原理

锌空气电池以锌为负极，以氧为正极，以氢氧化钾溶液为电解质。锌空气电池的化学反应与普通碱性电池类似，在催化剂的催化作用下，当电池放电时，锌摄取疏松碳块内从空气中吸附到的氧气，锌和氧发生化学反应生成氧化锌，其正极、负极和总反应放电时的化学反应方程式为

负极：
$$Zn+2OH^- \rightarrow ZnO+H_2O+2e^-$$

正极：
$$\frac{1}{2}O_2+H_2O+2e^- \rightarrow 2OH^-$$

总反应：
$$Zn+\frac{1}{2}O_2 \rightarrow ZnO$$

锌空气电池在放电过程中，由于其锌板或锌粒通常被氧化成氧化锌而几乎失效，使得锌空气电池充电过程进行得十分缓慢。加快反应速度要有足够的氧化剂(如铂、银)。含有催化剂的电极表面需要同时与氧及电解液接触，才能发生氧的还原。又由于对还原有催化作用的铂族、银族氧化剂价格很贵，因而一般采用直接更换锌板或锌粒和电解质的方法，使锌空气电池完全更新，所以锌金属的消耗量较大。

2）锌空气电池的特性

锌空气电池主要有如下优点：

（1）比能量大。锌空气电池的理论比能量可达1350W·h/kg，目前实际质量比能量虽仅为180～230W·h/kg，但仍是铅酸蓄电池的4～6倍。体积比能量达230W·h/L，是铅酸蓄电池的2～3倍。

（2）性能稳定。单体电池一致性好，允许深度放电，电池容量不受放电强度和温度的影响，能在－20～80℃的温度范围内正常工作，可实现全密封免维护，更便于电池组能量管理。

（3）安全性好。能够有效防止因泄漏、短路引起的起火或爆炸。锌没有腐蚀作用，对人体不会造成伤害。

（4）充电时间快。采用机械充电模式，充电时间只需几分钟。

（5）使用成本低。锌金属来源丰富，生产成本低。电池可回收再生产，可进一步降低成本，锌在循环使用过程中不污染环境。

锌空气电池的主要问题是对空气湿度和二氧化碳非常敏感，一旦锌空气电池的密封被破坏，空气中的水分和二氧化碳就进入内部激活电化学反应，此时即使再封装，电化学反应也会继续下去直到电量耗尽。另外锌空气电池释放电流速度缓慢，比功率较低，对车辆的动力驱动影响较大。

3）锌空气电池的应用

大型锌空气电池的电荷量一般在500～2000A·h，主要用于铁路和航海灯标装置上。纽扣形锌空气电池的电荷量在200～400mA·h，已广泛用于助听器中。

因其比功率较低，对于车速较高、爬坡等工况的应用就不够理想。关于电动汽车用锌空气电池，因其寿命约为300次，与其他电池相比，寿命还是太低。

2. 铝空气电池

1）铝空气电池的原理

铝空气电池的化学反应与锌空气电池类似，铝空气电池以高纯度铝Al（含铝99.99%）为负极、氧为正极，以氢氧化钾（KOH）或氢氧化钠（NaOH）水溶液为电解质。铝摄取空气中的氧，在电池放电时产生化学反应，铝和氧作用转化为氧化铝。其化学反应方程式为

$$4Al+3O_2+6H_2O \longleftrightarrow 4Al(OH)_3$$

2）铝空气电池的特点

铝空气电池的进展十分迅速，它在EV上的应用已取得良好效果，是一种很有发展前途的空气电池。

它的主要优点如下：

（1）比能量大。铝空气电池的理论比能量可达8100Wh/kg，目前的铝空气电池的实际比能量只达到350Wh/kg，但也是铅酸电池的7～8倍、镍氢电池的5.8倍、锂电池的2.3倍。采用铝空气电池后，车辆能够明显地提高续驶里程，国外有关资料介绍，美国加利福尼亚州在使用铝空气电池的电动汽车上，有过只更换一次铝电极续驶里程达1600km的记录。

（2）质量轻。我国开发和研制的牵引用动力型铅酸蓄电池的总能量为13.5kW·h，

总质量为 375kg。而同样能量的铝空气电池总质量仅 45kg，为铅酸蓄电池质量的 12%。由于电池质量大大减轻，车辆的整备质量也降低，可以提高车辆的装载能量或延长续驶里程。

(3) 铝没有毒性和危险性。铝对人体不会造成伤害，可以回收循环使用，不污染环境。铝的原材料丰富，已具有大规模的铝冶炼厂，生产成本较低。铝回收再生方便，回收再生成本也较低。而且可以采用更换铝电极的方法，来解决铝空气电池充电较慢的问题。

铝空气电池所存在的缺点与锌空气电池差不多，主要还是比功率较低，充电和放电速度比较缓慢，电压滞后，自放电率较大，需要采用热管理系统来防止铝空气电池工作时过热。

3. 锂空气电池

锂空气电池的原理同其他空气电池类似，它以金属锂为负极，由碳基材料组成的多孔电极为正极，放电过程中，金属锂在负极失去电子成为锂离子，电子通过外电路到达多孔正极，电子并没有将多孔电极上的碳还原，而是像人类的呼吸一样，将空气中的氧气还原，这一反应持续进行，电池便可以向负载提供能量。充电过程正好相反，在充电电压的作用下，放电过程中产生的放电产物首先在多孔正极被氧化，重新放出氧气，锂离子则在负极被还原成金属锂，待该过程进行完全，则电池又可重新向负载提供能量。

锂空气电池与锂离子电池相似，区别在于前者的能量密度更大，而后者的主要问题在于成本高且储能表现不佳。目前电池的能量密度比化石能源要低很多，如果要获得与 50L 化石燃料相当的能量，相应的电池系统总质量大致可达 1.5～2t。因此锂基电池要想达到商用要求，必须变得小型轻便，并且拥有良好的储能表现，而这正是锂空气电池的优势所在。

目前全球已经有上千个研究单位在从事锂空气电池方面的研究，但是在实现商业化生产之前，锂空气电池也需要解决一些问题。首先，虽然锂空气电池在使用初期比传统电池轻便，但吸附氧原子后会变重；其次，这种电池在反应过程中产生的氧化锂有可能会堵塞电池通道，从而阻止氧的流通。此外，虽然锂空气电池能够充电，但充电时要求高压，考验电池元件的承载能力，会降低电池的充电次数。

3.7.2 超级电容

超级电容又称超级电容器或电化学电容器，是 20 世纪 70 年代末出现的一种新产品，电容量高达法拉级。以使用的电极材料来看，目前主要有 3 种类型：高比表面积碳材料超级电容器、金属氧化物超级电容器、导电聚合物超级电容器。

1. 超级电容的基本原理

超级电容是利用电极和电解质之间形成的界面双电层来存储能量的一种新型电子元件。当电极和电解液接触时，由于库仑力、分子间力或者原子间力的作用，使固液界面出现稳定的、符号相反的两层电荷，称为界面双电层。双电层电容的大小与电极电位和表面积的大小有关。双电层电容器电极通常由具有高比表面积的多孔碳材料组成。碳材料具有优良的导热和导电性能，其密度低，抗化学腐蚀性能好，热膨胀系数小，可以通过不同方法制得粉末、颗粒、块状、纤维、布、毡等多种形态。

超级电容器的充放电过程是一种物理反应，电池内部的隔板是储能能力的关键。超级电容器工作时，电池负极的电子通过用电器流向正极，释放能量充电时则反之。这样的物理反应可进行高达5万次。

2. 超级电容的优点

超级电容器作为一种新型能源器件，主要具有以下优点：

1）功率密度高

超级电容器的内阻很小，且在电极/溶液界面和电极材料本体内部均能够实现电荷的快速储存和释放，因此它的输出功率密度高达数千瓦/千克，是任何一种化学电源都无法比拟的。

2）充放电循环寿命长

超级电容器在充放电过程中只有离子和电荷的传递，没有发生电化学反应而引起相变，因此其容量几乎没有衰减，循环寿命可达万次以上，远远大于蓄电池的充放电循环寿命。

3）充电时间短

从目前已经做出的超级电容器充电试验结果来看，在电流密度为7mA/cm^{2}时(相当于一般蓄电池充电电流密度)，全充电时间只要10～12min，而蓄电池在这么短的时间内是无法实现全充电的。

4）特殊的功率密度和适度能量密度

对于普通蓄电池来说，如果能量密度高，其功率密度不会太高；而功率密度高，其能量密度则不会太高。但超级电容器在提供1～5kW/kg高功率密度输出的同时，其能量密度可以达到5～20W·h/kg。若将它与蓄电池组合起来，就会组成为一个兼有高能量密度和高功率密度输出的储能系统。

5）储存寿命长

超级电容器在充电之后的储存过程中，虽然也存在微小的漏电电流，但这种发生在超级电容器内部的离子或质子迁移运动是在电场的作用下产生的，并没有出现化学或电化学反应，电极材料在电解质中也是相对稳定的，因此超级电容器的储存寿命几乎是无限的。

6）工作温度范围宽

超级电容器可在－50～75℃的温度条件下工作，性能优于传统电容器和蓄电池。

3. 超级电容在电动车上的应用

超级电容器具有容量大、成本低、对环境无污染等特点。大功率的超级电容器对于电动汽车的起动、加速和上坡行驶具有极其重要的意义：在汽车起动和爬坡时快速提供大功率电流；在汽车正常行驶时由蓄电池快速充电；在汽车制动时快速存储发电机产生的大电流，这些可以减少电动汽车对蓄电池大电流充电的限制，大大延长蓄电池的使用寿命，提高电动汽车的实用性。鉴于电化学超级电容器的重要性，各工业发达国家都给予了高度重视，并成为各国重点的战略研究和开发项目。

1）在纯电动车上的应用及发展

超级电容器比功率大，其特性是：充电量大，充电快；放电量大，放电快。应用于电动车辆中运行时，起步和加速快，爬坡有力，比铅酸电池大30多倍。

超级电容器比能量小，其特性是：同等重量超级电容器续驶里程，仅为铅酸电池的1/3，这是超级电容器一大缺陷。超级电容器续驶里程短，但充电速度快，可以弥补续驶里程短的缺陷，解决的方法是在城市交通线路的两端建立充电站，这样超级电容器电动车的续驶里程，可以不受限制。在城市市区运行的公交车，其运行线路在20km以内，以超级电容为唯一能源的电动汽车，一次充电续驶里程可达20km以上，在城市公交车将会有广阔的应用前景。

超级电容器能量密度小，充电一次的续驶里程短，但它的充电速度快，这一点比铅酸电池要好，铅酸电池充一次电需要5～8h，所以只要在线路上合适的地方建立一个超级电容器电动大客车充电站就可以了，而投资建设一个这样的充电站的费用比建一个加油站少得多，也比建设一个同样规模的加气站或铅酸电池充电站成本低。

2）在混合动力车上的应用

纯电动汽车尽管具有上述优点，但由于电池容量的限制，致使车辆在续驶里程和爬坡、加速性能上不及常规能源的汽车。虽然人们在蓄电池的研究开发上做了很多努力，也难以达到通常轿车那样，加满油后可行驶400～500km的里程。目前仅靠现有蓄电装置的性能是难以实现的，于是就有了混合动力电动车的出现。混合动力车是专门为城市公共交通设计开发的，既可用电又可使用燃油，是短期内电动汽车最现实的产业化产品。这种车与同类型的传统汽车相比尾气排放可减少50%～70%，降低燃油消耗30%以上，能够满足日益严格的环保要求，既有电动车的节能和低排放的特点，又具有燃油汽车的方便性。

混合动力源电动车按照能量合成的形式主要分为串联式(SHEV)和并联式(PHEV)两种。在串联式混合动力系统中，由发动机驱动发电机，利用发出的电能由电动机驱动车轮。即发动机所发出的动能全部要先转换成电能，利用这一电能使车辆行驶。并联式混合动力系统采用的是发动机与电动机共同驱动车轮，根据情况来运用这两个动力源，由于动力源是并行的，故称为并联式混合动力系统。此外，还存在混联式，也称串并联式，它可以最大限度地发挥串联式与并联式的各自优点。

超级电容的特性正好满足混合动力电动汽车的特殊要求。利用超级电容瞬时高功率特性，避免了对发动机频繁起动和蓄电池提供瞬间大功率的特殊要求，同时还可以对制动能量进行回收利用，从而可以节约能源、减少排放污染，尤其适合经常在城市行驶的混合动力电动汽车。在回收制动能量方面，汽车在行驶过程中至少有30%的能量因热量散发和制动而消耗掉，特别是在城市行驶中，经常遇到红灯，这样不仅造成能源浪费，而且增加环境污染。

3）作为辅助起动装置

在内燃机车的电起动系统中采用超大容量电容器辅助起动装置，显示了较突出的优势，其表现在：

(1) 由于起动功率的增加，缩短了柴油发电机组的起动时间。柴油机旋转加速度增加，提高了燃烧质量。

(2) 降低了起动时蓄电池组的最大电流负荷，有助于延长蓄电池的使用寿命。

(3) 确保了起动的可靠性，特别是在低温以及蓄电池组亏电或参数变坏时尤为明显。

(4) 在现有蓄电池技术状况下，可以有效减小蓄电池容量。

如果能把制动所消耗的能量回收起来用于汽车起动、加速，可谓一举两得。由于蓄电池充电是通过化学反应来完成的，所需时间较长，但制动时间较短，因而回收能量效果不佳。现正处于研究中的飞轮电池，由于精度要求高、制作难度大，短时间还难以进入实用阶段。超级电容独有的特性非常适合用于制动过程中能量回收，而且成本较低，应用前景广阔。

在为发动机冷起动时提供瞬时大功率方面，发动机的冷起动对蓄电池提出了特殊的要求，蓄电池必须提供瞬间大功率，发动机才可能起动。然而，一般蓄电池不具备这种特性，除非用起动点火型电池，但是起动点火型电池并不适合长时期小电流工作环境，而且在低温下经常失效，因此也不适合。

研究发现，如果把超级电容和蓄电池联合用在发动机起动系统上，发挥超级电容的独有特性，构成新型的起动系统，这个问题就可迎刃而解了。超级电容器在电动汽车中与蓄电池并联作辅助电源上的应用，可以弥补蓄电池在功率特性方面的不足。当汽车处于正常行驶状态时，超级电容器处于充电状态；在加速或载重爬坡特殊情况下由超级电容器实现高功率放电，突然制动时，则通过超级电容器的高功率充电吸收制动过程中产生的能量。超级电容器的使用可以满足电动汽车的起动、制动和爬坡时对高功率放电的需求，起到平衡蓄电池负载的作用，可以延长蓄电池的使用寿命。

超级电容器作为一种新型储能元件的出现，填补了传统静电电容器和化学电源之间的空白，凭借着低成本高性能的优势，加上对环境无污染的优点使得人们对它越来越重视。随着对电动汽车研究的深入，超级电容器在这方面应用的优势也越来越明显。超级电容器的高性能决定了其市场前景非常广阔，而低成本又决定了其显著的经济效益。虽然超级电容器存在着比容量偏低的缺陷，但相信通过改进，一定会推动汽车行业发生质的飞跃。

3.7.3 飞轮储能器

飞轮储能器也称飞轮电池，是20世纪70年代提出的新概念电池。飞轮储能器是一种新兴的电能存储技术，它与超导储能技术、燃料电池技术等一样，都是近年来出现的有很好发展前景的储能技术。虽然目前化学电池储能技术已经发展得非常成熟，但是，化学电池储能技术存在着诸如充放电次数的限制、对环境的污染严重以及对工作温度要求高等问题。这样就使新兴的储能技术越来越受到人们的重视。

1. 飞轮储能器的结构与原理

飞轮储能器结构如图3.10所示，其电池系统包括三个核心部分：飞轮、电动机-发电机和电力电子变换装置，实际使用的飞轮装置中，主要包括以下部件：飞轮、轴、轴承、电动机、真空容器和电力电子变换器。电力电子变换装置从外部输入电能驱动电动机旋转，电动机带动飞轮旋转，飞轮储存动能(机械能)，当外部负载需要能量时，用飞轮带动发电机旋转，将动能转化为电能，再通过电力电子变换装置变成负载所需要的各种频率、电压等级的电能，以满足不同的需求。

由于输入、输出是彼此独立的，设计时常将电动机和发电机用一台电动机来实现，输

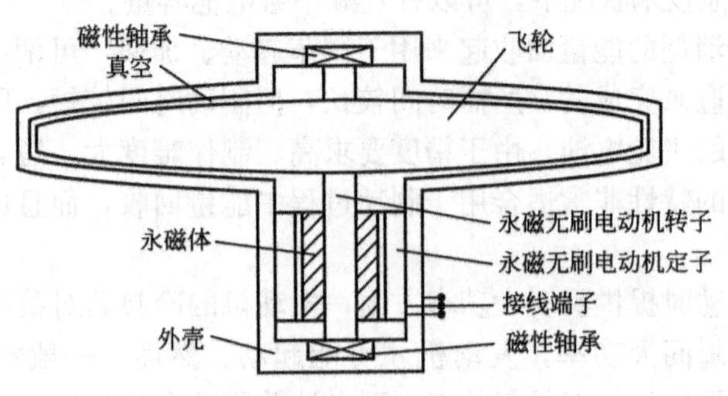

图 3.10 飞轮储能器结构

入输出变换器也合并成一个，这样就可以大大减少系统的大小和重量。同时由于在实际工作中，飞轮的最高转速可达 40000～50000r/min，一般金属制成的飞轮无法承受这样高的转速，所以飞轮一般都采用碳纤维制成，既轻又强，进一步减少了整个系统的重量，同时，为了减少充放电过程中的能量损耗(主要是摩擦力损耗)，电动机和飞轮都使用磁轴承，使其悬浮，以减少机械摩擦；同时将飞轮和电动机放置在真空容器中，以减少空气摩擦。因此，飞轮电池的净效率(输入输出)达 95%左右。

2. 飞轮储能器的优点

飞轮电池兼顾了化学电池、燃料电池和超导电池等储能装置的诸多优点，主要表现在如下几个方面：

(1) 能量密度高。储能密度可达 100～200W · h/kg，功率密度可达 5000～10000W/kg。

(2) 能量转换效率高：工作效率高达 90%。

(3) 体积小、重量轻：飞轮直径约为 20cm，总重在 15kg 左右。

(4) 工作温度范围宽：对环境温度没有严格要求。

(5) 使用寿命长：不受重复深度放电影响，能够循环几百万次运行，预期寿命 20 年以上。

(6) 低损耗、低维护：磁悬浮轴承和真空环境使机械损耗可以被忽略，系统维护周期长。

3. 飞轮储能器的应用

在电动汽车领域，飞轮储能器非常适合应用于混合动力车辆中。车辆在正常行驶时和制动时，给飞轮电池充电，飞轮电池则在加速或爬坡时，给车辆提供动力，保证车辆运行在一种平稳、最优的状态下，可减少燃料消耗、空气和噪声污染、发动机的维护，延长发动机的寿命。美国 TEXAS 大学已研制出一种汽车用飞轮电池，电池在车辆需要时，可提供 150kW 的能量，能加速满载车辆到 100km/h。德国西门子公司也已研制出长 1.5m，宽 0.75m 的飞轮电池，可提供 3MW 的功率。

作为一种新兴的储能方式，飞轮电池拥有传统化学电池无法比拟的优点，它非常符合未来储能技术的发展方向。目前，飞轮电池除了上面介绍的应用领域以外，也正在向小型化、低廉化的方向发展。可以预见，伴随着技术和材料学的进步，飞轮电池将在未来的各行各业中发挥重要的作用。

3.8 电池性能的检测方法

电池是电动汽车的动力源或辅助动力源，在电动汽车设计制造或使用时，需要了解电池的多种性能以便评价和选用。相关标准检验的性能指标主要为3h放电率的额定容量、大电流放电效率、低温放电性能、过放电性能、安全性、荷电保持能力、循环耐久能力、耐振动和储存性能等。对二次电池来说，因为电池的机理不同，其检测所用的设备和方式有一定区别，为此应该掌握对不同种电池的检测，使用不同的检测设备和仪器。

3.8.1 电池充放电性能测试

充电过程中的主要参数有充电接受能力及充电的最高电压。电池充电测试的基本电路由电源、电流电压检测设备、控制设备及记录设备等组成。也可以使用电池的性能测试仪，进行自动检测，如图3.11所示。

所谓充电效率是指在充电时充入电池的电能与所消耗总电能的百分比。充电电流大小、充电方法、充电时的温度直接影响充电效率。一般来说，充电初期效率高，充电效率接近100%，充电后期由于电极极化的因素，充电效率低，电极上伴随着大量的气体析出。

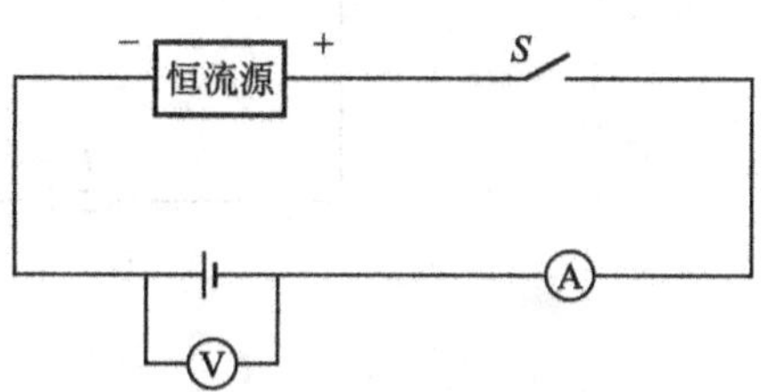

图3.11 电池的性能测试仪

充电的最高电压是充电过程的另一个重要指标。充电电压低，说明电池在充电时的极化小，充电效率高，使用寿命长。

电池的耐过充能力是说明电池在处于极端充电的条件下，也有较好的使用性能。例如Ni-MH电池，要求在1*C*充电率下，电池充电90min应无泄漏，充电6h内不发生爆裂。

放电制度主要是指放电时间、电流、环境温度及终止电压等。电池的放电方式主要有恒流放电或恒阻放电，还有恒压放电、定电压放电、连续放电和间歇放电等。最常用的是恒流放电法和恒阻放电法。

1. 恒流放电法

恒流放电系统由恒流源、电流及电压检测记录装置组成。恒流源可以由电子稳流电路组成或用恒压源与电阻构成。

放电过程可以采用人工记录、自动记录或通过数据采集用计算机来自动记录，也可以采用专门设备，如BS-9300、DK-2010等电池性能测试仪。常用放电电流、放电曲线和放电时间率来表示电池的放电性能。放电电流的大小直接影响电池的放电性能。因此，在标注电池的放电性能时，应标明放电电流的大小。电池的工作电压是衡量电池放电性能的一个重要指标。放电曲线反映了整个放电过程中工作电压的变化过程。工作电压是个变化量，常以中点电压表示，如Ni-MH电池1*C*放电时，中点电压即指放电30min后所测电

池电压。放电时间率是指电池放电至电压值的放电时间占总放电时间的比值。如 Ni-Cd 电池以 1C 放电至 1.0V 的放电时间为 60min，其标称电压为 1.2V，电池放电至 1.2V 的时间为 48min，那么计算放电至 1.2V 的时间与总放电时间的比率为 80%(即 48/60)，习惯上把放电时间率称为电池的电压特性。良好的电压特性可以保证电池输出功率高，并可以使用电设备长时间处于工作电压范围内(电压稳定)，有利于实际应用中电池容量的发挥。

2. 恒阻放电法

恒阻放电是指放电过程中保持负荷电阻为一定值，放电至终止电压的放电方法，用放电过程中电压随时间的变化表示放电特性，检测电路如图 3.12 所示。

恒阻放电有连续放电、间歇放电和交替放电三种方式。每隔一定时间测量一次电池电压，直至电压第一次低于规定终止电压时为止。放电时间按电池开始放电至电压降至终止电压时的累计时间计算。若最后两次测得的电压值，一次高于终止电压，另一次低于终止电压时，则放电时间可用线性插值法取得。也可以采用连续记录仪或数据采集卡，用计算机自动采集数据，以获得非常准确的放电时间和自动绘制出的放电曲线图。

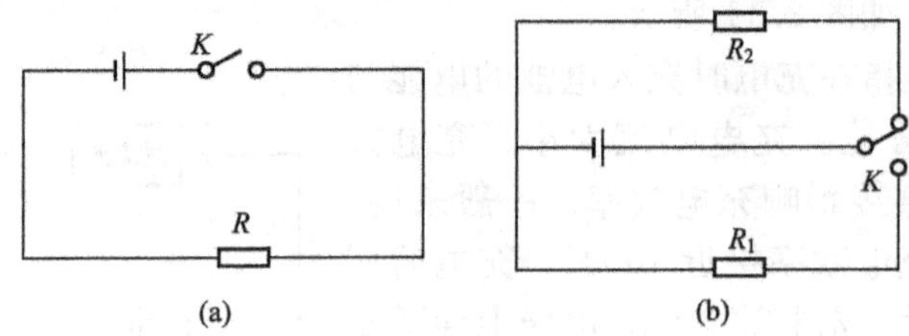

图 3.12 检测电路

3.8.2 电池容量测定

电池容量是指活性物质参加电池成流反应时所有的电量。其容量可分为理论容量、实际容量和额定容量等。电池理论容量是指电池活性物质全部参加成流反应时的电量，用法拉第定律计算，是理想值。额定容量是指设计和制造电池时，规定或保证电池在一定放电条件下应该放出的最低限度的电量，又称标称容量。实际容量是指在一定放电条件下，电池放出的实际电量。因放电条件不同，实际容量也会不同。因此，实际容量取决于容量较小的那个电极，一般在实际生产活动中使负极容量过剩(即负极面积大)，限定整个电池容量的是正极电容量。

电池容量的测定方法与电池放电性能测定方法基本相同，有恒流放电法、恒阻放电法、恒压放电法、定电压放电法、定电流放电法、连续放电法和间歇放电法等。恒流放电法的基本表达式为

$$C=It \tag{3-1}$$

需要特别强调的是放电容量与放电电流有密切关系，与放电温度、充电制度、搁置时间都有较大关系。如在相同的充电制度下，电池的自放电性能对电池容量有影响。搁置 10min 与搁置 1h 再测试电池容量，其结果也会有差别。

恒阻放电法中，放电电流不是定值。放电开始时电流较大，然后逐渐减小。放电电阻越大，放电电流越小，放电曲线越平缓，电容量也越大。容量基本表达式为

$$C = Ut/R \tag{3-2}$$

式中：U 为平均放电电压，即电池刚放电时的初始工作电压与终止电压的平均值；R 为放电电阻；t 为放电时间。

3.8.3 电池循环次数测试

在一定的充放电制度下，电池容量降至某一定值之前，电池所能承受的循环次数，称为循环寿命，这是蓄电池的又一主要性能指标。我国电动道路车辆用蓄电池标准规定，锂离子蓄电池循环寿命不得小于300次，铅酸蓄电池循环寿命不得小于400次。其实影响蓄电池循环寿命的因素很多，如电极材料、电解液、隔离膜及制造工艺和使用中的环境温度等。过高或过低的充电电压、放电深度等，将大大缩短电池的使用寿命，如图3.13所示。

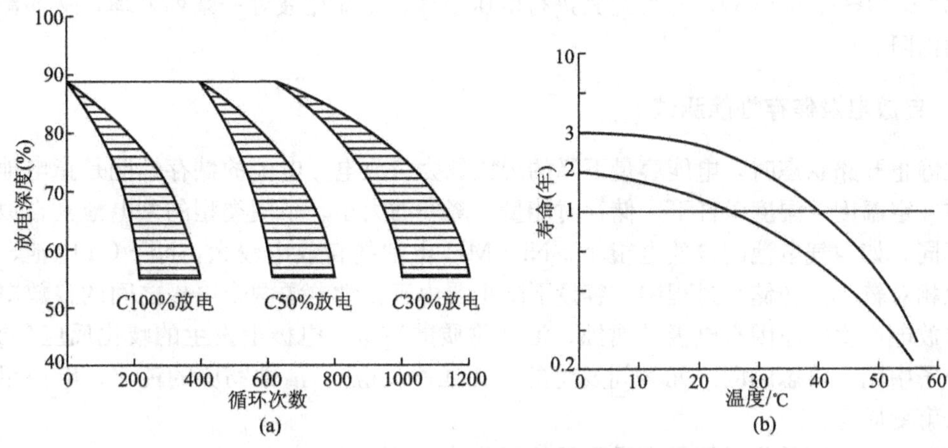

图3.13 循环次数及温度对使用寿命影响

对于不同类型的电池循环寿命的测试规定是不同的。Ni-H_2 电池按GB/T 15100—1994标准、Ni-Cd按GB/T 10013—1996标准、铅酸蓄电池按GB 5008.1—1997标准进行。也可以采用快速检测方法，如以Ni-MH电池为例，一单体Ni-MH电池，标称容量为1200mA·h，进行快速循环寿命测试的循环条件为1200mA充电75min，充电结束条件为电压降10mV，搁置10min后，再以1200mA放电至1.0V，搁置10min，这样反复循环，直至容量衰减至其标称容量的80%为止，同时记录其中值电压第30min的放电值，测试结果如图3.14所示。

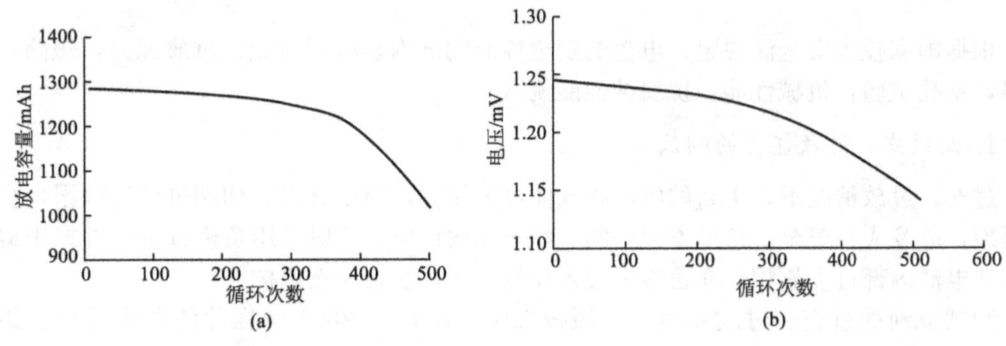

图3.14 测试结果

3.8.4 电池内阻的测定

电流通过电池时所受到的阻力称为电池内阻。同类电池，一般说来，内阻小则电池的电压特性好，电池内阻是电极的电化学反应时所表现的极化电阻和欧姆电阻的总和。欧姆电阻是电极材料、电解液、隔离膜电阻几个部分零件的接触电阻之和。

电池内阻大小随电池类型不同而不同。如Ni-MH电池内阻一般为15～50mΩ，铅酸电池的内阻为10mΩ，Ni-Cd电池为30～100mΩ。电池内阻与普通电阻元件不同，它是有源元件，必须用方波电流法、交流电桥法、交流阻抗法、直流伏安法、短路电流法或脉冲电流法等特殊方法测量。实际上，在工程检测中多用专门内阻仪检测，常见的内阻检测仪原理一般采用交流法。它把电池等效于一个有源电阻，给被测电池通以恒定交流电流(一般为1000Hz、50mA)，然后对其进行电压采样、整流滤波等一系列处理，从而测得较精确的内阻。

3.8.5 自放电及储存性能测试

在静止开路状态时，电能容量下降的现象称为自放电。电池的储存性能是指电池开路时，在一定温度、湿度条件下，储存时能量下降率的大小。不同类型的蓄电池其自放电程度也不同。如空气电池的自放电很小，Ni-MH电池的自放电较大，Ni-Cd电池、锂离子电池相对较小。在储存过程中，容量下降主要由于化学电源两个电极之间的自放电引起的，自放电产生的原因有电极的腐蚀、活性物质的溶解、电极上发生的歧化反应(同一物质的分子中同一价态的同一元素间发生的氧化还原反应)、活性物质的钝化、电池组成材料的分解变质等。

自放电速率用单位时间内容量降低的百分数表示，即

$$R_z=\frac{C_0-C_n}{C_0T}\times 100\% \tag{3-3}$$

式中：R_z为自放电速率；C_0为储存前容量；C_n为储存T时间后的容量；T为储存时间。

在实际使用中常用保持率R_b来表示，计算公式为

$$R_b=C_n/C_0\times 100\% \tag{3-4}$$

电池保持率也称电池容量剩余百分比、荷电保持能力等。

3.8.6 安全性测试

根据国家技术安全法规定，电池的安全性能测试内容有耐过充、过放能力，短路，耐高温，钻孔试验，机械性能，抗腐蚀性能测试。

1. 耐过充、过放能力的测试

过充、过放情况下，密封的电池内气体过度累积，内压升高，如超过设计极限，会发生爆裂，危及人身安全，这是不允许的。在电池设计中，一般采用负极过量的方式来避免气体在电池内部过度累积，在正极中加入反极物质，实行反极保护。

测试电池的过充、过放能力，一般按GB/Z 18333—2001中推荐的方法进行。如连续充电试验。即在(20±5)℃条件下，采用恒压充电，控制起始电流小于或等于I_1(A)

电流，当某一电池最早到达充电终止电压(最高达4.2V)时，电池组应能自动停止充电，连续操作5次，充电保护装置均应动作。再如采用过放电和过充电蓄电池法。第一步在(20±5)℃条件下，先以I_3(A)电流放电，当某一电池达到放电终止电压(2.52V)时，就使用生产厂提供的或推荐的专用充电器，在(20±5)℃条件下充电到充电终止电压(4.2V)。第二步在(20±5)℃条件下，以I_3(A)电流放电，直至某个电池电压为零，然后电池在(20±5)℃条件下，用I_3(A)电流充电直至某个电池电压达到0.5V。标准规定经过以上两种试验后电池不能出现漏液、放气、爆炸、起火和产生明显形变等异常现象。

2. 短路测试

在短路测试时，电路可能会出现喷、泄等情况。通常应有较好的防护措施。常见的测试条件为：将电池充足电，在室温下将电池两极短接1h，允许有泄漏发生，但电池不能起火或爆炸。

3. 耐高温测试

电池禁止投入火中，并对电池规定有适当的储存或使用温度条件。一般耐高温测试温度分为高温、低温两个阶段。高温区测试即投入火中进行测试，低温区温度为100～200℃。低温区有两种方法：一是将要测试的电池充满电后投入沸水中(100℃)，保持2h，电池应无爆炸泄漏；二是将充满电的电池放入150℃的恒温箱中保持10min，电池应无爆炸泄漏。

4. 钻孔试验

在受到外界尖锐物体的冲击时，电池可能会被刺破外壳，若刺入物是金属，则正负极会短路，带来一定的危险。应进行钻孔试验，钻头应为导电性的，测试条件为：钻头直径为ϕ1.0mm，径向钻穿，允许电池有漏液发热，但不允许爆炸。因为此试验属破坏性试验，要有安全措施和设备，确保安全。

5. 机械性能试验

常用的机械性能试验有碰撞试验和振动试验。按GB/T 18333.1-2001规定进行。在(20±5)℃条件下，将电池从1.0m高度上跌落到木板上，一个方向进行两次跌落试验。观察电池是否有电解液泄出、爆炸，并不产生明显的形变缺陷。

国标中对电动道路车辆蓄电池规定的耐振动性能试验分三步进行：

(1) 用生产厂家提供的专用充电器，按规定的充电方法将电池充满电；

(2) 将充满电的电池安装在振动试验台上，使电池以I_3(A)电流放电；

(3) 使蓄电池以30～35Hz频率上下方向振动，振动的蓄电池最大加速度为30m/s^2，时间为2h，并观察电池放电电压是否有异常变化及电池是否有泄漏等情况。

6. 抗腐蚀性能测试

抗腐蚀测试一般为电化学测试法，即盐雾试验法。测试时，将电池暴露于测试箱内，并向测试箱中喷入经雾化的试验溶液，细雾在自重作用下均匀地沉降在试样的表面，试验溶液为5%的食盐溶液，其中总固体含量不超过20μg/g，pH为6.5～7.2。试验时盐雾箱内温度应保持恒定。电池在盐雾箱内的时间为48h，试验后，电池容量应有明显的降低，外壳金属部分不应有多处锈迹，不得有锈孔和明显点蚀，不准有泄漏、爆炸。

3.8.7 超级电容器性能检测方法

超级电容器性能检测方法有多种，本节重点介绍容量、内阻、自放电检测方法。

1. 容量检测方法

容量检测可以采用恒流放电和恒电阻放电两种方法。

1) 恒流放电法

恒流放电测量电路如图 3.15 所示。

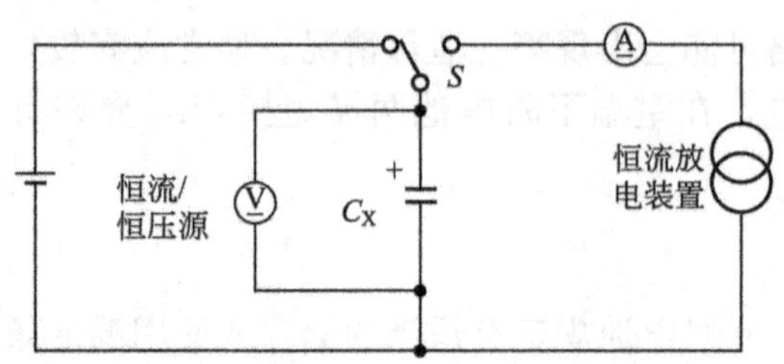

图 3.15 恒流放电测量电路图

测量方法依以下步骤进行。

(1) 恒流/恒压源的直流电压设定为额定电压。

(2) 设定表 3-5 中规定的恒电流放电装置的恒定电流值。

表 3-5 恒定电流值

分类	分类 1	分类 2	分类 3	分类 4
应用	后备记忆	能量存储	功率	瞬时功率
充电时间/min	30	30	30	30
I/mA	$1C$	$0.4C$	$4C$	$40C$
U_1/V	充电电压的 80%值($0.8\times U_R$)			
U_2/V	充电电压的 40%值($0.4\times U_R$)			

(3) 将开关 S 切换到直流电源，除非分立标准中另有规定，在恒流/恒压源达到额定电压后恒压充电 30min。

(4) 在充电结束后，将开关 S 变换到恒流放电装置，以恒定电流进行放电。

(5) 测量电容器两端电压从 U_1 到 U_2 的时间 t_1 和 t_2，如图 3.16 所示，根据下列等式计算电容量值。

$$C=\frac{I\times(t_2-t_1)}{U_1-U_2} \tag{3-5}$$

式中：C 为容量，F；I 为放电电流，A；U_1 为测量初始电压，V；U_2 为测量终止电压，V；t_1 为放电初始到电压达到 U_1 的时间，s；t_2 为放电初始到电压达到 U_2 的时间，s。

2) 恒电阻放电法

恒电阻放电测量电路如图 3.17 所示，根据图中所示测量电路进行测量。

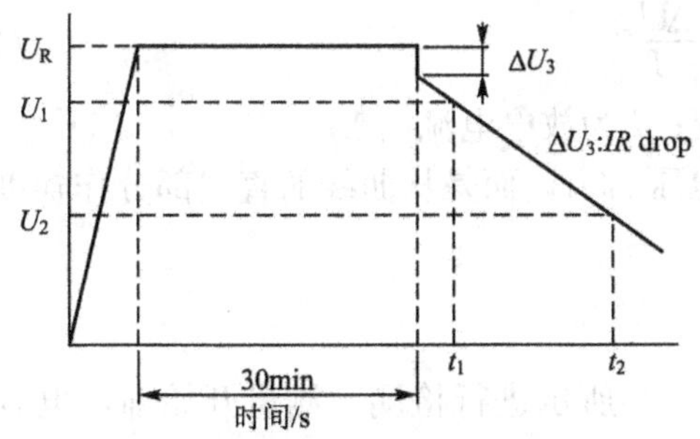

图 3.16 测量电容器时的电压加载曲线

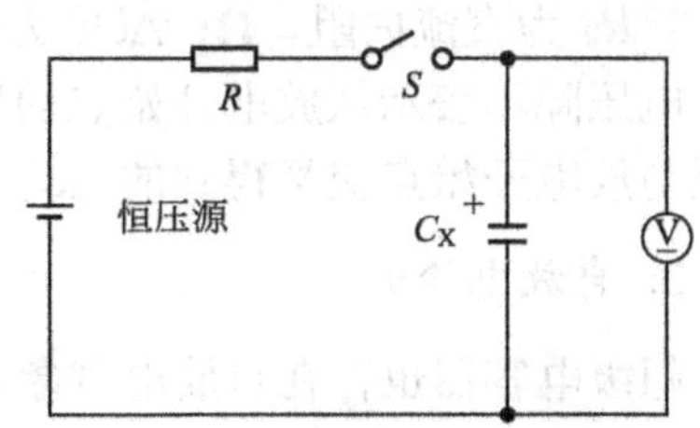

图 3.17 恒电阻放电测量电路

进行测量前，将电容器两端短路 30min 以上进行充分放电；当施加直流电压 U_R 时，测量时间常数 τ，通过下列等式计算电容量值。

$$C=\frac{\tau}{R} \tag{3-6}$$

式中：τ 为充电至 $0.632\times U_R$ 的时间，s；R 为串联电阻，Ω。

测量中应当选择 R 值使 τ 为 60～120s，以便于精确计算。

2. 内阻检测方法

超级电容器内阻测量用交流阻抗方法或直流电阻方法。交流法测量电路如图 3.18 所示，依所示测量电路进行测试。

电容器的内阻应通过下式计算：

$$R_a=\frac{U}{I} \tag{3-7}$$

式中：R_a 为交流内阻，Ω；U 为交流电压有效值，V；I 为交流电流有效值，A；

测量电压的频率应为 1kHz；交流电流应为 1～10mA。

直流阻抗方法是采用恒流放电方法测量，采用额定电压。用电压记录仪测量电容器端电压，如图 3.15 所示，将开关切换至直流源，当直流恒压源达到额定电压后施加电压充电 30min。在充电结束后，切换开关至恒流放电装置，以规定的恒定电流进行放电。用电压记录仪记录电容器端电压随时间变化。由电压记录仪得到的电压与时间成直线部分绘制辅助线，从辅助线与放电电压交点开始读取电压降 ΔU_3，如图 3.19 所示，根据下式计算内阻 R_d。

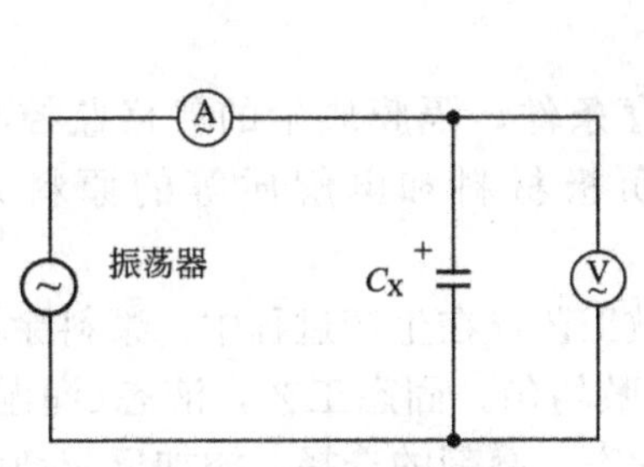

图 3.18 交流法测量电路

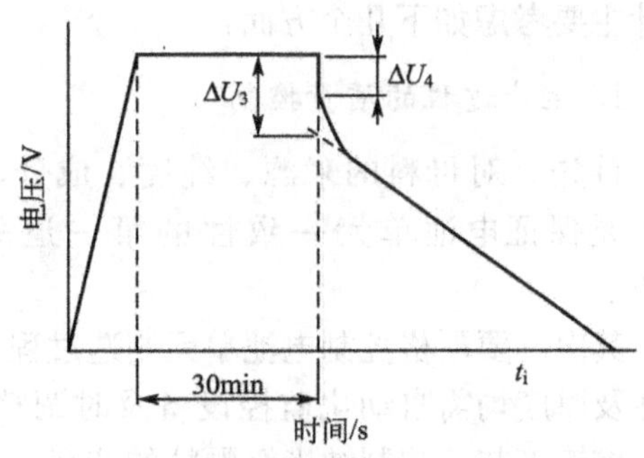

图 3.19 电容器端电压随时间变化曲线

$$R_d = \frac{\Delta U_3}{I} \tag{3-8}$$

式中：R_d 为直流内阻，Ω；ΔU_3 为电压降，V；I 为放电电流，A；

电压降不表示从放电开始点的连续降落电压 ΔU_4，而是从曲线的直线部分作辅助线延长至与放电开始点交叉得到的 ΔU_3。

3. 自放电检测

超级电容器也存在自放电现象，按照图 3.20 所示进行检测。测量开始前，电容器应进行充分放电。放电过程持续 1h 到 24h。在电容器两端直接施加电压 95％的最大 30min 充电时间。将电容器两端从电压源断开。电容器应置于标准条件下 16h 或 24h。直流电压表的内阻应大于 1MΩ。

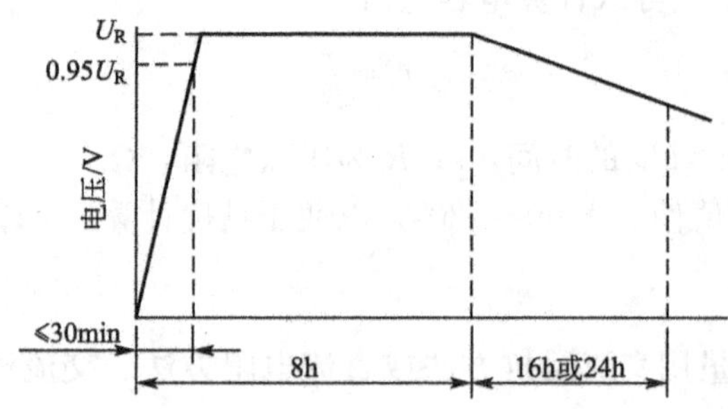

图 3.20　超级电容自放电检测曲线

3.9　电池组的选择与设计

蓄电池作为动力源，一般要求有较高的电压和电流，所以需要将若干个单体电池通过串联、并联与复联(串联和并联混合应用即混联)的方式组合成电池组使用。串联的主要目的是增加电压。并联的目的是增加电池容量。电池组中对单体电池性能有严格的要求，在同一组电池中必须选择同一系列、同一规格、性能尽可能一致的单体电池。目前，影响纯电动汽车发展的主要因素之一是续驶里程短。电动汽车续驶里程的影响因素较为复杂，其中电池的容量、电池箱串联电池个数、电池箱并联电池组数等较为重要。电池组的选择与设计主要考虑如下几个方面：

1. 生产过程的质量控制

首先，对母料的来源、纯度、成分、配比、保存条件、隔膜质量的严格监控与检验，是保证电池单元一致性的第一道关卡。正、负极材料和电解质等的原料尤为重要。

其次，要严格控制电池单元制造过程。如电池涂敷工艺，在生产过程中，浆料涂覆均匀性及厚度均需自动化监控设备及时调整，以保证涂敷均匀。固态工艺，液态(润湿)工艺，熔铸工艺，控制纳米级颗粒的纯度、大小和晶体形态，溶剂的选择，添加反应剂的种类，配料及保证配料均匀，过程产物和废弃物的回收利用(减低成本)等，每一个关键环节的质量控制都非常关键。任何一步的过程参数和反应条件出现微小偏差，都会直接影响成品的一致性，导致合格率无法达到量产的水平，从而影响电池单元的商业化生产。故此，大型专用精密生产线是保证工艺稳定性的必要条件。

2. 动态平衡与系统联动

对于已经用串联原理组装而成的电池组，仍可以用动态均衡原理改善其一致性：对于电池组内的每个单体电池，其电压、内阻和荷电状态(SOC)等参数都是可以随时监控的。这些信息如果可以及时有效地反映给电池管理系统，由电池管理系统按各个电池的实际状况，控制其充放电状态和流量，以及相应的冷却散热调节，保证电池单元在最适宜的状态下工作，自然也就可以最大限度地保护电池单元，延长其寿命，确保整个电池组在使用中的一致性。

3. 电池一致性补偿

充电设计有旁路分流电路，以保证每个单体都可以充满电，这样可以减缓电池老化的进度，延长电池的使用寿命。当电池之间有差异时，有一定措施进行补偿，保证电池组表现能力更强。

4. 电池箱串联个数

增加每个电池箱串联电池的个数，电动汽车的续驶里程明显增加。这主要是：一方面由于增加了电池的数量，可以增加电池组的总能量储备；另一方面由于电池组的电压增高，在电池放电效率相同的情况下，减小了电池的放电电流，可以增加电池组的有效容量。电池箱电池数量的增加，会增加整个电池组的电压，电动汽车的动力性会得到提高。

5. 电池箱并联组数

在保持电池组总电压的情况下，增加并联电池箱的数量可显著增加电动汽车的续驶里程。这主要是：一方面增加了电池的数量，可增加电池组的总能量储备；另一方面由于并联支路的增加，在各并联支路电池箱不超过额定放电电流的情况下，可以增加电池组的放电电流，从而增加电池组的额定容量。增加电池箱并联数量，可提高电池组的放电功率，电动汽车的动力性会显著提高。

6. 电池组的热管理

在电动汽车上由众多的单体电池通过串、并联的方式组合成电池组，以达到所需要的容量和电压要求，并以某种方式安装在电池箱中。要使电池组发挥良好的性能、确保安全使用和较长的循环寿命，电池的工作温度需要限定在一个比较小的范围。电池组热管理系统就是为确保各电池工作在适宜的温度范围内，它包括电池箱、风机、传热介质及其监控设备等部件。

由于动力电池组的各个电池组通常布置在汽车底盘的不同位置，各处的散热条件和环境不同；即便在同一电池箱中，处在中间位置的电池也更容易积累热量，而在四周的电池散热条件就要好些；并且各个电池单体由于本身内阻的差异也会引起在工作中发热量的不一致性。电池组内各单体或模块之间的温度不一致就会加剧电池内阻和容量的不一致性，进而影响电池组的充、放电性能和使用寿命。热管理系统通常具有五项主要功能：对电池温度的准确检测和控制；电池组温度过高时能有效散热和通风；在低温条件下能快速加热，使电池组工作在所要求的温度范围内；使电池组温度均匀分布，以保证所有电池单体温度有较好的一致性；产生有害气体时能有效通风。有些电池在工作时会产生较高的热量，可采集其热量用于汽车空调取暖系统和风窗玻璃的除霜等，使热量得到充分应用与管理。

7. 电池组的安装设计

对动力电池组在电动汽车上的布局安置，除了按车辆动力学降低质心的配重要求和维护方便外，还应考虑使各电池能得到均匀散热。

毋庸置疑，提高电池组一致性的终极目标是提高电池组的性价比、寿命和安全性。电池组能否发挥最佳效能，除了其本身的特性，还受制于电池组与其他系统的配合。如果能在研究提高电池组效能的同时，完全针对将要采用的电池组的实际特性，设计对应的电池管理系统、起动系统、发动机系统和充电系统部分，就可以达到最佳匹配效果。这样，即使电池组单体的一致性提高有困难，但是专门配合其他系统，一方面可以精准地检测和控制电池组及每个单体的温度、电性能参数和寿命等，另一方面可以及时调节其温/湿度，合理安排电池单元的充放电，防止一部分电池单元过载过充，而另一部分电池单元浅放浅充等问题。

这样综合、系统地设计电池驱动系统，降低了电池模组的使用门槛，但对系统设备供应商的整合能力提出了更高的要求。要设计出理想而均衡的系统，设备厂商需在化学、电学、材料学等基础科学上深入研究，并在相关的电子、电气零部件和准系统等有成熟的技术。

3.10 电池的技术水平和发展方向

出于节能和减排的目的，工业发达国家都非常重视开发零排放电动车或混合动力型电动车。虽然电动车技术取得了长足进步，但目前电动汽车的综合性能仍没有达到燃油车的水平，当前困扰世界各国电动汽车发展的关键因素主要是动力电池。

3.10.1 当前几种动力电池的技术水平

1. 镉镍蓄电池

该电池高功率输出特性很好，早已试用于混合型电动汽车和卡车上。SAFT 汽车电池当荷电状态 SOC=100%时，在 15s 内输入功率密度达到 500W/kg；即使 SOC=50%时也可以达到 350W/kg；此外，其低温放电特性和循环寿命都很好，均可以满足 DOE 提出的要求。它在荷电状态为 30%～70%范围内的充电接受能力也非常好。

但另一方面，镉镍电池的高温循环寿命较差，它在放电过程以及充电末期是放热的，在 52℃以上时很难工作。该型电池具有“记忆效应”，需要经常进行调整。

从电池的性能和使用成本来看，镉镍电池可以作为混合型电动车的辅助动力源。但因该电池使用的镉是剧毒物质，现今一些国家已禁止使用镉镍电池。

2. 金属氢化物-镍电池

该电池具有较高的功率密度，约为500～1000W/kg，甚至在SOC为50%时也具有很好的充电接受能力。但这种电池在高功率输出时比能量下降得很快，即在允许的SOC变化范围内难以满足300～400V的要求。

另外，它与镉镍电池一样，在52℃以上的高温时，其循环寿命和充电接受能力都有明显下降，因为它在充电过程中也是放热的。

总的看来，这种电池能适用于混合型电动车中的辅助动力源，此时电池的输出较热机小得多，但对于纯电动推进或在混合型电动推进系统中电池输出跟热机相当时，这种电池是接近于DOE电动车发展要求的。

3. 密封铅酸蓄电池

这种电池的比能量不高，只有35～50W·h/kg；比功率为200～500W/kg，也不算突出，但是它们之间的平衡关系却是位居各蓄电池之首。例如它的荷电状态从100%降到50%时，其输出比功率仍然可以达到200～250W/kg，远优于镉镍电池和金属氢化物-镍电池。因此从比能量与比功率关系的角度来看，这种电池满足了DOE的下限要求。

密封铅酸蓄电池在高温和低温状态下的输出功率、比能量、充电接受能力、循环寿命、自放电等特性均满足DOE的要求。

另外，密封铅酸蓄电池跟其他电池比起来，它具有得天独厚的价格优势，目前我国投入使用的电动自行车多使用此种电池。

4. 锂离子电池

近十几年锂离子电池在国内外均发展很快，在手机、笔记本电脑等电气设备中得到了广泛应用。锂离子电池循环寿命高、充电能力很好，其130W·h/kg的比能量也远优于其他蓄电池，其自放电小，因而可以在高荷电状态下工作。以上优势使得锂离子电池在电动车领域应用也逐渐广泛。

锂离子电池在使用过程中的最大困难，是必须严格控制充放电电压和安全性，单电池充电电压必须低于4.2V，否则将会有爆炸危险，因而成组电池的均匀性要求特别严格。目前锂离子电池的价格还很高，若要批量投入市场，必须大幅度降低电池成本。

5. 锂聚合物电池

它是在锂离子电池的基础上发展起来的新型电池，由于采用滚压式电极制造工艺，电池可以做得很薄，降低了电池内阻，因而高速率放电性能与锂离子电池基本一致。为了提高它的输出特性，要求在高温下进行工作。

锂聚合物电池之所以引起电动车业界的重视，在于它有很高的比能量，日本汤浅公司生产的800mA·h容量的手机电池，其比能量达到180W·h/kg。

这种蓄电池开发的时间较短，工艺也不成熟，用作动力电池而必须考核的一些性能指标数据尚且不足。但从目前的分析来看，其电气性能与锂离子电池相当。

6. 超级电容

超级电容准确地说应称为电化学双电层电容，它是一种比传统电容更优秀、档次更高的电容器。事实上这种新型储能器件的出现，使得电容器的极限容量上升了 3～4 个数量级，达到了 10^3F/g 以上的大容量。

超级电容类似于充电电池，但同时又保持了传统电容器释放能量速度极快的特点，因此比一般的充电电池具有更高的比功率和更长的循环寿命，其比功率可达 1kW/kg，循环寿命在 1 万次以上。由于超级电容器在充放电的整个过程中，没有任何化学反应和机械运动，因此具有对环境无污染、无噪声、结构简单、质量轻、体积小、充放电效率高、工作温度范围宽等优点。超级电容作为电力储能装置，它的最大不足是比能量很小，因此它在电动汽车上主要作为辅助能源。

7. 燃料电池

燃料电池实质上是电化学反应发生器。燃料电池的反应机理是将燃料中的化学能不经燃烧而直接转化为电能。如氢氧燃料电池实际上就是一个电解水的逆过程，通过氢氧的化学反应生成水并释放电能，氢气和氧气分别是燃料电池在电化学反应过程中的燃料和氧化剂。燃料电池具有使用寿命长、能量转换效率高、环保性能好、能源补充快、原料来源广等特点，被公认为是今后替代传统内燃机的最理想汽车动力装置。

3.10.2 动力电池的发展动向

铅酸蓄电池的技术最为成熟，各项指标均已达到要求，价格已被广大市场接受，所以应用较广；但其比能量较低，因而适用于普及型电动车(电动自行车)或混合动力车。当前各国均着力于改变铅酸蓄电池的结构，以提高其比能量。

锂离子电池的比能量较高，在电动车上占有的体积和重量当然也较小，应用该电池的车辆续驶里程会更长，但锂离子电池的价格远高于用户普遍能接受的水平，只能用于少数高档电动车。另外在大幅度降低成本的同时，应确保使用过程中的安全性。

金属氢化物-镍电池可以认为处于上述两种电池之间，比较适合中档次的电动车或混合型电动车。因为这种电池的比能量不高，0.3*C* 放电时只有 40W · h/kg，故应用不如上述电池广，日本 Panasonic EV Energy 公司、美国 Ovonic Battery 公司、法国 SAFT 公司等几家公司对此种电池有较多的研究。

随着科学技术的发展，各种电池都在不断进步，不能说某一种电池是最好的或是最差的。但可以肯定的是，市场是决定一种电池能否广泛应用和如何应用的唯一标准，只有做到物美价廉、物尽其用，才会受到人们的欢迎。

小　结

电动汽车发展的关键技术是提高其动力电池性能。它既是目前电动汽车普及应用的瓶颈，也是电动汽车能否与传统内燃机汽车竞争的重要因素之一。本章介绍的内容有化学电池的基本组成、基本常识、分类和性能指标等基础知识，还分别介绍了铅酸蓄电池、二次锂电池、镍氢蓄电池、钠硫蓄电池及燃料电池等的结构特点、工作原理和性能特征，并简要介绍了空气电池、超级电容和飞轮储能器；最后讲述了电池性能的测试方法、电池组的选择和设计及电池的技术水平和发展方向。

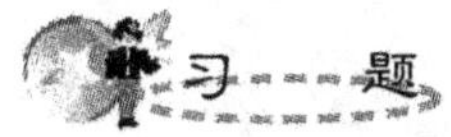

1. 电动汽车用储能设备的基本要求有哪些?
2. 简述动力电池的结构及性能指标。
3. 简述镍氢电池的工作原理、结构和性能特征。
4. 简述燃料电池的工作原理、性能特点和分类。
5. 电池性能的检测有哪些内容?简述自放电及储存性能测试的方法。
6. 电池组的选择与设计应注意哪些问题?

第4章 驱动电动机

★ 了解电动汽车电动机的基本常识
★ 了解电动汽车用电动机的构造、要求和性能指标
★ 熟悉各类电动机的结构和性能
★ 了解电动汽车用电动机的发展水平和发展方向

知识要点	掌握程度	相关知识
电动机的基本常识	了解电动汽车驱动电动机的基本常识	电动机的种类和特点； 新能源汽车对电动机的性能要求
电动机分类	熟悉电动机分类	电动机分类
电动机的分类介绍	了解各类电动机的结构和特点	直流电动机； 交流异步电动机； 开关磁阻电动机； 永磁同步电动机； 轮毂电动机； 交流励磁记忆电动机； 其他电动机
电动机的发展水平和发展方向	了解电动机的发展现况和发展方向	电动机的发展水平； 电动机前沿技术

导入案例

电动机是车辆的核心装置，是将电能转换为机械能的装置。电动机与发动机有着本质的区别，因此在结构安排和布置上很灵活，而且目前国内外的电动机的结构众多，性能不一，工作原理也不尽相同，电动机的选择将更加灵活。本章重点介绍电动机的构造、性能以及各类电动机的特性与优缺点。由于电动机结构和产量等有很大出入，性价比也比较不均衡，不同的电动汽车对电动机的要求也不一样，如何选择合适的电动机将对车辆的整体的性能和成本有很大影响。

图 4.1 所示为各类常见电动机。

(a) 直流电动机　(b) 磁阻电动机　(c) 同步电动机

(d) 异步电动机　(e) 交流电动机

(f) 永磁电动机　(g) 轮毂电动机

图 4.1　各类常见电动机

4.1 概　　述

在新能源汽车中，一般情况下是电动机取代发动机并在电动机控制器的控制下，将电能转换为机械能来驱动汽车行驶。其中，在纯电动汽车、太阳能电动汽车和燃料电池电动汽车中，电动机作为唯一驱动装置；在串联式混合动力汽车中，电动机作为主要动力装置；在并联式混合动力汽车中，电动机作为辅助动力装置。新能源汽车与普通燃油汽车最重要的区别就在于电动机驱动系统。

新能源汽车的电动机驱动系统主要由电气系统和机械系统组成。其中，电气系统由电动机、功率转换器和电子控制器三个子系统构成，机械系统则由机械传动和车轮等构成。在电气系统和机械系统的连接过程中，机械系统是可选的，有些新能源汽车的电动机是装在轮毂上直接驱动车轮运动的。

4.1.1 新能源汽车电动机驱动系统的种类和特点

1. 纯电动汽车的电动机驱动系统

单电动机驱动的纯电动汽车中使用的电动机，不需要太大的变速范围，可有效使用较小容量的永磁电动机；加之有差速减速器，故可采用无离合器和传动装置的传动系统。虽然没有离合器和传动装置的能量损失，但是还存在着差速器的能量损失。此外，从回收制动能量的角度出发，由于可以实现从车轮到电动机的回收(驱动轮以外的动能通过制动转化为热能)，所以有利于全轮驱动。由于没有传动装置，运转更加容易，但这样也需要低速大转矩、速度变化区域大的电动机，同时电动机和逆变器的容量也变大。去除了差速器的系统称为无差速系统，这种电动机是把传统电动机的定子变成可动的结构，可以反向回转。双电动机驱动方式分为前后驱动(即 2 个电动机对前后轮分别驱动)和双轮毂式电动机两类，双轮毂电动机及其逆变器的制造成本价较高。四轮毂式电动机把电动机组装在车轮轮毂中，机构更加紧凑。轮毂式电动机的大型化较难，但是总功率依靠 4 台电动机分担，每台电动机的容量可以变得小一些。此外，由于没有动力传动装置，效率可以稍有改善。

2. 混合动力电动汽车的电动机驱动系统

混合动力汽车可分为依靠电动机行驶的串联式混合动力汽车、发动机辅助行驶的并联式混合动力汽车以及兼具两者性能的串并联(混联式)混合动力汽车。

串联式混合动力汽车解决了纯电动车续驶里程短这个难题，行驶中或者停车时由能量源向电池充电，能量源与车轮在结构上没有机械连接，因此驱动系统的结构具有更大的自由度。图 4.2 及图 4.3 所示分别为将发动机作为能源的串联式混合动力汽车的能量流动和以燃料电池为能源的串联式混合动力汽车的能量流动方式。

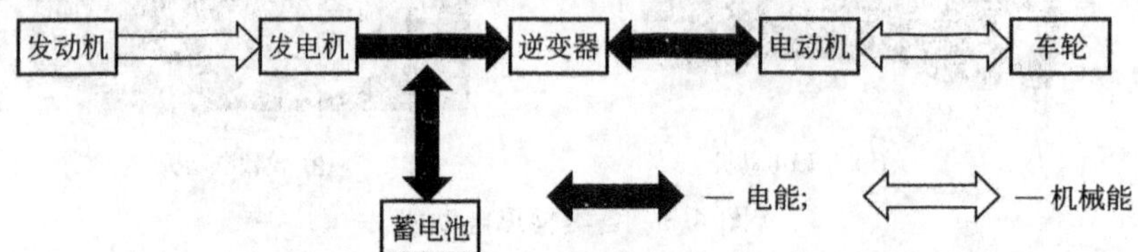

图 4.2 以发动机为能源的串联式混合动力汽车的能量流动

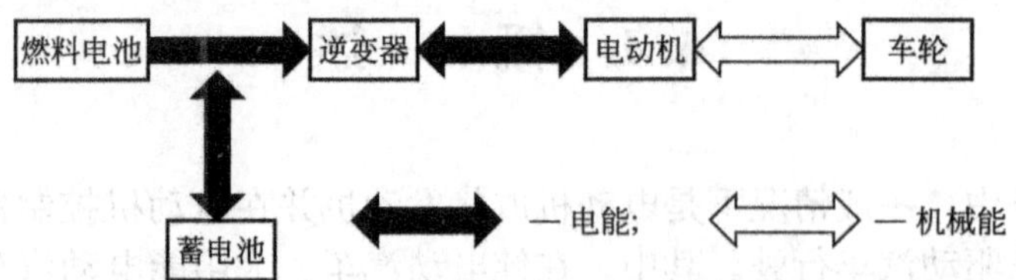

图 4.3 以燃料电池为能源的串联式混合动力汽车的能量流动

并联式混合动力汽车驱动系统中装载的电动机/发电机，根据制动或驱动需求，发动机随着运转状况改变转速和输出功率。制动时，电动机/发电机处在发电机模式，电池回收电力；起动、加速时，作为电动机提供驱动转矩。其特点是发动机内的飞轮组合了电动机和发电机，可以在现行车辆驱动系统中原封不动地使用，电气部分更加简单，电气系统出现故障的情况下，可单独采用发动机运转。串联式混合动力汽车的发动机虽然在最佳转速和最佳输出功率下运行时效率较高，但需要驱动容量很大的电动机时，还要有可供给电能的发电机。这些情况下就需要配备许多较重的电气设备，电池容量也要增大，因此重量也增加了。并联式混合动力汽车的电动机与电池虽然满足容量较小的条件，但是大部分依靠发动机行驶，发动机不能工作在最佳状态，故整体效率较低。

串并联(混联式)混合驱动方式与同样具有发电机和电动机的串联式混合动力汽车不同，它的发动机与车轮通过机械结构连接到一起。尽管电动机的设计容量较小，但是在小功率时可作为纯电动汽车运转，能实现多种驱动方式。对于内燃机汽车来说，在路况恶劣需要频繁起动和停止的行驶条件下，可回收制动使之相对节省一些燃油。除此之外车辆还具有混合动力汽车所带来的一些优点，如减少了较重的电池等大容量、短时间的能量存储器，不充电也能使汽车在仅有燃料补给的情况下持续行驶。

4.1.2 新能源汽车对电动机的性能要求

电动汽车由电动机驱动，电动机是电动汽车的关键部件，电动机性能的好坏直接影响电动汽车驱动系统性能。要使电动汽车具有良好的使用性能，驱动电动机应具有较宽的调速范围、较高的转速和足够大的起动扭矩，还要具有体积小、质量轻、效率高的特点。新能源汽车用电动机在需要充分满足汽车的运行功能的同时，还应满足行驶时的舒适性、适应性和一次充电的续驶里程长等性能。新能源汽车用电动机要求具有比普通工业用电动机更为严格的技术规范。

其电动机驱动系统的主要性能要求如下。

1) 体积小、重量轻

应尽可能减小对有效车载空间的占用，减少系统的总重量。电动机尽可能采用铝合金外壳，以降低电动机的重量。各种控制装置的重量和冷却系统的重量也要尽可能轻，同时控制装置的各元器件布置应尽可能集中，以节省空间。

2) 在整个运行范围内的高效率

一次充电续驶里程长，特别是路况复杂以及行驶方式频繁改变时，低负荷运行也应该具有较高的效率。

3) 低速大转矩特性及较宽范围内的恒功率特性

即使没有变速器，电动机及本身也应满足所需要的转矩特性。以获得所需要的启动、加速、行驶、减速、制动等所需的功率及转矩。电动机具有自动调速功能，因此，可以减轻驾驶员的操纵强度，提高驾驶的舒适度，并且能够达到与内燃机汽车加速踏板同样的控制响应。

4) 高可靠性

在任何情况下都应确保具有高安全性。

5) 高电压

在允许的范围内应尽可能采用高电压，可以减小电动机的尺寸和导线等装备的尺寸，特别是可以降低逆变器的成本。

6）电气系统安全性高

各种动力电池组和电动机的工作电压可达到300V以上，对电气系统安全性和控制系统的安全性，都必须符合相关车辆电气控制的安全性能标准和规定。

另外，电动车用电动机还要求耐高温和耐潮湿性强，运行时噪声低，能够在较恶劣的环境下长时间工作，要求具有电极结构简单适合大批量生产，电动机使用维修方便等特点。

4.1.3 电动汽车用电动机的分类

电动机的用途广泛，功率的覆盖面非常大，种类也很多。而新能源汽车所采用的电动机种类较少，功率覆盖面也很窄，根据新能源汽车用驱动电动机的性能特点，常用符合要求的电动机基本类型如图4.4所示。

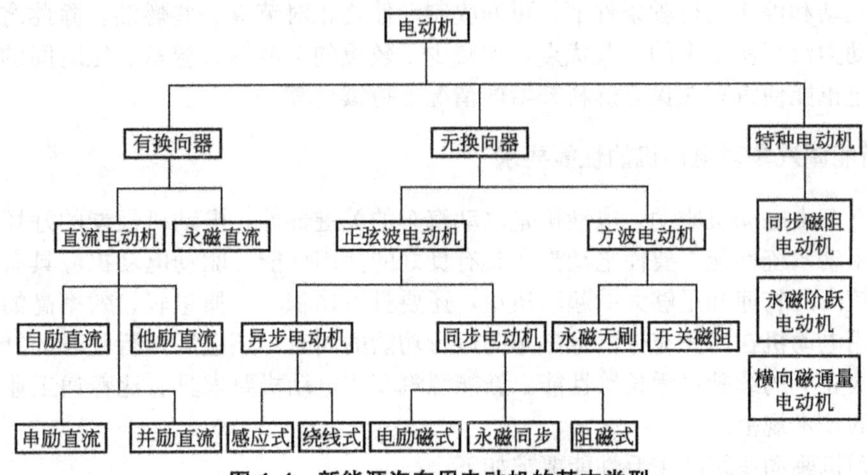

图4.4 新能源汽车用电动机的基本类型

从图4.4中可以看出，新能源汽车经常采用的驱动电动机包括直流电动机、交流异步电动机、永磁电动机和开关磁阻电动机。最早应用于电动汽车的是直流电动机，这种电动机的优点是控制性能好、成本低。随着电子技术、机械制造技术和自动控制技术的发展，交流异步电动机、永磁电动机和开关磁阻电动机表现出比直流电动机更加优越的性能，这些电动机正在逐步取代直流电动机。表4-1是四类电动汽车用电动机的性能比较。

表4-1 电动汽车用电动机基本性能比较

	直流电动机	交流异步电动机	永磁电动机	开关磁阻电动机
功率密度	低	中	高	较高
过载能力(%)	200	300～500	300	300～500
峰值效率(%)	85～89	94～95	95～97	90
负荷效率(%)	80～87	90～92	85～97	78～86
功率因数(%)	—	82～85	90～93	60～65
恒功率区	—	1∶5	1∶2.25	1∶3

(续)

	直流电动机	交流异步电动机	永磁电动机	开关磁阻电动机
最高转速范围/$r\cdot min^{-1}$	4000～6000	12000～20000	4000～10000	>15000
可靠性	一般	好	优	好
结构坚固性	差	好	一般	优
电动机外形尺寸	大	中	小	小
电动机重量	重	中	轻	轻
控制操作性能	最好	好	好	好
控制器成本	低	高	高	一般

4.2 直流电动机

直流电动机就是将直流电能转换成机械能的电动机，是电动机的主要类型之一，具有结构简单、技术成熟、控制容易等特点，在早期的电动汽车中得到了广泛应用，特别是场地用电动车和专用电动车上应用更为普遍。

4.2.1 直流电动机的分类

直流电动机分为绕组励磁式直流电动机和永磁式直流电动机。在电动汽车所采用的直流电动机中，小功率电动机采用的是永磁式直流电动机，大功率电动机则采用绕组励磁式直流电动机。

绕组励磁式直流电动机根据励磁方式的不同，可分为他励式、并励式、串励式和复励式4种类型。

1. *他励式直流电动机*

他励式直流电动机的励磁绕组与电枢绕组无连接关系，而由其他直流电源对励磁绕组供电，因此励磁电流不受电枢端电压或电枢电流的影响。

他励式直流电动机在运行过程中励磁磁场稳定而且容易控制，容易实现电动汽车的再生制动要求。当采用永磁激励时，虽然电动机效率高、重量轻和体积小，但由于励磁磁场固定，电动机的机械特性不理想，难以满足电动汽车起动和加速时的大转矩要求。

2. *并励式直流电动机*

并励式直流电动机的励磁绕组与电枢绕组并联，共用同一电源，性能与他励式直流电动机基本相同。并励绕组两端电压就是电枢两端电压，但是励磁绕组用细导线绕成，其匝数很多，因此具有较大的电阻，使得通过它的励磁电流较小。

3. *串励式直流电动机*

串励式直流电动机的励磁绕组与电枢绕组串联后，再接于直流电源，这种直流电动机的励磁电流就是电枢电流。电动机内磁场随着电枢电流的改变有显著的变化。为了使励磁绕组中不引起大的损耗和电压降，励磁绕组的电阻越小越好，所以串励式直流电动机通常用较粗的导线绕成，匝数较少。

串励式直流电动机在低速运行时，能给电动汽车提供足够大的转矩。在高速运行时，电动机电枢中的反电动势增大，与电枢串联的励磁绕组中的励磁电流减小，电动机高速时的弱磁调速功能易于实现，因此串励式直流电动机驱动系统能较好地符合电动汽车的特性要求。但串励式直流电动机由低速到高速运行时弱磁调速特性不理想，随着电动汽车行驶速度的提高，驱动电动机输出转矩快速减小，不能满足电动汽车高速行驶时风阻大而需要较大输出转矩的要求。

串励式直流电动机运行效率低；在实现电动汽车的再生制动时，由于没有稳定的励磁磁场，再生制动的稳定性差。另外，由于再生制动需要加接触器切换，使得驱动电动机控制系统的故障率较高，可靠性较差，并且此类电动机的体积和重量也较大。

4. 复励式直流电动机

复励式直流电动机有并励和串励两个励磁绕组，电动机的磁通由两个绕组内的励磁电流产生。若串励绕组产生的磁通量与并励绕组产生的磁通量方向相同，称为积复励；若两个磁通量方向相反，则称为差复励。

复励式直流电动机的永磁励磁部分采用高磁性钕铁硼材料，运行效率高。由于电动机永磁励磁部分有稳定的磁场，因此用该类电动机构成驱动系统时易实现再生制动功能。同时由于电动机增加了励磁绕组，通过控制励磁绕组的励磁电流或励磁磁场的大小，能克服永磁他励直流电动机不能产生足够的输出扭矩这种缺陷，以满足电动汽车低速或爬坡时的大扭矩要求，而电动机的重量和体积比串励式直流电动机小。

4.2.2 直流电动机的工作原理

图 4.5 所示为直流电动机的工作原理示意图。定子有一对 N、S 极，电枢绕组的末端分别接到两个换向片上，正、负电刷 A 和 B 分别与两个换向片接触。

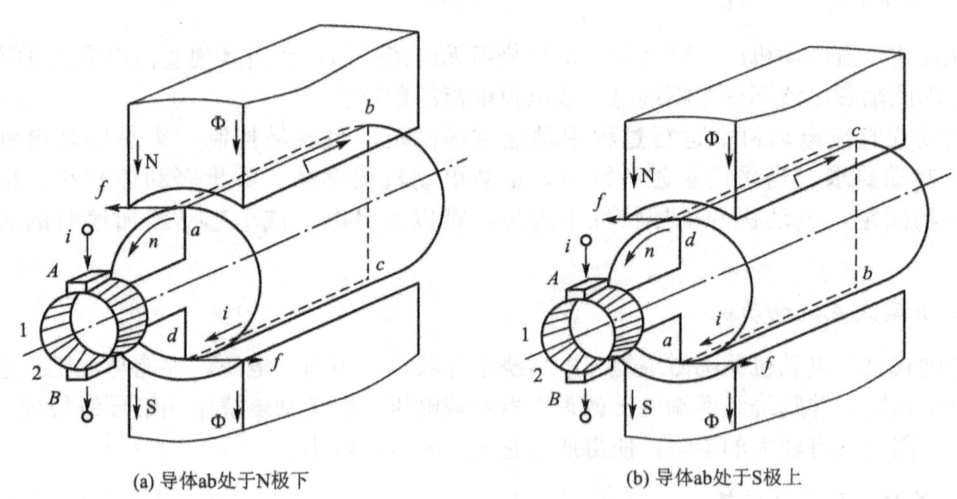

图 4.5 直流电动机的工作原理示意图

如果给两个电刷加上直流电源，如图4.5(a)所示，则有直流电流从电刷A流入，经过线圈abcd，从电刷B流出。根据电磁力定律，载流导体ab和cd受到电磁力的作用，其方向可用左手定则判定，两段导体受到的力形成了一个转矩，使得转子逆时针转动。如果转子转到图4.5(b)所示的位置，电刷A和换向片2接触，电刷B和换向片1接触，直流电流从电刷A流入，在线圈中的流动方向是dcba，从电刷B流出。此时载流导体ab和cd受到电磁力的作用方向同样可用左手定则判定，它们产生的转矩仍然使得转子逆时针转动。

以上就是直流电动机的工作原理。外加的电源是直流的，但由于电刷和换向片的作用，在线圈中流过的电流是交流的，其产生的转矩的方向却是不变的。

4.2.3 直流电动机的结构

直流电动机由定子与转子两大部分构成，定子和转子之间的间隙称为气隙，如图4.6所示。

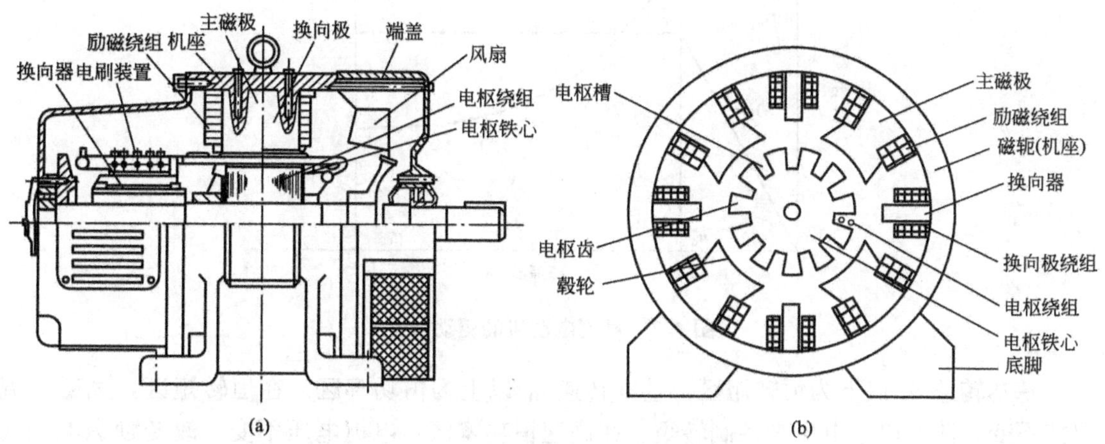

图4.6 直流电动机的结构

1. 定子部分

直流电动机定子主要由主磁极、机座、换向极和电刷装置等组成。

(1) 主磁极。主磁极的作用是建立主磁场，它由主极铁心和套装在铁心上的励磁绕组构成。主极铁心一般由1～1.5mm的低碳钢板冲压一定形状叠装固定而成，是主磁路的一部分。励磁绕组用扁铜线或圆铜线绕制而成，产生励磁电动势。

(2) 机座。机座用铸钢或厚钢板焊接而成，它既是主磁路的一部分，又是电动机的结构框架。

(3) 换向极。换向极的作用是改善直流电动机的换向性能，使直流电动机运行时不产生有害的火花。它由换向极铁心和套装在铁心上的换向极绕组构成。

(4) 电刷装置。电刷装置由电刷、刷握、刷杆、汇流排等组成，用于电枢电路的引入或引出。

2. 转子部分

转子部分包括电枢铁心、电枢绕组、换向器等。

(1) 电枢铁心。电枢铁心既是主磁路的组成部分，又是电枢绕组的支撑部分。电枢绕组嵌放在电枢铁心的槽内。电枢铁心一般用0.55mm硅钢冲片叠压而成。

(2) 电枢绕组。电枢绕组由扁铜线或圆铜线按一定规律绕制而成，它是直流电动机的电路部分，也是产生电动势和电磁转矩进行机电能量转换的部分。

(3) 换向器。换向器由冷拉梯形铜排和绝缘材料等构成，用于电枢电流的换向。

4.2.4 电动汽车用直流电动机

1. 直流电动机的驱动特性

电动汽车用直流电动机的驱动特性如图4.7所示。

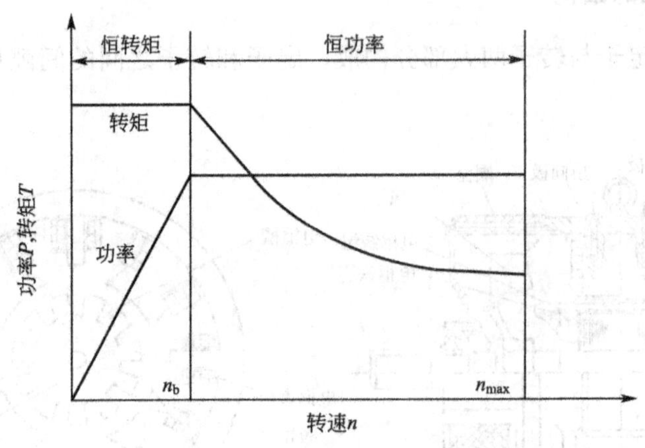

图4.7 直流电动机的驱动特性

基本转速 n_b 以下为恒转矩区，基本转速 n_b 以上为恒功率区。在恒转矩区，励磁电流保持不变，改变电枢电压来控制转矩。在高速恒功率区，电枢电压不变，改变励磁电流或弱磁来控制转矩。它的这种特性很适合汽车对动力源低速高转矩、高速低转矩的使用需求，而且直流电动机结构简单，易于平滑调速，加之控制技术成熟，所以几乎所有早期的电动汽车都是采用直流电动机。

2. 直流电动机的特点

直流电动机具有以下特点：

(1) 调速性能好。直流电动机可以在重负载条件下，实现均匀、平滑的无级调速，而且调速范围较宽。

(2) 起动力矩大。可以均匀而经济地实现转速调节，因此，凡是在重负载下起动或要求均匀调节转速的机械，如大型可逆轧钢机、卷扬机等，都可用直流电动机拖动。

(3) 控制简单。一般用斩波器控制，它具有高效率、控制灵活、重量轻、体积小、响应快等优点。

(4) 有易损件。由于存在电刷、换向器等易损零件，所以必须进行定期维护或更换。

3. 电动汽车用直流电动机的要求

电动汽车用直流电动机和其他通用的电动机相比，有以下几个方面的技术要求。

1）抗振动性

由于直流电动机具有较重的电枢，所以在路况凹凸不平时的车辆振动会影响到轴承所承受的机械应力，对于这个应力进行监控和采取相应的对策是很有必要的。同时由于振动，很容易影响到换向器和电刷的滑动接触，因此必须采取提高电刷弹簧的预紧力等措施。

2）对环境的适应性

直流电动机在电动汽车中使用时，与在室外使用时的环境大体相同，所以要求在设计中充分考虑密封问题，防止灰尘和水汽侵入电动机，另外要充分考虑电动机的散热。

3）低损耗性

为了延长一次充电续驶里程以及抑制电动机温度的上升，尽量保持低损耗和高效率，成为直流电动机的重要特性。近几年，由于稀土系列(钴、钕、硼等)永久磁体的研究开发，直流电动机中的高效率化已有显著的发展。

4）抗负荷波动性

在不同道路行驶中，电动机的负荷会有较大的变动，因此有必要对额定条件的设定加以重点考虑。在市区行驶中，由于交通信号以及其他状况等，起动、加速工况较多，不可避免地要经常在最大功率情况下工作。此时，电刷的电火花和磨损非常剧烈，因此必须注意换向极和补偿线圈的设计。在郊外行驶时，电动机的输出转矩比较低，在高速旋转大输出功率的情况下，一般要以较高效率的额定条件运行。而直流电动机在高速的情况下，对其换向器部分的机械应力和换向条件的要求会变得很严格。为此，在大型电动汽车驱动系统中，大多设置变速器以达到提高起动转矩的目的。

5）小型、轻量化

由于要释放受限的车载空间以及减轻车身总重量，因而小型和轻量化成为了设计中的重要问题。直流电动机旋转部分中含有较大比例的金属铜，如电枢绕组和铜制的换向器片，所以与其他类型的电动机相比，直流电动机的小型轻量化设计更难实现。目前可以通过采用高磁导率、低损耗的电磁钢板减少磁性负荷，虽然增加了成本，但可以实现轻量化。

6）免维护性

关于电刷，根据负荷情况和运动速度等使用条件的不同，更换时间和维修作业的次数是变化的。解决办法是，采用不损伤换向器片材质的电刷，以及将检查端口制造得较大，以便维修、更换等。

4. 直流电动机的应用

电动汽车用直流电动机主要是他励式直流电动机(包括永磁直流电动机)、串励式直流电动机、复励式直流电动机3种类型。小功率(＜10kW)的电动机多采用小型高效的永磁式直流电动机，一般应用在小型、低速的专用车辆上，如电动自行车、高尔夫球车、电动叉车、警用巡逻车等。中等功率(10～100kW)的电动机采用他励、串励或复励式直流电动机，可以用于结构简单、转矩较大的电动货车上。大功率(＞100kW)的电动机采用串励式，可用在要求低速、高转矩的大型专用电动车上，如电动矿石搬运车、电动玻璃搬运车等。

直流电动机的效率和转速相对较低，运行时需要电刷和机械换向装置，机械换向结构容易产生电火花，不宜在多尘、潮湿、易燃易爆环境中使用；其换向器维护困难，很难向大容量、高速度发展。此外电火花产生的电磁干扰，对高度电子化的电动汽车来说也是致命的。由于机械磨损，换向器和电刷需要定期更换，加之直流电动机价格高、重量和体积较大，这些缺点降低了直流电动机的可靠性和适用范围，一定程度上也限制了其在现代电动汽车领域的应用。随着控制理论和电力电子技术的发展，直流驱动系统和其他驱动系统相比，已大大处于劣势。

4.2.5 直流电动机的调速方法

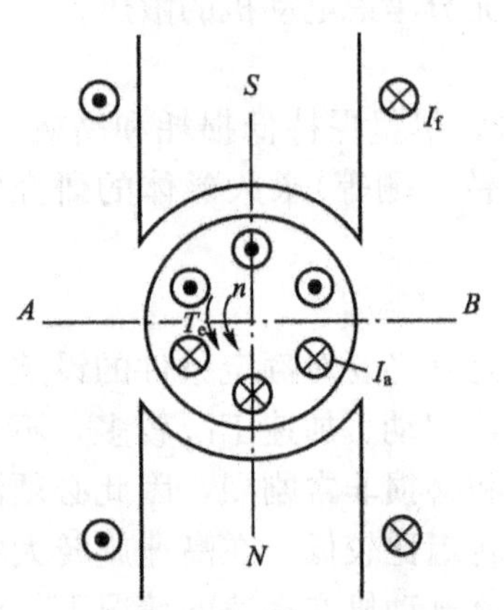

图 4.8 直流电动机的物理模型

图 4.8 所示为直流电动机的物理模型。

直流电动机运行过程符合以下公式：

$$T_e = K_m \phi I_a \tag{4-1}$$

式中：T_e为电动机的电磁转矩，N·m；ϕ 为励磁磁通，Wb；I_a为电枢电流，A；K_m为由电动机结构参数决定的转矩常数。

由直流电动机的转速特性可知，直流电动机的转速和其他参量的关系为

$$n = \frac{U - I_a R}{K_e \phi} \tag{4-2}$$

式中：n 为电动机的转速，r/min；U 为电枢供电电压，V；R 为电枢回路总电阻，Ω；K_e为由电动机结构参数决定的转矩常数。

改变电枢电压调速是直流调速系统采用的主要方法，调节电枢供电电压或者改变励磁磁通，都需要有专门的可控直流电源，常用的可控直流电源有以下三种。

1) 旋转变流机组

用直流电动机和直流发电机组成机组，以获得可调的直流电压。由交流电动机(原动机)拖动直流发电机 G 来实现变流，由 G 给需要调速的直流电动机 M 供电，调节发电机的励磁电流 i_f 的大小，就能够方便地改变其输出电压 U，从而调节电动机的转速，如图 4.9 所示。

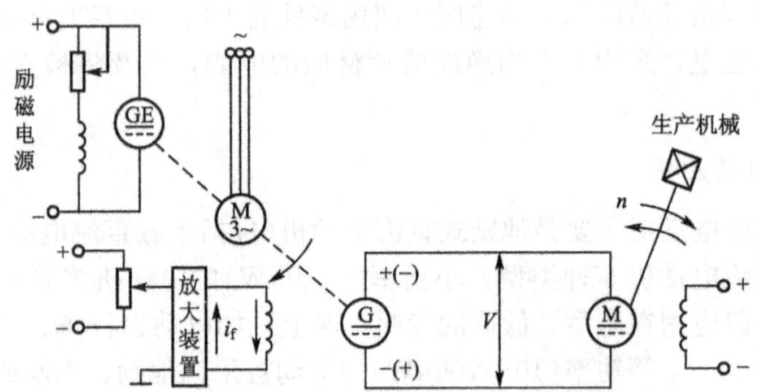

图 4.9 旋转变流机组供电的直流调速系统

2) 静止可控整流器

用静止的可控整流器，如晶闸管整流装置产生可调的直流电压。和旋转交流机组装置

相比，晶闸管整流装置不仅在经济性和可靠性上有很大提高，而且在技术性能上也显示出很大的优越性，如图 4.10 所示。

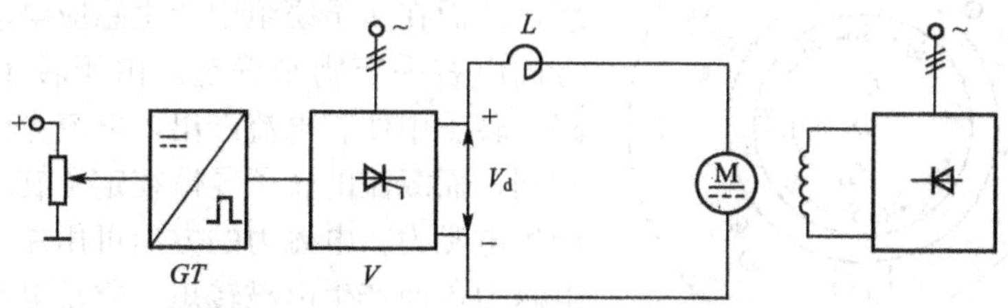

图 4.10 晶闸管-电动机调速系统原理框图

3）直流斩波器或脉宽调制变换器

用恒定直流电源或可控硅整流电源供电，利用直流斩波器或脉宽调制的方法产生可调的直流平均电压。直流斩波器又称直流调压器，是利用开关器件来实现通断控制，将直流电源电压断续加到负荷上，通过通断时间的变化来改变负荷上的直流电压平均值，将固定电压的直流电源变成平均值可调的直流电源，也称直-直变换器，如图 4.11 所示。

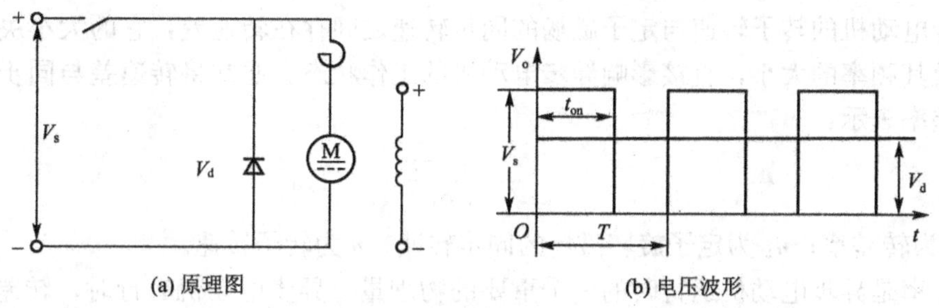

(a) 原理图　　(b) 电压波形

图 4.11 直流斩波器原理电路及输出电压波形

4.3 交流异步电动机

交流电动机可分为同步电动机和异步电动机两大类，交流异步电动机又称感应电动机，是由气隙旋转磁场与转子绕组感应电流相互作用产生电子转矩，从而实现电能转换为机械能的一种交流电动机。异步电动机是各类电动机中应用最广、需求量最大的一种。

异步电动机的种类很多，常按转子结构和定子绕组相数进行分类。按转子结构来分，可分为笼型异步电动机和绕线型异步电动机；按照定子绕组相数来分，则有单相异步电动机、两相异步电动机和三相异步电动机。

在新能源汽车中笼型异步电动机应用较为广泛，其结构简单、制造成本低、结构坚固，而且维修方便。

4.3.1 交流异步电动机的工作原理

图 4.12 为交流异步电动机的工作原理图。

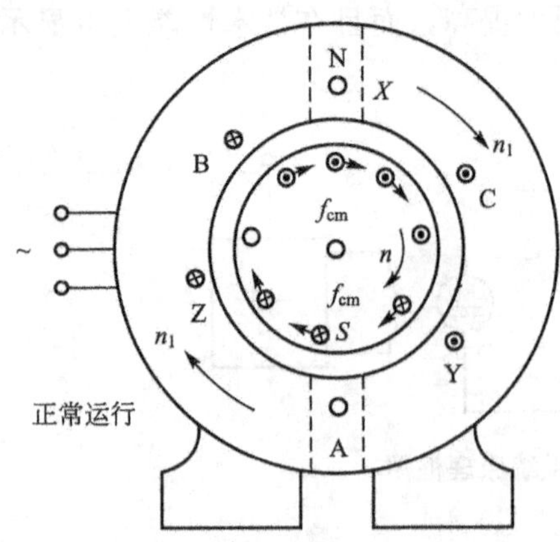

图 4.12　交流异步电动机工作原理图

当异步电动机的三相定子绕组通入三相交流电后，将产生一个旋转磁场，该旋转磁场切割转子绕组，从而在转子绕组中产生感应电动势，电动势的方向由右手定则来确定。由于转子绕组是闭合通路，转子中便有电流产出，电流方向与电动势方向相同，而载流的转子导体在定子旋转磁场作用下将产生电磁力，电磁力的方向可用左手定则确定。由电磁力进而产生电磁转矩，驱动电动机旋转，并且电动机旋转方向与旋转磁场方向相同。

异步电动机的转子转速不等于定子旋转磁场的同步转速，这是异步电动机的主要特点。如果电动机转子轴上带有机械负载，则负载被电磁转矩拖动而旋转。当负载发生变化时，转子转速也随之发生变化，使转子导体中的电动势、电流和电磁转矩发生相应变化，以适应负载需要。因此，异步电动机的转速是随负载变化而变化的。

异步电动机的转子转速与定子磁场的同步转速之间存在转速差，它的大小决定着转子电动势及其频率的大小，直接影响异步电动机的工作状态。通常将转速差与同步转速的比值用转差率表示：

$$s=\frac{n_1-n}{n_1} \tag{4-3}$$

式中：s 为转差率；n_1 为定子旋转磁场的同步转速；n 为转子转速。

转差率是异步电动机运行时的一个重要的物理量。异步电动机运行时，转差率 s 取值范围为 $0<s<1$。在额定负载条件下运行时，一般额定转差率 $s=0.01\sim0.06$。

4.3.2　交流异步电动机的结构

异步电动机主要由定子和转子两大部分组成，定子和转子之间存在气隙，此外，还有端盖、轴承、机座和风扇等部件。

1. 定子

异步电动机的定子由定子铁心、定子绕组和机座构成。

1) 定子铁心

定子铁心是电动机磁路的一部分，并在其上放置定子绕组。定子铁心一般由 0.35～0.5mm 厚的表面具有绝缘层的硅钢片冲制、叠压而成，在铁心的内圆冲有均匀分布的槽，用以嵌放定子绕组。定子铁心槽型有半闭口型槽、半开口型槽和开口型槽 3 种。

2) 定子绕组

定子绕组是电动机的电路部分，通入三相交流电，产生旋转磁场。定子绕组由 3 个在空间互隔 120°、对称排列的结构完全相同的绕组连接而成，这些绕组的各个线圈按一定规律分别嵌放在定子各槽内。

3) 机座

机座主要用于固定定子铁心与前后端盖，用以支撑转子并起防护、散热等作用。机座常为铸铁件，大型异步电动机则用钢板焊接而成，微型异步电动机多采用铸铝件。封闭式电动机的机座外面有散热筋以增加散热面积，防护式电动机的机座两端盖开有通风孔，使电动机内外的空气可直接对流，以利于散热。

2. 转子

异步电动机的转子由转子铁心、转子绕组和转轴组成。

1) 转子铁心

转子铁心也是电动机磁路的一部分，并在铁心槽内放置转子绕组。转子铁心所用材料与定子一样，由0.5mm厚的硅钢片冲制、叠压而成，硅钢片外圆冲有均匀分布的孔，用来安置转子绕组。通常用定子铁心冲落后的硅钢片内圆来冲制转子铁心。一般小型异步电动机的转子铁心直接压装在转轴上，大、中型异步电动机(转子直径在300～400mm)的转子铁心则借助于转子支架压在转轴上。

2) 转子绕组

转子绕组是转子的电路部分，它的作用是切割定子旋转磁场产生感应电动势及电流，并形成电磁转矩而使电动机旋转。转子绕组分为笼式转子和绕线式转子两类。

3) 转轴

转轴用于固定和支撑转子铁心，并输出机械功率。转轴一般使用中碳钢制成。

4) 气隙

异步电动机定子与转子之间有一个小间隙，称为电动机气隙。气隙的大小对异步电动机的运行性能有很大影响。中小型异步电动机的气隙一般为0.2～2mm；功率越大、转速越高，则气隙尺寸越大。

4.3.3 交流异步电动机的性能特点

电动汽车用交流异步电动机具有以下特点：

(1) 小型轻量化；

(2) 易实现转速超过10000r/min的高速旋转；

(3) 高速低转矩时运转效率高；

(4) 低速时有高转矩，以及有宽泛的速度控制范围；

(5) 高可靠性(坚固)；

(6) 制造成本低；

(7) 控制装置的简单化。

异步电动机成本低且可靠性高，逆变器即使损坏而产生短路时也不会产生反向电动势，所以无出现急制动的可能性。因此，异步电动机广泛应用于大型高速的电动汽车中。三相笼型异步电动机的功率容量覆盖面很广，从零点几瓦到几千瓦。它可以采用空气冷却或液体冷却方式，冷却自由度高，对环境的适应性好，并且能够实现再生制动。与同样功率的直流电动机相比，异步电动机效率较高，且重量约减轻一半。

一般情况下，作为电动汽车专用的电动机，由于安装条件受限，而且要求小型轻量化，因而电动机在10000r/min以上的高速运转时，大多采用一级齿轮减速器实现减速。此外，由于振动等恶劣工作环境，低速状态下需要高转矩，并且要求在较宽的速度范围内具有恒输出功率特性，所以电动汽车用异步电动机与一般工业用的电动机不同，因此在设计上采用了各种新方法。

出于对工作环境的考虑，电动机大多采用全封闭式结构，为了框架、托座等结构轻量化，采用压铸铝的方式制造，也有采用将定子铁心裸露在外表面的无框架的结构，由于为了实现小型轻量化，大多采用了水冷却定子框架的水冷式电动机。高速运转时由于频率升高而引起了铁损的增大，因此希望减少电动机的极数，一般采用 2 极或 4 极的情况较多，但是 2 极时线圈端部的长度变长，所以采用 4 极的场合较多。此外，为了减少铁损，普遍采用了有良好磁性的电磁钢板。

4.3.4 交流异步电动机的控制方法

异步电动机是一个多变量(多输入、多输出)系统，其中变量电压(电流)、频率、磁通、转速之间又相互影响，所以其又是强耦合的多变量系统。如何对这样一个非线性、多变量、强耦合的复杂系统进行有效控制，成为异步电动机的研究重点。

目前对异步电动机的调速控制主要有矢量控制、直接转矩控制、转速控制、变频恒压控制、自适应控制、效率优化控制等。本节详细介绍处于主流地位的前两种控制方式。

1. 矢量控制

矢量控制也称磁场定向控制，该控制方式实现了交流电动机磁通和转矩的解耦控制，使交流传动系统的动态特性有了显著的改善，在提高电动汽车驱动器的动态性能方面，相对于变频调速控制，磁场定向控制得到了较多关注。因系统具有非线性、多变量、强耦合的变参数特性，很难直接通过外加信号准确控制电磁转矩。矢量控制的基本原理是通过测量和控制异步电动机定子电流矢量，根据磁场定向原理分别对异步电动机的励磁电流和转矩电流进行控制，从而达到控制异步电动机转矩的目的。

矢量控制具体原理是将异步电动机的定子电流矢量分解为产生磁场的电流分量(励磁电流)和产生转矩的电流分量(转矩电流)分别加以控制，并同时控制两分量间的幅值和相位，即控制定子电流矢量，所以称这种控制方式为矢量控制方式。矢量控制又有基于转差率控制的矢量控制方式、无速度传感器矢量控制方式和有速度传感器的矢量控制方式等。它是一种控制异步电动机的有效方法，与直流电动机类似，也可得到高速转矩响应。

随着矢量控制技术的发展，出现了许多矢量控制方法，这些方法基本上可分为两类，即直接磁场定向控制和间接磁场定向控制。直接磁场定向控制需要直接测量转子磁场，增加了执行的复杂性和低速时测量的不可靠性。因此，直接磁场定向控制很少用于电动汽车的驱动。与直接磁场定向控制不同，间接磁场定向控制通过计算确定转子磁场，而不是直接测量，这种方法相对于直接磁场定向控制更易于实现。因此，间接磁场定向控制在高性能的电动汽车驱动系统中具有很好的应用前景。

2. 直接转矩控制

直接转矩控制以转矩为中心来进行磁链、转矩的综合控制。和矢量控制不同，直接转矩控制不采用解耦的方式，从而在算法上不存在旋转坐标变换，简单地通过检测电动机定子电压和电流，借助瞬时空间矢量理论计算电动机的磁链和转矩，并根据与给定值比较所得差值，实现磁链和转矩的直接控制。图 4.13 所示为一种直接转矩控制异步电动机的系统框图。

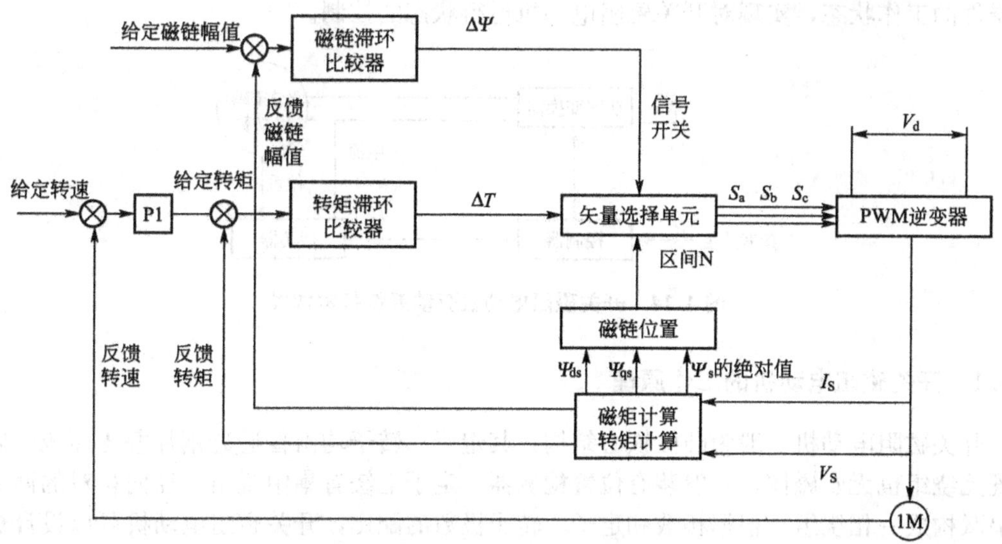

图 4.13 直接转矩控制异步电动机系统框图

由于直接转矩控制省掉了矢量变换方式的坐标变换与计算，和为解耦而简化异步电动机数学模型，没有通常的PWM脉宽调制信号发生器，所以它的控制结构简单，控制信号处理的物理概念明确，系统的转矩响应迅速且无超调，是一种具有高静、动态性能的交流调速控制方式。直接转矩控制磁通估算所用的是定子磁链，只要知道了定子电阻就可以把它观测出来，因此直接转矩控制大大解决了矢量控制技术中控制性能易受参数变化影响的问题。

直接转矩控制方法对逆变器开关频率提高的限制较大，定子电阻对电动机低速性能也有较大影响，如在低速区，定子电阻的变化引起的定子电流和磁链的畸变，以及转矩脉动、死区效应和开关频率等问题。

从理论上看，直接转矩控制有矢量控制所不及的转子参数鲁棒性和结构上的简单性。然而在技术实现上，直接转矩控制往往很难体现出优越性，调速范围不及矢量控制宽，其根源主要在于其低速转矩特性差、稳态转矩脉动的存在及带负载能力的下降，这些问题制约了直接转矩控制进入实用化的进程。

4.4 开关磁阻电动机

开关磁阻电动机驱动系统是高性能机电一体化系统，主要由开关磁阻电动机、功率转换器、传感器和控制器四部分组成，如图 4.14 所示。其中开关磁阻电动机为系统主要组成部分，实现电能向机械能的转化。功率转换器是连接电源和电动机的开关器件，用以提供开关电动机所需电能，功率转换器的结构形式一般与供电电压、电动机相数以及主开关器件种类有关。传感器主要用来反馈位置及电流信号，并传送给控制器。控制器是系统的中枢，起决策和指挥作用，主要是针对传感器提供的转子位置、速度和电流反馈信息以及外部输入的指令，实时加以分析处理，进而采取相应的控制决策，控制功率转换器中主开关器件的工作状态，实现对开关磁阻电动机运行状态的控制。

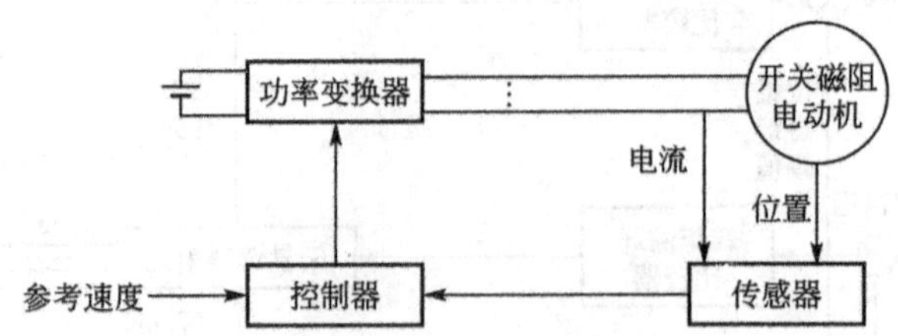

图 4.14　开关磁阻电动机驱动系统基本构成

4.4.1　开关磁阻电动机的工作原理

开关磁阻电动机一般为凸极铁心结构，其定子、转子均由普通硅钢片叠压而成。转子上既无绕组也无永磁体，一般装有位置检测器；定子上绕有集中绕组，径向相对的两个绕组串联构成一相绕组。根据相数和定子、转子极数的配比，开关磁阻电动机可以设计成不同的结构，如图 4.15 所示。

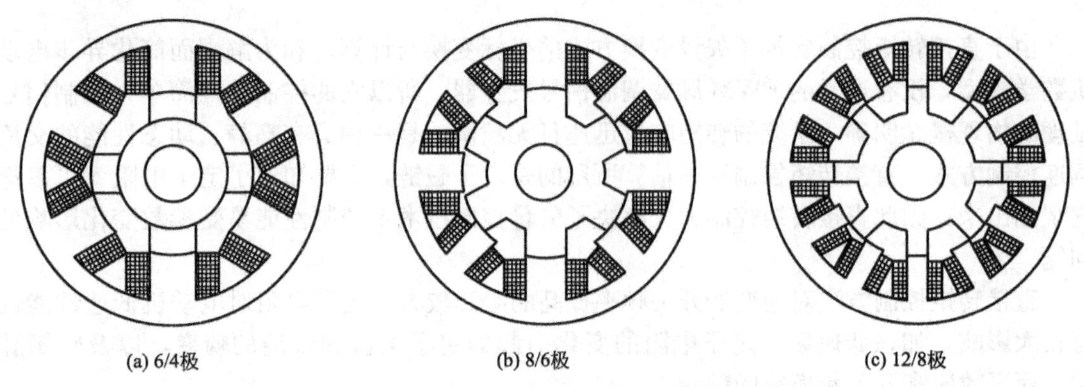

图 4.15　开关磁阻电动机的基本结构

图 4.16 为四相 8/6 极开关磁阻电动机，图中仅画出其中一相绕组(A 相)的连接情况。由于定子、转子均为凸极结构，故每相绕组的电感 L 随转子的位置改变而改变，如图 4.17所示。当定子、转子极正对时，电感达到最大值；当定子、转子极完全错开时，电感达到最小值。开关磁阻电动机的运行遵循磁阻最小原理，如图 4.16 所示，当 B 相绕组施加电流时，由于磁通总是选择磁阻最小的路径闭合，为减少磁路的磁阻，转子将顺时针旋转，直到转子极 2 与定子极 B 的轴线重合，此时磁阻最小(电感最大)；当切断绕组 B 的电流，给绕组 A 施加电流，磁阻转矩使得转子极 1 与定子极 A 相对。由于转矩方向一般指向最近的一对定子、转子极相对的位置，根据转子位置传感器反馈的位置信号，电枢绕组按 B—A—D—C 的顺序导通，转子便会沿顺时针方向连续旋转。

4.4.2　开关磁阻电动机的结构

开关磁阻电动机由双凸极的定子和转子组成，其定子、转子的凸极均由普通的硅钢片叠压而成。定子极上绕有集中绕组，把沿径向相对的两个绕组串联成一个两级磁极，称为“一相”；转子既无绕组又无永磁体，仅由硅钢片叠成。

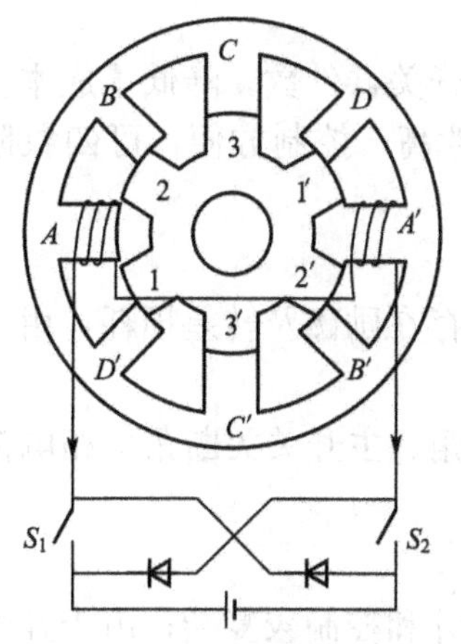

图 4.16 四相 8/6 极开关磁阻电动机

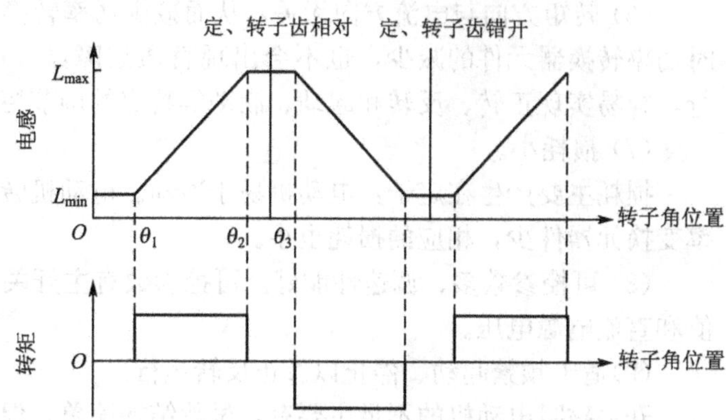

图 4.17 相电感、转矩与转子位置的关系曲线

开关磁阻电动机有多种不同的相数结构，如单相、二相、四相及多相等，且定子和转子的极数有多种不同的搭配。定子和转子极数组合见表 4-2。

表 4-2 开关磁阻电动机的极数组合

相数	3	4	5	6	7	8	9
定子极数	6	8	10	12	14	16	18
转子极数	4	6	8	10	12	14	16
步进角(°)	30	15	9	9	4.25	3.21	2.5

低于三相的开关磁阻电动机一般没有自起动能力。相数多有利于减小转矩脉动，但会导致结构复杂，主开关器件多，成本高。目前应用较多的是四相 8/6 极结构和三相 6/4 极结构。

4.4.3 开关磁阻电动机的性能特点

开关磁阻电动机作为一种新型调速电动机，有如下优点：

(1) 调速范围宽、控制灵活，易于实现各种特殊要求的转矩-速度特性。

开关磁阻电动机起动转矩大、低速性能好，无异步电动机在起动时所出现的冲击电流现象。在恒转矩区，由于电动机转速较低，电动机反电动势小，因此需采用对电流进行斩波限幅——电流斩波控制方式，也可采用调节相绕组外加电压有效值的电压 PWM 控制方式。在恒功率区，通过调节主开关的开通角和关断角取得恒功率的特性，即角度位置控制方式。

(2) 制造和维护方便。

(3) 运转效率高。由于开关磁阻电动机控制灵活，易在很宽转速范围内实现高效节能控制。

(4) 可四象限运行，具有较强的再生制动能力。

(5) 结构简单、成本低、制造工艺简单。其转子无绕组，可工作于极高速；定子为集中绕组、嵌放容易、端部短而牢固、工作可靠，适用于各种恶劣、高温甚至强振

动环境。

(6) 转矩方向与电流方向无关，从而减少功率转换器的开关器件数，降低了成本。同时功率转换器元件的减少，也不会出现直通故障，且可靠性高。控制方便，可四象限运行，容易实现正转、反转和起动、制动等特定的调节控制。

(7) 损耗小。

损耗主要产生在定子，电动机易于冷却。电动机转子不存在励磁及转差损耗，由于功率变换元器件少，相应的损耗也小。

(8) 可控参数多、调速性能好。可控参数有主开关开通角、主开关关断角、相电流幅值和直流电源电压。

(9)适于频繁起动、停止以及正反转运行。

开关磁阻电动机的不足主要有：虽然结构简单，但其设计和控制较复杂；由于开关磁阻电动机磁极端部的严重磁饱和以及磁与沟槽的边缘效应，使得开关磁阻电动机设计和控制要求非常精细；开关磁阻电动机噪声较大。

4.4.4 开关磁阻电动机的控制方法

开关磁阻电动机的运行不是单纯的发电或者电动的过程，而是将两者有机结合在一起的控制过程，即它同时也包含了能量回馈的过程。这一控制系统的主要特点为：不同能量流动过程分时控制，采用相同的硬件设备实现，将发电和电动过程整合到一起，实现了能量的回馈。

开关磁阻电动机控制系统的可控参数主要有开通角、关断角、相电流幅值以及相绕组的端电压，对这些参数进行单独或组合控制就会产生不同的控制方法，常用的控制方法有角度控制(APC)、电流斩波控制(CCC)、电压控制(VC)三种。

1. 角度控制法(APC)

APC是电压保持不变，而对开通角和关断角进行控制，通过对它们的控制来改变电流波形以及电流波形与绕组电感波形的相对位置。在APC控制中，如果改变开通角，而它通常处于低电感区，则可以改变电流的波形宽度、改变电流波形的峰值和有效值大小以及改变电流波形与电感波形的相对位置，这样就会对输出转矩产生很大的影响。改变关断角一般不影响电流峰值，但可以影响电流波形宽度以及与电感曲线的相对位置，电流有效值也随之变化，因此关断角同样对电动机的转矩产生影响，只是其影响程度没有开通角那么大。具体实现过程中，一般情况下采用固定关断角、改变开通角的控制模式。与此同时，固定关断角的选取也很重要，需要保证绕组电感开始下降时，相绕组电流尽快衰减到零。对应于每个由转速与转矩确定的运行点，开通角与关断角会有多种组合，因此选择的过程中要考虑电磁功率、效率、转矩脉动及电流有效值等运行指标，来确定相应的最优控制的角度。在系统的控制中，要遵循一个原则，即在电动机制动运行时，应使得电流波形位于电感波形的下降段；而在电动机电动运行时，应使电流波形的主要部分位于电感波形的上升段。

角度控制的优点是：转矩调节范围大；可允许多相同时通电，以增加电动机输出转矩，且转矩脉动小；可实现效率最优控制或转矩最优控制。但角度控制法不适应于低速工况，一般在高速运行时应用。

2. 电流斩波控制法(CCC)

在电流斩波控制方式中，一般使电动机的开通角和关断角保持不变，而主要靠控制斩波电流限的大小来调节电流的峰值，从而起到调节电动机转矩和转速的目的。实现方式有以下两种：

1) 限制电流上下幅值的控制

即在一个控制周期内，给定电流最大值和最小值，使相电流与设定的上下限值进行比较，当大于设定最大值时则控制该相功率开关元件关断，而当相电流降低到设定最小值时，功率开关重新开通，如此反复，其斩波的波形如图4.18所示。这种方式，由于一个周期内电感变化率不同，因此斩波频率疏密不均，在电感变化率大的区间，电流上升快，斩波频率一般很高，开关损耗大，优点是转矩脉动小。

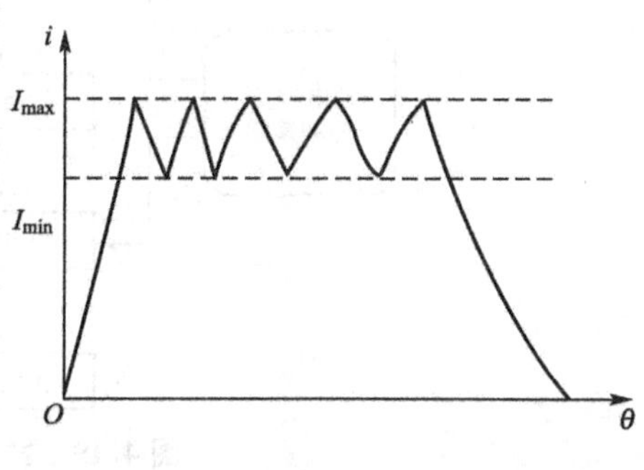

图4.18 设定电流上下限幅值的电流斩波

2) 电流上限和关断时间恒定

与上一种方法的区别是，当相电流大于电流斩波上限值时，就将功率开关元件关断一段固定的时间再开通。而重新导通的触发条件不是电流的下限而是定时，在每一个控制周期内，关断时间恒定，但电流下降多少取决于绕组电感量、电感变化率、转速等因素，因此电流下限并不一致。关断时间过长，相电流脉动大，易发生“过斩”；关断时间过短，斩波频率又会较高，功率开关元件开关损耗增大。应该根据电动机运行的不同状况来选择关断时间。

电流斩波控制适用于低速和制动运行工况，可限制电流峰值的增长，并起到良好有效的调节作用，而且转矩也比较平稳，电动机转矩脉动一般也比采用其他控制方式时要明显减小。

3. 电压控制法(VC)

电压控制法与前两种控制方式不同，它不是实时地调整开通角和关断角，而是某相绕组导通阶段，在主开关的控制信号中加入PWM信号，通过调节占空比来调节绕组端电压的大小，从而改变相电流值。具体方法是在固定开通角和关断角的情况下，用PWM信号来调制主开关器件相控信号，通过调节此PWM信号的占空比，以调节加在主开关上驱动信号波形的占空比，从而改变相绕组上的平均电压，进而改变输出转矩。电压斩波控制是通过PWM的方式调节相绕组的平均电压值，间接调节和限制过大的绕组电流，适合于转速调节系统，抗负荷扰动的动态响应快。这种控制实现容易，且成本较低；缺点在于导通角度始终固定，功率元件开关频率高、开关损耗大，不能精确控制相电流。

实际上在开关磁阻电动机双向控制系统中，采用的是后两种控制方法。具体的发电/电动状态控制策略见图4.19所示。

开关磁阻电动机的动作过程可分为发电过程和电动过程，分别对应于电动汽车的制动、滑行以及正常行驶过程，而将电动汽车制动、滑行时的能量回收到储能装置中，即为能量的再生回馈；发电状态和电动状态是通过软件来实现切换的。在整个发电回馈过程

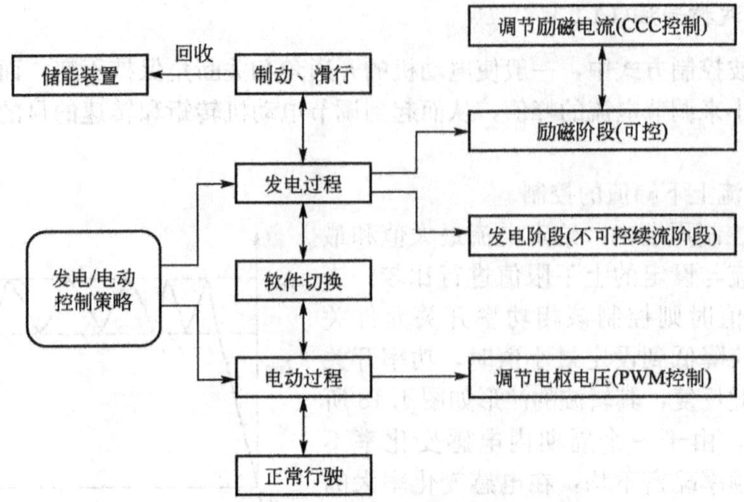

图 4.19　发电/电动状态控制策略框图

中，由于开关磁阻电动机本体结构特殊，其定子绕组既是励磁绕组又是电枢绕组，故其励磁与续流(发电)过程必须采用周期性分时控制。其励磁过程是可控的，但续流(发电)过程不可控，因而采用电流斩波控制来调节励磁阶段励磁电流的大小，从而实现对发电过程的控制。而电动过程采用电压斩波控制，以调节电枢平均电压从而实现对转矩和转速的调节。

开关磁阻电动机双向控制系统的主要目标是实现开关磁阻电动机的双向运行，着重点在于发电/电动状态下的最优控制以及能量回馈问题，不但要让开关磁阻电动机在电动状态下获得优越的调速性能，也要保证其发电状态下的能量回馈。其总体的控制方案如图 4.20 所示。

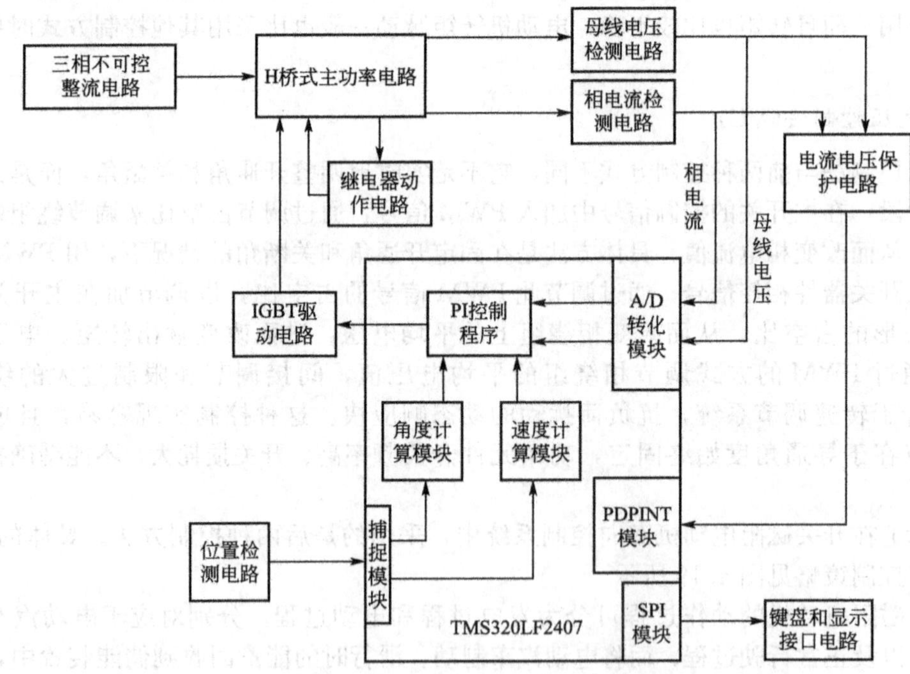

图 4.20　双向控制系统总体方案框图

该系统主要由开关磁阻电动机本体、主控制芯片、主功率电路、IGBT驱动电路以及电流电压检测电路、位置检测电路等外围检测电路构成，具体功能的实现过程如下：三相不可控整流桥将380V的三相动力电整流为537V的直流电并通过H桥式主功率电路给电动机供电，同时相电压和相电流检测电路负责对电动机的母线电压以及相电流情况进行检测，将检测信号反馈至DSP的A/D转换模块，进行A/D采样。同时，电流电压保护电路接收相电流和相电压检测信号，在对其进行处理后，将过电流过电压信号反馈至DSP的PDPINT模块，从而实现整个系统的故障保护功能。此外还有位置检测电路，将光电盘的两路输出信号经调理后，送至DSP的捕捉模块，经角度计算和速度计算模块后产生角度和速度控制信号。DSP内部的PI控制模块对A/D转换后的电流电压信号以及角度、速度信号进行综合后计算，DSP输出五路占空比可变的PWM波形至IGBT驱动电路，实现对主功率开关电路的通断控制。另外DSP的SPI模块负责驱动四个显示模块。各个模块相互联系、相互协作，共同完成整个控制系统的功能。

4.5 永磁同步电动机

研制开发电动汽车的关键在两个方面：一是生产高能量密度的电池，二是开发性能优良的驱动系统。在各类驱动电动机中，永磁同步电动机具有高效、高控制精度、高转矩密度、良好的转矩平稳性及低振动噪声等特点，通过合理设计永磁磁路结构能获得较高的弱磁性能，在电动汽车驱动方面具有很好的应用价值。其得到了国内外电动汽车界的高度重视，是最具竞争力的电动汽车驱动电动机系统之一。

4.5.1 永磁电动机的分类

永磁电动机的分类方法很多，根据输入电动机接线端的波形可分为永磁直流电动机和永磁交流电动机。

由于永磁交流电动机没有电刷、换向器或滑环，因此也称为永磁无刷电动机。根据输入电动机接线端的交流波形，永磁无刷电动机可分为永磁同步电动机和永磁无刷直流电动机。输入永磁同步电动机的是交流正弦或近似正弦波，采用连续转子位置反馈信号来控制换向；而永磁无刷直流电动机输入的是交流方波，采用离散转子位置反馈信号控制换向。由于方波磁场与方波电流之间相互作用而产生的转矩比正弦波大，所以，永磁无刷直流电动机的功率密度大，但是由功率器件的换向电流引起的转矩脉动也大，而正弦波产生的转矩基本是恒转矩或平稳转矩，这与绕线转子同步电动机相同。

现有的永磁电动机可分为永磁直流电动机、永磁同步电动机、永磁无刷直流电动机和永磁混合式电动机四类。其中，后三类没有传统直流电动机的电刷和换向器，故统称为永磁无刷电动机。在电动汽车中，永磁同步电动机应用广泛。

4.5.2 永磁同步电动机的结构

三相永磁同步电动机具有定子三相分布的绕组和永磁转子，在磁路结构和绕组分布上保证反电动势波形为正弦波，为了进行磁场定向控制，输入到定子的电压和电流也为正弦波。根据永磁体在转子上的位置的不同，永磁同步电动机分为内置式永磁同步电动机和外置式永磁同步电动机。

1. 内置式永磁同步电动机

内置式永磁同步电动机按永磁体磁化方向可分为径向式、切向式和混合式三种，在有阻尼绕组情况下如图 4.21 所示。内置式永磁同步电动机转子由于内部嵌入永磁体，导致转子机械结构上的凸极特性。

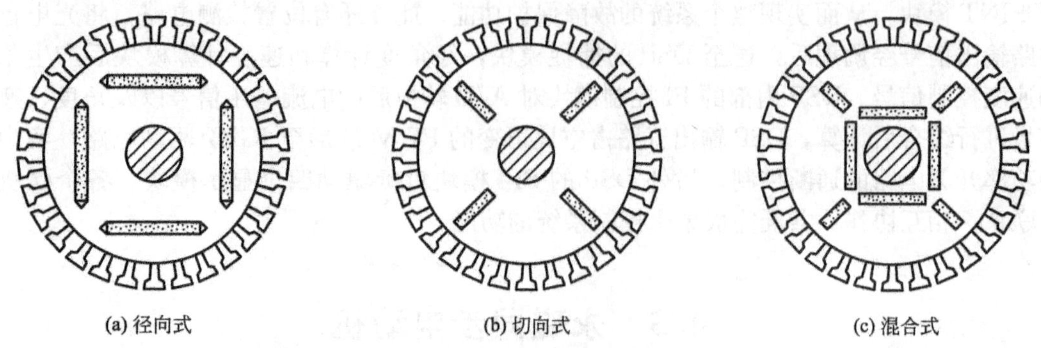

图 4.21　内置式永磁同步电动机转子结构示意图

2. 外置式永磁同步电动机

外置式永磁同步电动机根据永磁体是否嵌入转子铁心中，可以分为面贴式和插入式两种电动机，如图 4.22 所示。

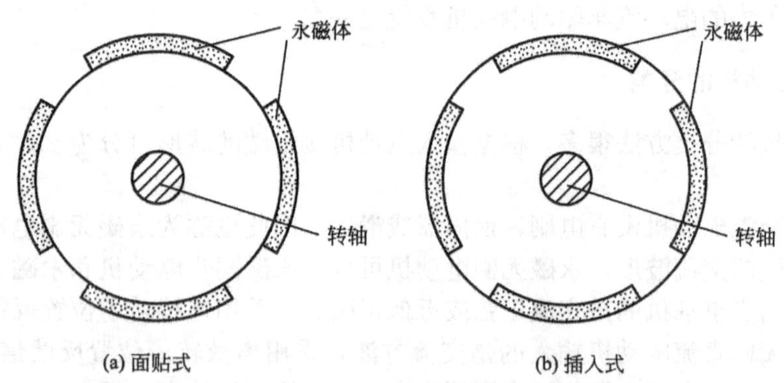

图 4.22　外置式永磁同步电动机转子结构示意图

面贴式永磁同步电动机的转子永磁体一般为瓦片形，通过合成粘胶粘于转子铁心表面。功率稍大的面贴式永磁同步电动机中，永磁体与气隙之间可以通过无纬玻璃丝带加以捆绑保护，防止永磁体因转子高速转动而脱落。插入式永磁同步电动机的永磁体嵌入转子铁心中，两永磁体之间的铁心成为铁磁介质突出的部分。在面贴式永磁同步电动机中，由于永磁体的相对磁导率接近真空磁导率($\mu=1.0$)，等效气隙基本均匀，所以交、直轴电感基本相符，是一种隐极式同步电动机。插入式永磁同步电动机的交轴方向上的气隙比直轴的小，交轴的电感也比直轴大，是一种凸极式永磁同步电动机。相对而言，由于永磁体的存在使得面贴式永磁同步电动机定子和转子之间的有效气隙较大，因而定子的电感较小。

外置式永磁同步电动机的结构比内置式简单，且具有制造容易、成本低廉的优点，因而工业上应用较多。其中面贴式永磁同步电动机转子结构最为简单，与插入式相比，它提高了转子表面的平均磁密，可以得到更大的电子转矩。

4.5.3 永磁同步电动机的性能特点

永磁同步电动机的功率因数大、效率高、功率密度大，是一种比较理想的驱动电动机。但正由于电磁结构中转子励磁不能随意改变，导致电动机弱磁困难，调速特性不如直流电动机。目前，永磁同步电动机理论还不如直流电动机和异步电动机完善，还有许多问题需要进一步研究，主要有以下两方面。

(1) 电动机效率。永磁同步电动机的低速效率较低，如何通过设计降低低速损耗，减小低速额定电流是目前研究的主要方向之一。

(2) 电动机的弱磁能力。永磁同步电动机由于转子是永磁体励磁，随着转速的升高，电动机电压会逐渐达到逆变器所能输出的电压极限，这时要想继续升高转速只有靠调节定子电流的大小和相位增加直轴去磁电流来等效弱磁提高转速。电动机的弱磁能力大小主要与直轴电抗和反电动势大小有关，但永磁体串联在直轴磁路中，所以直轴磁路一般磁阻较大，弱磁能力较小，电动机反电动势较大时，也会降低电动机的最高转速。

由于永磁电动机的转子上无绕组、无铜耗、磁通量小，在低负荷时铁损很小，因此，永磁电动机具有较高的“功率/质量”比，比其他类型的电动机有更高的频率、更大的输出转矩。转子电磁时间常数较小，电动机的动态特性好，电动机的极限转速和制动性能等都优于其他类型的电动机。永磁电动机的定子绕组是主要的发热源，其冷却系统相对比较简单。

由于永磁电动机的磁场产生恒定的磁通量，随着电流量的增加，电动机的转矩与电流成正比增加，同时电压也随之增加。在新能源汽车上，一般要求电动机的输出功率保持恒定，即电动机输出功率不随转速增加而变化，这就要求在电动机转速增加时，电压保持恒定。对一般电动机可以用调节励磁电流来控制，但永磁电动机磁场的磁通量调节却比较困难，因此需要采用磁场控制技术来实现。这使得永磁电动机的控制系统变得更复杂，而且增加了成本。

永磁电动机受到永磁材料和加工工艺的影响和限制，使得永磁电动机的功率范围较小，最大功率仅几十千瓦。永磁材料在受到振动、高温和过载电流作用时，可能会使得永磁材料的导磁性能下降或发生退磁现象。这会降低永磁电动机的性能，严重时还会损坏电动机，在使用中必须严格控制其不发生过载。永磁电动机在恒功率模式下，操纵较复杂，永磁电动机和三相异步电动机同样需要一套复杂的控制系统，从而使得永磁电动机的控制系统制造成本也很高。最新研制和开发的混合励磁永磁同步电动机使得永磁同步电动机的控制性能得到大的改进。

永磁同步电动机的驱动特性如图 4.23 所示。从图中可以看出永磁无刷同步电动机的恒转矩区比较长，一直延伸到电动机最高转速的50％处左右，这对提高汽车的低速动力性能有很大帮助，电动机最高转速较高，能达到 10000r/min。永磁无刷同步电动机功率密度高、调速性能好、在宽转速范围内运行效率高(90％～95％)，是理想的新能源汽车驱动电动机之一。它的主要缺点是电动机制造成本高、永磁材料会有退磁效应、抗腐蚀性差，而且永磁材料磁场不可变，要想增大电动机的功率，其体积会很大。随着稀土永磁材料的开发和应用，永磁无刷电动机的性能有了很大的提高，是未来最有发展前景的驱动电动机之一。

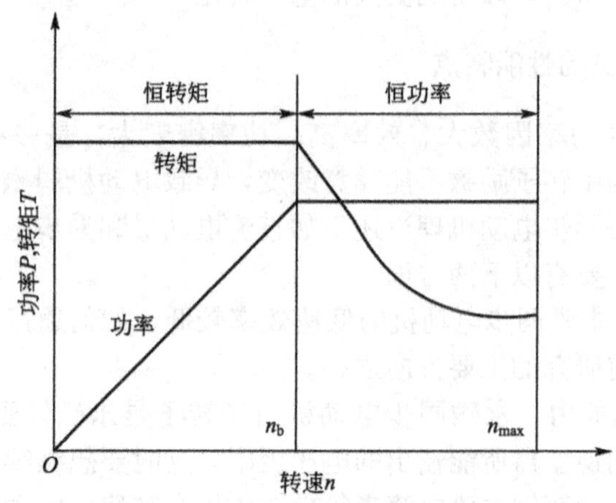

图 4.23 永磁同步电动机的驱动特性

4.5.4 永磁同步电动机的控制

永磁同步电动机控制系统可以采用矢量控制(磁场定向控制)、直接转矩控制和恒压频比开环控制等控制方式。

1. 矢量控制

矢量控制的控制原理为：以转子磁链旋转空间矢量为参考坐标，将定子电流分解为相互正交的两个分量，一个与磁链同方向，代表定子电流励磁分量，另一个与磁链方向正交，代表定子电流转矩分量，分别对其进行控制，获得与直流电动机一样良好的动态特性。因其控制结构简单，控制软件容易实现，已被广泛应用到调速系统中。

永磁同步电动机矢量控制策略与异步电动机矢量控制策略有些不同。由于永磁同步电动机转速和电源频率严格同步，其转子转速等于旋转磁场转速，转差恒等于零，没有转差功率，控制效果受转子参数影响小。因此，在永磁同步电动机上更容易实现矢量控制。

由于永磁同步电动机输出电磁转矩对应多个不同的交、直轴电流组合，不同组合对应着不同的系统效率、功率因数以及转矩输出能力，因此永磁同步电动机有不同的电流控制策略。

1) $i_d=0$ 控制

目前，在永磁同步电动机伺服系统中，$i_d=0$ 矢量控制是主要的控制方式。通过检测转子磁极空间位置 d 轴，控制逆变器功率开关器件导通与关断，使定子合成电流位于 q 轴，此时 d 轴定子电流分量为零，永磁同步电动机电磁转矩正比于转矩电流，即正比于定子电流幅值，只需控制定子电流大小就可以很好地控制永磁同步电动机的输出电磁转矩。

2) 最大转矩/电流比控制

在电动机输出相同的电磁转矩下，电动机定子电流最小的控制策略称为最大转矩/电流比控制。最大转矩/电流比控制实质是求电流极值问题，可以通过建立辅助方程，采用牛顿迭代法求解。但是计算量较大，在实际应用中系统实时性无法满足，只有通过离线计算出不同电磁转矩对应的交、直轴电流，以表的形式存放于DSP中，实际运行时根据负载情况查表求得对应的 i_d、i_q 进行控制。

3）弱磁控制

永磁同步电动机弱磁控制思想来自他励直流电动机调磁控制。对于他励直流电动机，当其电枢端电压达到最高电压时，为使电动机能运行于更高转速，采取降低电动机励磁电流的方法，以平衡电压。在永磁同步电动机电压达到逆变器所能输出的电压极限后，要想继续提高转速，也要采取弱磁增速的办法。永磁同步电动机励磁磁动势由永磁体产生，无法像他励直流电动机那样通过调节励磁电流实现弱磁。传统方法是通过调节定子电流 i_d 和 i_q，增加定子直轴去磁电流分量实现弱磁升速。为保证电动机电枢电流幅值不超过极限值，转矩电流分量 i_q 应随之减小，因此这种控制过程本质上就是在保持电动机端电压不变情况下减小输出转矩的过程，永磁同步电动机直轴电枢反应比较微弱，因此需要较大的去磁电流才能起到去磁增速作用。在电动机工作在额定电流情况下，去磁电流的增加有限，因此采用这种方法所得到的弱磁增速范围也是有限的。

矢量控制本身也存在一定的缺陷：

(1) 转子磁链的准确观测存在一定的难度，转子磁链的计算对电动机的参数有较强的依赖性，因此对参数变化较为敏感。为了克服这一问题，出现了多种参数辨识方法，但这些方法进一步增加了系统的复杂性。

(2) 由于需要进行解耦运算，采用了矢量旋转变换，系统计算比较复杂。

2. 直接转矩控制

直接转矩控制系统的结构图如图4.24所示。实际系统中，开关信号是由转矩和定子磁链的给定值与反馈值的偏差经滞环比较得到的。而转矩和定子磁链的给定值是由电磁转矩和定子磁链估算模型计算得到的。

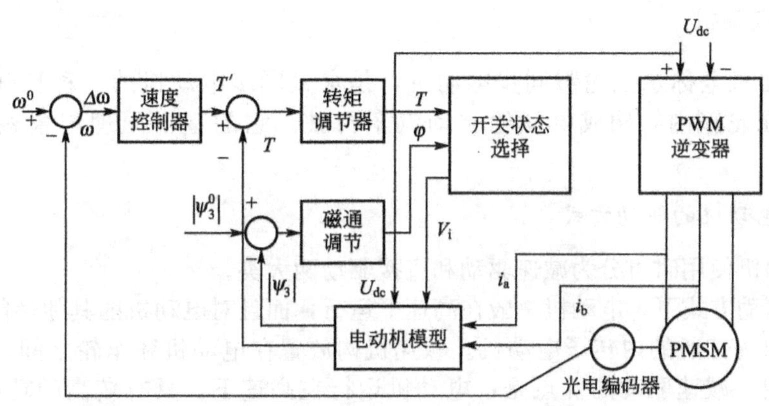

图4.24 PMSM直接转矩控制系统结构

根据直接转矩控制系统结构，可以得到其控制过程：对于逆变器输出的三相电流 i_A、i_B、i_C 通过3/2变换得到 i_α、i_β；由逆变器的电压状态与逆变器的开关状态以及直流电压

U_{dc}之间的关系，可以得到 u_α、u_β。由磁链模型得到磁链在 $\alpha\beta$ 坐标系上的分量 Ψ_α、Ψ_β，再由 Ψ_α、Ψ_β、i_α、i_β 通过转矩模型，得到转矩 T，与 PI 速度调节器输出的转矩给定 T^* 进行滞环比较，输出结果用来决定开关状态。把 Ψ_α、Ψ_β 求平方和，得到的 Ψ_s 与磁链给定 $\Psi_s{}^*$ 进行比较，由滞环比较器输出结果。同时利用 Ψ_α、Ψ_β 判断磁链所在区域，确定 θ 值及综合调节器的输出，合理选择开关矢量以确定逆变器的开关状态。

直接转矩控制不需要传统矢量控制里复杂的旋转坐标变换和转子磁链定向，转矩取代电流称为受控对象，电压矢量则是控制系统里唯一的输入，直接控制转矩和磁链的增加或减小，但是转矩和磁链并不解耦，对电动机模型进行简化处理时，没有 PWM 信号发生器，控制结构简单，受电动机参数变化影响小，能够获得极佳的动态性能。

3. 恒压频比开环控制

恒压频比开环控制的控制变量为电动机的外部变量，即电压和频率。控制系统将参考电压和频率输入实现控制策略的调整器中，最后由逆变器产生一个交变的正弦电压施加在电动机的定子绕组上，使之运行在指定的电压和参考频率下。按照这种控制策略进行控制，使供电电压的基波幅值随着速度指令成比例地线性增长，从而保持定子磁通的近似恒定。

恒压频比开环控制策略简单，易于实现，转速通过电源频率进行控制，不存在异步电动机的转差和转差补偿问题。但同时，由于系统中不引入速度、位置等反馈信号，因此无法实时捕捉电动机状态，致使无法精确控制电磁转矩。在突加负载或者速度指令时，容易发生失步现象；也没有快速的动态响应特性。因此，恒压频比开环控制是控制电动机磁通而没有控制电动机的转矩，控制性能差，通常只用于对调速性能要求一般的通用变频器上。

4.6 其他电动机

4.6.1 轮毂电动机

轮毂电动机全称永磁轮毂同步电动机，是永磁同步电动机的一种特殊结构，它把电动机安装在轮辋内，构成电动轮驱动汽车行驶。它的基本原理与永磁同步电动机相同。

1. 轮毂电动机的驱动方式

轮毂电动机使用时可分为减速驱动和直接驱动两大类。

在减速驱动方式下，电动机一般在高速下运行，而且对电动机的其他性能没有特殊要求，因此可选用普通的内转子电动机。减速机构放置在电动机和车轮之间，起减速和增加转矩的作用。减速驱动的优点是：电动机运行在高速下，具有较高的功率和效率比；体积小、重量轻；扭矩大、爬坡性能好；能保证汽车在低速运行时获得较大的平稳转矩。不足之处是：难以实现液态润滑、齿轮磨损较快、使用寿命短、不易散热、噪声大。减速驱动方式适合于丘陵或山区，以及要求过载能力大或城区公交车等需要频繁起动停车等场合。

在直接驱动方式下，电动机多采用外转子(即直接将转子安装在轮毂上)。为了使汽车能顺利起步，要求电动机在低速时能提供大的转矩。此外，为了使汽车能够有较好的动力性，电动机需具有较宽的调速范围。直接驱动的优点有：不需要减速机构，使得整个驱动结构更加简单、紧凑，轴向尺寸也较小，而且效率也已进一步提高，响应速度也变快。其缺点是：起步、迎风行驶或爬坡以及承载较大载荷时需要大电流，易损坏电池和永磁体；电动机效率峰值区域很小，负荷电流超过一定值后效率急剧下降。此驱动方式适合用于平路或负荷较轻的场合。

2. 轮毂电动机的优点

与内燃机汽车和单电动机集中驱动电动汽车相比，使用轮毂电动机驱动系统的汽车具有多方面优势：

(1) 动力控制由硬连接改为软连接形式。通过电子线控技术，实现各电动轮从零到最大速度的无级变速和各电动轮间的差速要求，从而省略了传统汽车所需的机械式操纵换挡装置、离合器、变速器、传动轴和机械差速器等，使驱动系统和整车结构简洁，可利用空间大，传动效率提高。

(2) 各电动轮的驱动力直接独立可控，使其动力学控制更为灵活、方便；合理控制各电动轮的驱动力，从而提高恶劣路面条件下的行驶性能。

(3) 容易实现各电动轮的电气制动、机电复合制动和制动能量反馈。

(4) 底架结构大为简化，使整车总布置和车身造型设计的自由度增加。若能将底架承载功能与车身功能分类，则可实现相同底盘不同车身造型的产品多样化和系列化，从而缩短新车型的开发周期，降低开发成本。

(5) 若在采用轮毂电动机驱动系统的四轮电动汽车上导入线控四轮转向技术(4WS)，实现车辆转向行驶高性能化，可有效减小转弯半径，甚至实现零转向半径，增加了转向灵便性。

4.6.2 交流励磁记忆电动机

记忆的概念主要源自于永磁电动机中所用永磁材料的特性，即材料本身的磁化程度能够在很短的时间内通过施加充磁或者去磁磁动势而得到改变，并且充、去磁之后其磁化程度也能被保留记忆住，从而达到了简单、有效地调节电动机内磁场以及气隙磁通密度的目的。从这个概念可以看出，记忆电动机并不是一种新的电动机结构，而只是一种新的电动机概念。理论上，任何一种以永磁体为主要励磁源的永磁电动机，通过采用合适的永磁材料再加以合适的电动机制造工艺，都能成为记忆电动机。

永磁电动机作为一种高效、高功率密度的电动机，在各种工业领域，特别是电动汽车领域，得到了广泛的应用。在传统的永磁电动机中，永磁材料的磁性能一般比较稳定，当需要弱磁时，通常采用施加持续弱磁电流的方法来达到，这必然导致较大的励磁损耗。而另一方面，永磁体在外磁场特别是电枢反应磁场的作用下，有可能发生不可逆去磁，从而导致电动机性能下降，甚至无法使用。记忆电动机的出现，正是为了在拓展永磁电动机调速范围的同时，避免产生额外的励磁损耗，归根结底，这是一种新的、简单、高效的弱磁控制技术。

记忆电动机又称为磁通可控永磁电动机，由德国的 Vlado Ostovic 在 2001 年最早提

出。他所提出的记忆电动机的结构，既能做成变磁通形式，又能做成变极数形式。在这两种电动机结构中，通过在短时间内通过电动机定子电枢绕组中的充、去磁脉冲电流，转子上永磁体的磁化状态能有效地改变并且记住，因此极大地减少了传统永磁电动机励磁时所需的持续功率损耗。

图 4.25 即为 Vlado Ostovic 提出的变磁通形式的记忆电动机的剖面示意图，它采用的是传统的内插式永磁电动机结构。转子是由永磁体、软铁(永磁体两侧)和非磁性材料(软铁之间的三角部分)做成的夹层结构，然后用机械的方法固定在一根非磁性的轴上，外边面最后用导磁圆筒固定。其中，永磁材料采用了剩磁较高而矫顽力较低的铝镍钴永磁体。

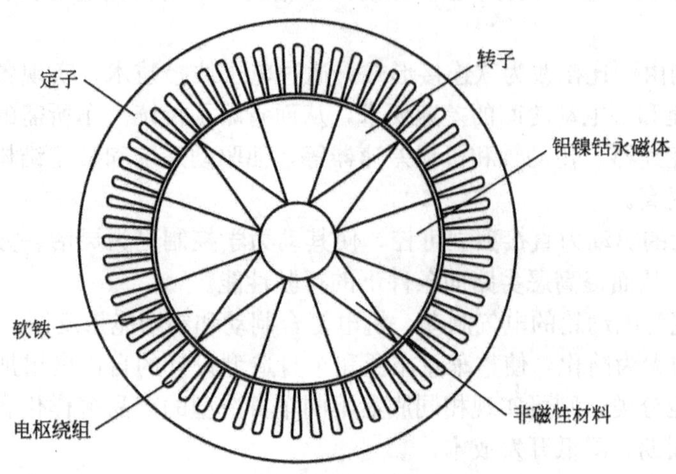

图 4.25　交流励磁记忆电动机

转子上被切向磁化过的永磁体产生的磁通经过气隙进入定子，此时气隙主磁通最强。当需要弱磁时，采用电流矢量解耦控制，在定子电枢绕组上施加一个与原磁化方向相反的直轴脉冲电流后，所产生的磁通使得转子永磁体被部分去磁，每块永磁体被分成磁化方向不同的两个区域，此时穿过气隙的永磁主磁通就减小了。这种记忆电动机最大的优点是可以在很宽的调速范围内运行，而没有过多的励磁损耗，同时也不牺牲电动机的其他特性。并且切向式转子磁路结构，相对于径向式转子磁路结构来说，使得一个极距下的永磁气隙主磁通由相邻两个磁极永磁体并联提供，每极都能获得较大的气隙磁通。

在图 4.25 所示电动机结构的基础上，进一步提出了一种内置混合磁钢式转子的记忆电动机，如图 4.26 所示。它是将普通内插式永磁电动机的永磁体置换成钕铁硼永磁体和铝镍钴永磁体共同励磁，其中径向放置的钕铁硼永磁体作为主要的励磁源，而切向放置的铝镍钴永磁体可以正反两个方向磁化。当铝镍钴永磁体的磁化方向和钕铁硼永磁体的磁化方向一致时，铝镍钴产生的磁场起到将钕铁硼产生的磁通推向定子而使气隙主磁通增强的作用；而当铝镍钴永磁体的磁化方向和钕铁硼永磁体的磁化方向相反时，铝镍钴将钕铁硼产生的磁通抵消，达到了减小气隙磁通的效果。其控制方式仍然和 Vlado Ostovic 所提出的记忆电动机相类似，即通过采用矢量解耦控制在电枢绕组中施加不同大小的直轴电流，从而达到改变电动机气隙磁通的目的。

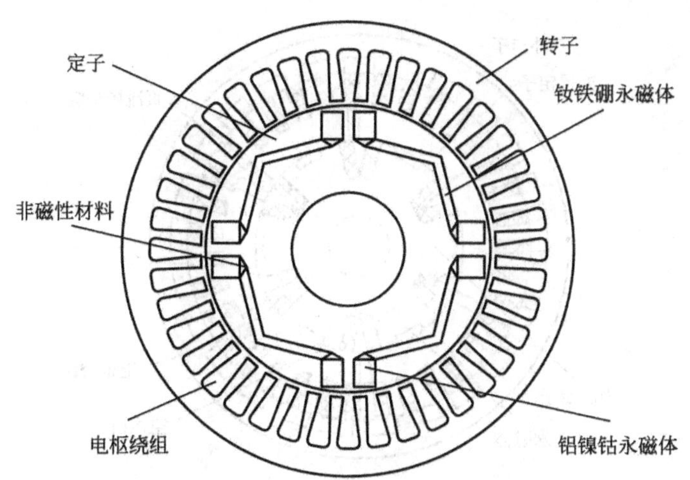

图 4.26 混合磁钢交流励磁记忆电动机

仔细分析上述两个记忆电动机可以发现，它们存在一个共同点，即作为励磁源的永磁体位于转子上，而由于不存在单独的励磁线圈，使得改变它们磁化程度的励磁电流是通过交流电枢绕组来实现的，这种类型的记忆电动机也属于一种交流励磁记忆电动机。

交流励磁记忆电动机很好地融合了记忆的概念，但是仍然存在可改进之处，值得进一步研究。首先，永磁体位于转子上就使得其励磁控制方法必须采用电流的矢量解耦控制，即必须在有效的控制策略下，合适的时间内，通过在电枢绕组内施加励磁电流脉冲方能实现。其次，实验研究发现，单位厚度的铝镍钴永磁体在充、去磁时所需的磁动势通常很大，而电枢绕组匝数却通常较少，如果电动机在运行过程中需要充、去磁，那么电枢绕组意味着必须同时承载电枢电流和非常大的励磁电流，这也是电动机绕组设计时必须考虑的一个问题。再次，记忆电动机采用的永磁体矫顽力较低，因此在某些应用场合，如电动汽车用电动机运行在高速再生制动阶段时，必须避免电枢反应引起的不必要的完全去磁。最后，混合磁钢记忆电动机在结构设计时，必须巧妙合理地布置两种永磁体的相对位置，以防止磁性能相对较强的永磁体对磁性能相对较弱的永磁体产生影响。

4.6.3 外转子型双励磁永磁无刷电动机

双励磁永磁无刷电动机通常是指由电励磁和永磁体相互作用而产生磁场的无刷电动机。电励磁通常是由直流励磁构成，因为电励磁具有灵活的可调性，因此这种双励磁永磁无刷电动机既继承了普通永磁无刷电动机的优点，又克服了普通永磁无刷电动机所具有的磁场调节的复杂性和局限性。

外转子型双励磁永磁无刷电动机是双励磁永磁电动机的一种，该电动机在结构上突破了传统混合励磁的冗余和复杂，性能优越、控制简单灵活，外转子型双励磁永磁无刷电动机的结构如图 4.27 所示。

外转子型双励磁永磁无刷电动机主要由外转子、外层定子、位于外层定子的三相电枢绕组、内层定子、位于内层定子的永磁体和直流励磁绕组等组成，另外在每一组永磁体的

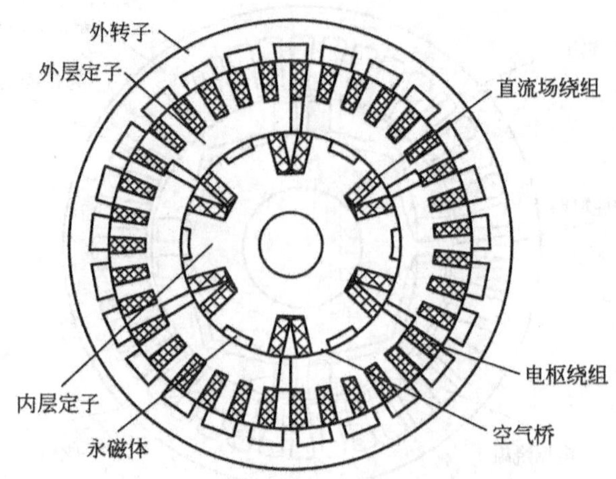

图 4.27　外转子型双励磁永磁无刷电动机结构图

旁边都并联有一组空气桥。

外转子型双励磁永磁无刷电动机的主要结构特点如下。

(1) 从电动机结构图上可以看出，该电动机结构非常紧凑，整体性强，并且电动机内部结构层次分明，材料分工明确的同时能够实现功能而干扰较小。

(2) 外转子的拓扑结构使该电动机的空间可以充分利用。整个内定子部分用来安装三相电枢绕组、直流励磁绕组和永磁体。这样，整个磁路被外转子环抱，因此有效减小了漏磁。而且，电动机的硅钢片得到充分利用，使电动机本体具备较高的性价比。外转子由 24 个凸极构成，本身没有任何绕组和永磁体。这种结构使其机械强度高，可以运行在高速状态和承受较大的转矩。

(3) 外层定子由 36 个凸极构成，并且三相电枢绕组安放在槽中。从转子和外层定子的结构来看，这也是典型的双凸极结构。传统双凸极永磁电动机的容错性能得以延续。

(4) 内层定子安放了永磁体和直流励磁绕组。通过调节直流励磁的大小和方向，可以有效地实现增强和减弱。当该电动机作为电动机使用时，施加正向的直流励磁电流可以起到增磁的作用，从而可以使电动机产生大转矩；当电动机在高速运行时，可以通过施加反方向的直流励磁电流实现弱磁，从而使电动机有非常宽的恒功率运行区。另外，当该电动机作为发电机使用时，通过调节直流励磁电流的大小和方向，可以实现恒定电压输出。

(5) 附加空气桥的引入是该电动机的一个特点。从电动机结构图上可以看出，在每一组永磁体的旁边并联一组相应的空气桥。该空气桥的主要作用是可以有效地实现弱磁效果。

(6) 在外层定子上，三相绕组是按分数槽集中绕组的方式排布的。在实际应用上，这种绕组的排布方式，可以非常有效地降低三相电压的不对称性，同时也能有效地缩短端部绕组的长度，因此可以进一步提高导线的利用率和电动机功率密度。另一方面，采用 36/24 的定/转子配合，可以非常有效地降低齿槽转矩和转矩脉动。通常在双凸极永磁电动机和无刷直流电动机中，齿槽转矩一般都比较大，但是该电动机的齿槽转矩非常小。

(7) 关于励磁源的一个显著优点：电枢绕组和电励磁绕组的磁场分布原则上实现解耦，直流励磁源和三相绕组耦合程度较小。在控制上，两者可以单独控制并实现各自的控制算法。

(8) 散热问题。因为转子在外面，绕组和永磁体在定子上，因此容易导致转动部件过热的问题得到解决。而定子的散热问题，并不是一个难点，可以通过强制风冷等方式解决。

该电动机的运行控制与传统的双凸极永磁电动机和无刷直流电动机都非常相似，不同的地方在于气隙磁通可以通过直流绕组加以控制。具体来说，以转子的位置为参考，当绕组磁链增加时，正向的电枢电流可以使电动机产生正向的转矩；当绕组磁链下降时，反方向的电枢电流也可以使电动机产生正向的转矩。因此，根据电动机的不同位置，施加不同方向的电枢电流，电动机就可以输出相应的电磁转矩。其三相绕组的导通方式就与双凸极永磁电动机和无刷直流电动机相同。另外，当该电动机在起动等工况时需要较大的转矩，施加和永磁体相同方向的直流励磁电流，可以有效地使磁场得到加强，从而提供足够的转矩；当该电动机作为发电机使用时，其电励磁的电流可以双向改变，气隙磁通密度得到有效的调节，从而可以输出恒定的电压。

4.7 新能源汽车驱动系统的发展方向

4.7.1 新型电动机的发展和应用

新能源汽车中使用的电动机同一般工业用的电动机发展过程一样，除小型电动机外均由直流电动机过渡到交流电动机。这是因为，交流电动机中实现了耐用性、高速化、小型化以及轻量化，而且作为电动机电源的逆变器以及适合控制的逆变器也实现了小型化，此外成本低廉化也是交流电动机得到发展的主要原因之一。

新能源汽车专用的电动机，通过从电池中获取有限的能量产生动作，所以要求其在各种环境下的效率都要很好。因而，在性能上的要求比一般工业用电动机更加严格。新能源汽车用电动机主要的发展方向有如下几点：

(1) 小型轻量化。车辆的空间有限加之载荷限制，电动汽车用电动机的体积、重量要求尽可能小，一般为工业用电动机的1/3～1/2。

(2) 高效性。一次充电后的续驶里程尽可能长，尤其是行驶模式变换频繁的情况，电动机和控制装置的总效率也需要进一步提高。因而，在控制层面上的研究也很有必要。

(3) 低速大转矩情况下的大范围内的恒定输出特性。在电动机单体中，需满足必要的转矩特性，比如满载坡道起步等工况。

(4) 高可靠性及寿命长。汽车一般有(3～5)g的振动，应确保在任何环境中安全使用，不采用速度位置传感器的无传感器的控制，被认为能够提高可靠性。

(5) 寿命长。一般的汽车寿命都在10年以上，应确保电动机在汽车使用年限内正常使用。

(6) 低噪声。考虑到乘坐的舒适性以及对环境的影响，噪声应尽可能小。目前，各类电动机在大转矩起步或急加速过程中都存在不同程度的噪声。

(7) 成本低廉。为了便于普及，成本的降低是必不可少的。

能够满足以上特性的电动机便是适合作为电动汽车专用的电动机。但是，目前还没有全部满足以上特征的电动机。

在美国，异步电动机应用较多，通常认为是与路况有关系。美国的高速公路具有一定的规模，除了大城市外，汽车一般以较高的速度持续行驶，所以能够实现高速运转而且在高速时有较高效率的异步电动机得到广泛应用。在日本，电动汽车多采用 PM 电动机，但转子中采用的磁铁的高价问题仍然得不到解决。

如前所述，在交流电动机得到广泛应用的同时，也有使用直流电动机的车辆。在都市型小型汽车和高尔夫车等两座乘用车、铲车等工业车辆以及电动轮椅等特殊用途车辆中直流电动机都有应用。

以 SRM 为代表的开关磁阻电动机也在不断的发展中，作为工业和电动汽车专用的电动机发展很快，但它的效率还不是十分理想，在实际中还未广泛应用。

4.7.2 电动机控制技术的发展方向

由于可以有效利用的电池能量是有限的，因此高性能新能源汽车用电力变换器以及构成它的电力装置等就成为电动机驱动用变换器的核心，这也是现在和未来发展的方向。

1. 控制器的发展方向

新能源汽车中，直流电动机电压多为 100～120V，交流电动机则多使用 288V，电流在 200～300A。直流电动机在小型车上多采用 FET、大型车则多使用 IGBT 器件；交流电动机可采用耐电压 600V 的自动开关器件，如 IGBT。近来，更进一步的智能模块化电力开关器件的使用也日益增多。

作为电动机驱动用电力变换器，对于直流电动机使用的是附带回收作用的高频斩波器，对于交流电动机则选用的是高频 PWM 逆变器。2000mL 级别的内燃机汽车的最大输出功率为 40～60kW，连续输出功率为最大功率的 50%左右。交流发电机驱动的情况下，作为变换器的逆变器是必需的，其输出频率最高可达到 200Hz 左右，这是根据正弦波调制 PWM 控制得来的。输入电动机的电流几乎都是正弦波，并且为了去除变换器的噪声，PWM 发生器在可听频率的 16kHz 以上。在这些情况下，由于电力装置的高频开关动作是必要的，故开关损耗也会相应增加。因此，损失少的器件现正在积极地开发中。其发展方向如下。

1) 效率的提高

新能源汽车不会一直处于高速公路上高速行驶的状态，在市区行驶速度只有 40～60km/h，因此在市区行驶所需的电力仅为高速行驶的 1/5。因此，希望控制器在较大的运行范围内具有较高的效率。实现这个目标不但需要采用轻负荷、高效率的逆变器，还需要恰当的电动机控制方法，如在异步电动机励磁电流控制中采用高效率控制阀，或使用高效率的永磁同步电动机，更进一步的多采用高效率的 DC/DC 变换器。

2) 回收效率的提高

制动时车辆电池有效回收的能量可增加续驶里程。在再生制动的时候，逆变器、电动机(整流器、发电机)的效率明显得到改善，但是要注意影响能量回收模式和电池的充电效率等问题。此外，还要注意电池充电时间的限制。

3) 电力装置

新能源汽车中采用的电力装置，特别对低成本、低损耗以及友好的环境适应性有较多要求。对于低损耗，关键是降低输出时的损耗。针对电池电压低的情况，考虑采用比 IGBT 导通电压低的 MOSFET。

4) 软开关化

采用共振回路使器件强制工作在零电压或者零电流状态，提出了在改点进行开关动作的方法。把这种方法称为软开关，是使开关器件的应力、开关损耗、开关噪声降低的有效方法。

5) 电磁噪声规范

新能源汽车中，电磁干扰的类别可以分为辐射噪声(从装置辐射电磁波)和传送噪声(电源动力线传播中的高次谐波成分)，这些会对人们的身心健康造成影响。

6) 整车电力电子设备的一体化

未来要考虑实现电动机驱动用逆变器和 DC/DC 变换器的一体化、低成本化、小型轻量化以及低噪声的特征。

2. 驱动方式的发展方向

驱动方式的发展方向如下。

1) 转矩响应速度提高

使用高速转矩控制法可以得到 10～30ms 的高速转矩响应速度，可以实现比内燃机汽车更快的控制响应。

2) 控制简单化

由于依靠转矩命令就能进行纯电气控制，所以可以采用微型控制器等直接进行控制，比内燃机汽车的控制容易许多。

3) 进行四轮独立驱动

轮毂电动机的应用使得四轮独立驱动更容易实现。

4) 拓宽车轮操纵控制角度

在操纵控制中采用电气方式以及采用轮毂电动机，可以控制各车轮有±180°的操纵角。

小　　结

电动机是车辆的核心装置，是将电能转换为机械能的装置。电动机的结构众多，性能不一，工作原理也不尽相同，电动机的选择将更加灵活。本章重点介绍电动机的构造、要求和性能指标，以及几种典型电动机的特性与优缺点。由于电动机结构和产量差别大，性价比也不均衡，不同的电动汽车对电动机的要求也不同。新型电动机的发展和应用也是本章的重点内容之一。

习　题

1. 电动机主要分哪几种类型？每个类型电动机的主要特点有哪些？
2. 简述直流电动机的工作原理。
3. 简述交流异步电动机的结构特点。
4. 简述开关磁阻电动机的控制方法。

第5章 电动汽车循环冷却技术

★ 了解电动汽车冷却散热技术结构及基本常识

★ 了解电动汽车发热部件的冷却形式

★ 掌握电动汽车电动机及控制器散热的计算方法

知识要点	掌握程度	相关知识
电动汽车冷却散热技术基本常识	了解电动汽车冷却散热技术基本常识； 熟悉电动汽车发热部件	电动汽车热量来源； 电动汽车冷却散热基本要求
电动汽车发热部件的冷却形式	熟悉电动汽车发热部件的冷却形式； 熟悉电动汽车循环冷却系统设计步骤	电动汽车循环冷却系统设计步骤； 电池冷却技术； 电动机及控制器冷却技术
电动汽车电动机及控制器散热的计算方法	了解电动汽车电动机及控制器散热需求的计算方法	电动机散热功率计算； 控制器散热功率计算； 电动机温升计算； 控制器温升计算； 冷却液流量计算

导入案例

冷却散热技术是车辆辅助系统的核心技术之一，是动力、传动装置正常工作的重要技术保证，其技术水平及实车工况如何，将直接影响车辆性能指标的实现。电动汽车的通风、冷却系统功能要求与普通机械传动车辆基本相同。但是，由于结构差异导致了热源及其散热方式的不同。因此，必须考虑热源的特点，采取相应的冷却方式来满足其使用要求。电动车辆主要的热源有电池、控制器、电动机等。在这样一个系统中，总的散热量与同功率普通机械传动装置不同，而且这些热源的工作温度范围又有较大的差别。要将这些部件的热量及时散走，维持部件可靠工作，必须有一套有效的通风冷却系统，并且要综合考虑冷却散热部件的体积、重量、尺寸等问题，使之满足车辆总体要求，某电动客车散热循环系统实例如图 5.1 所示。

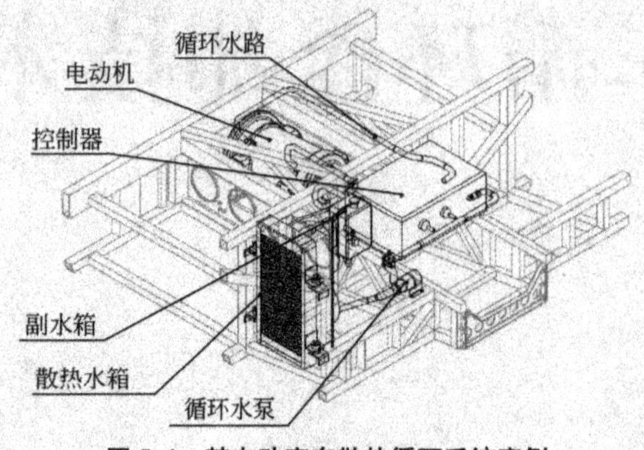

图 5.1　某电动客车散热循环系统实例

5.1　电动汽车循环冷却系统的要求

由于热源不同导致了结构差异及其散热方式的不同。在电动车设计中，要根据热源的特点，采取相应的冷却方式来满足其使用要求。必须设计一套有效的通风冷却系统，并且综合考虑冷却散热部件的体积、重量、尺寸等问题。

电动汽车循环冷却系统的设计，不但需要根据选用的不同部件的散热特点采取相应的冷却措施，还应对各热源部件进行实时监控，形成智能化和自动化控制的循环冷却系统。最大程度地降低电动汽车的电能消耗，同时还能延长散热设备的使用寿命。由于目前我国电动汽车还处于起步阶段，电动机及控制器等关键部件的散热要尽量借鉴国内外成功经验。在选用零部件时，尽量采用成熟技术和通用散的热零部件，以减少设计开发成本。

5.2　电动汽车循环冷却系统设计步骤

电动汽车的循环冷却系统设计相对比较复杂，电动汽车的使用条件和使用工况的复杂性对电动汽车冷却系统提出了更高的要求。在某些状况下还要考虑车辆在极限条件下运行所面临的问题和挑战。整个设计需要按照以下步骤实施：

(1) 确定电动汽车的主要热源及各种工况下散热功率需求，这是循环散热设计的基础。由于工况不同，电动汽车三大部件的散热量就不尽相同，由此产生的温升就有所区别。设计中要着重考虑车辆在高能耗状态下的散热量。

(2) 考虑电动汽车运行的环境条件和温度，以及对电动汽车散热系统产生的影响。环境温度越高，则对散热循环要求就越高，设计就越复杂。

(3) 充分了解和掌握电动汽车的三大部件的温度需求，综合考虑上述两点，确定车辆内主要热源的散热方式，选取合适的冷却形式。

(4) 根椐电动汽车冷却性能的影响因素和特点，分析电动汽车各总成的结构参数和布置方式对车辆散热冷却性能的影响，进行散热器的设计计算与布置。在设计中力求关键性能部件的设计水平达到集成化，部件结构实现模块化，重要部件形成系列化。

(5) 计算并确定温度、水泵压力及流量、风扇转速等传感器的性能参数，选择性能好、体积小、易于安装的传感器。

(6) 将各种传感器与电动机整体化，研究合理的安装位置。实现实时工况管理，通过车辆电子控制管理技术，实现冷却系统全工况优化运行。

(7) 由于电池在使用中可能会释放有毒物质，因而还要考虑通风状况及通风方向，防止有害物质侵入乘员空间。

(8) 必要时对所选用的散热部件进行实验，根据实验数据来修正有关设计、控制参数，以满足电动汽车的性能指标。测试技术应能根据车辆的实际运行情况实现系统及重要部件的实时监控，并进行智能化调节。

5.3 电池散热系统

由于各类电池的性能和结构差异，在实际使用中散热量需求的差别较大。

5.3.1 铅酸电池

铅酸电池的使用较为广泛和常见，由于其主要集中在低速电动汽车上，且功率密度较低，续驶里程要求也不高，一般不需要进行强制散热，采取普通的自然通风散热即可满足要求。

铅酸电池在使用过程中，特别是对其进行充电的过程中，会产生氢气，氢气属于易燃易爆气体，因而应用在电动汽车上时，除了保证电池安装牢固可靠外，还必须考虑电池的通风系统，避免氢气的聚集而引起事故。铅酸电池的电解液硫酸属于强腐蚀性液体，在电池安装设计时，应考虑电解液泄漏收集和排放装置，避免电解液对车体的腐蚀。

5.3.2 锂离子电池

锂离子电池种类繁多，且受温度的影响较大，过高的温度容易使电池电解液分解，引起电池早衰。如果电池温度差别较大，还会引起电池充放电不均衡等问题，因而在应用中均需要强制通风散热。

锂电池的散热量相对较低，但是由于在安装和使用过程中，一般将电池做成电池组或电池包。大量锂电池在一起工作容易产生热量的堆积，影响电池性能，因而对锂电池系统的散热主要是为了避免热量堆积。图 5.2 所示是常见的几种锂电池组设计。

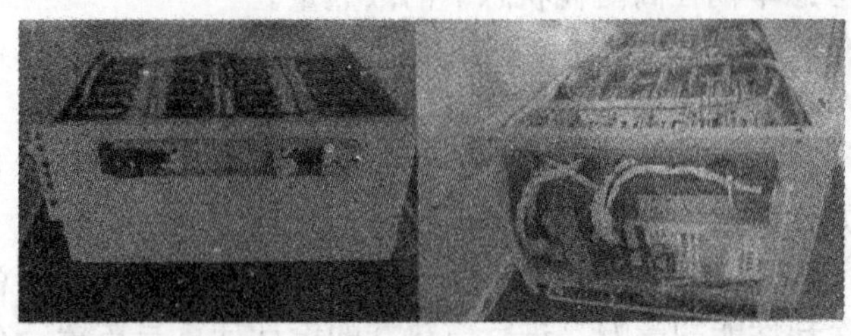

(a)

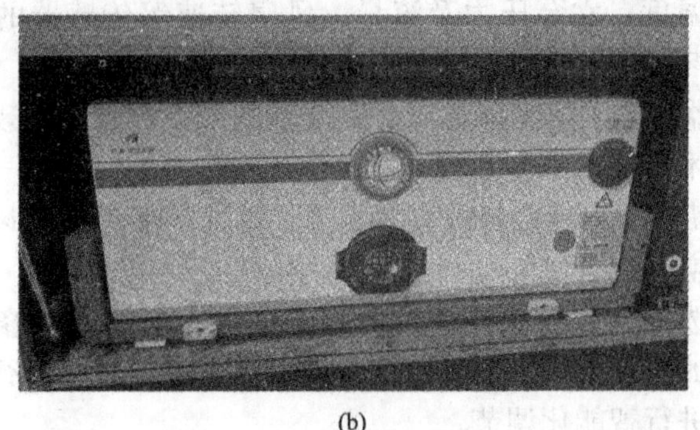

(b)

图 5.2　锂电池组

锂电池的使用条件和要求相对较高，冷却的方式可以采用自然散热，也可以强制散热。一般推荐通过加装散热风扇的方式进行强制散热，风扇的位置可以位于电池组底部，如图 5.3(a)所示，这种结构一般采用吹风的方式进行散热；也可以位于顶部，如图 5.3(b)所示，此种结构一般采用吸风的方式进行散热；还可以位于电池组侧面，如图 5.3(c)所示，这种散热方式一般是采用横流风的方式，带走电池表面的热量。

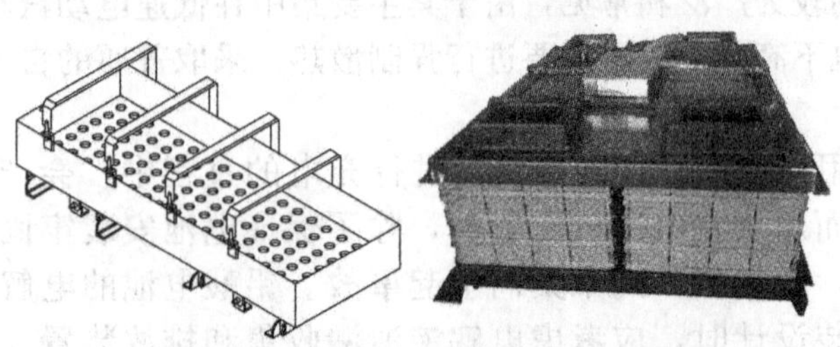

(a) 风扇位于底部　　(b) 风扇位于顶部

(c) 风扇位于电池组侧面

图 5.3　几种电池组散热设计

电池的散热通风必须满足电池内部热量均匀散发的需求，应有较明显的气流运动条件。电池的冷却环境也要进行必要的规划，以充分发挥电池组的最大功效，除电池组本身要注重散热外，还要遵循如下规则：

(1) 电池的安装位置与电动机和电动机控制器距离应合理。过远的安装位置将会使得连接电缆相应加长，电缆过长导致电阻增加，长时间使用条件下，电缆的温度将会升高，同时电阻继续升高，也会加剧电缆上的电能损耗，这会对整车的续驶里程产生影响，还会加剧电缆绝缘的老化，导致绝缘失效。

(2) 电池的安装空间要有良好的通风环境。一般电池的工作环境温度设定为－10～60℃，如果电池组的安装空间散热不佳，电池散失的热量不能很好地释放，将会在电池舱中累积，导致工作环境温度升高，对电池的使用寿命产生重大影响。

(3) 电池组的安装位置应尽可能高。电池组受到的另一个威胁是水，电池组位置过低，将会导致车辆的涉水能力不足。一旦电池组浸水，将会引发绝缘事故，导致电池组上的管理系统、散热风扇等损坏。

(4) 电池组便于检修和拆卸。由于电动汽车采用的电池数量较多，电池的一致性难以保证，容易导致个别电池早损，需要及时进行维护和检修。

由于锂离子电池受到温度的影响较大，特别是在低温环境，充放电受到严重影响，为了保证电池的使用，电池箱在散热设计上不是采用空气冷却，而常采用液体冷却；需要将电池置于不导电的油中，通过油的流动带走热量，此时电加热器断电，散热器散热，如图 5.4(a)所示。在寒冷的冬季，环境温度过低，需要对电池进行保温，这时散热器的散热功能关闭，电加热器接通电源，对油液加热，通过油液流动，对电池进行加热，以保证电池的充放电，如图 5.4(b)所示。

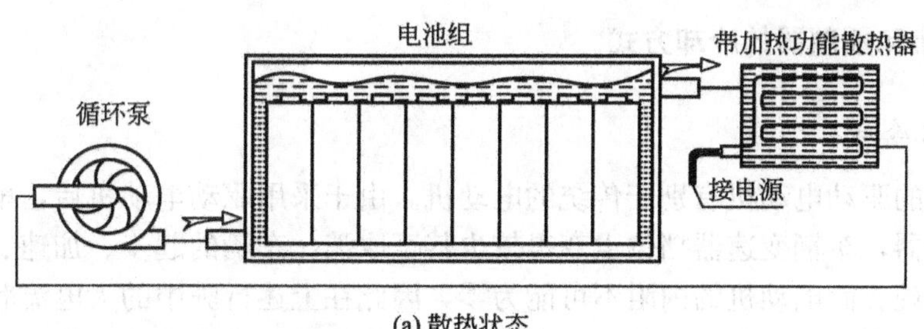

(a) 散热状态

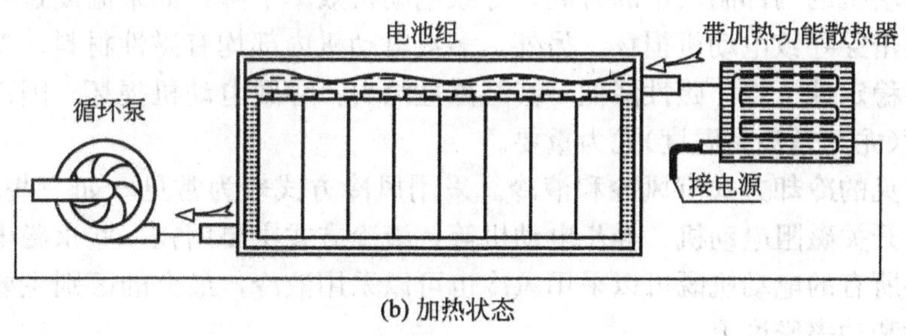

(b) 加热状态

图 5.4　液冷电池箱工作原理

镍镉、镍氢类电池的散热要求与锂离子电池的应用类似。

5.3.3 钠硫电池和燃料电池

钠硫电池的使用条件比较特殊，钠硫电池需要在高温下才能进行放电，一般来说，钠硫电池需要特殊的设备，确保钠硫电池能够稳定地处于300～350℃条件下。该种电池需要制作恒温箱，散热要求非常苛刻，由电池厂家提供设备。

常见的电动汽车用燃料电池主要有PEMFC、AFC和PAFC三种，这三类燃料电池的温度需求也不尽相同。燃料电池是以燃料的电化学反应发电，其工作温度一般在60～100℃，须设有专门的冷却装置，由于冷却水的温差小，所需散热器的体积大。美国研制的燃料电池电动汽车用的散热器体积是相同功率内燃机用散热器体积的1.5倍。燃料电池的冷却介质为无离子水。一般其排热方式有：电池组本体外部冷却法，冷却剂通过电池组内部管道进行循环，电极气体通过外部冷却器进行循环；电解液通过外部冷却器循环等方法。电池的散热装置一般由电池公司设计制作。

5.3.4 其他储能装置

除了前面所介绍的各种电池外，还有空气电池、超级电容器、飞轮储能器和太阳能电池等。这些电池一般不需要冷却，保证安装时的牢固可靠和良好的通风环境即可。

5.4 电动机和控制器散热

5.4.1 电动机和控制器的冷却方式

1. 电动机冷却

电动汽车的驱动电动机有别于传统的电动机。由于采用驱动电动机后，电动汽车一般不再装配离合器，车辆变速器挡位也变得较少甚至取消，车辆的起步、加速、高速行驶全靠电动机来实现。而电动机的内阻不可能为零，因此在上述行驶中的大电流状况下，电动机的内耗也会急剧增加，电动机的内耗几乎全部以热量的方式释放。如果电动机得不到有效地冷却，电动机的内部温度不断升高，导致电动机效率下降，如果温度过高，就会造成内部烧蚀甚至击穿导致电动机损坏。另外，多数电动机内部均有磁性材料，温度过高，会导致磁性材料稳定性下降，磁性降低，甚至磁性消失，导致电动机损坏。因而，控制电动机的工作温度(尤其是最高温度)尤为重要。

电动机常见的冷却方式有风冷和液冷。采用风冷方式较为常见，如一些小型电动机、交流电动机、开关磁阻电动机、异步电动机等；液冷方式主要用在一些永磁电动机。从理论上讲，几乎所有的电动机既可以采用风冷也可以采用液冷，最大的区别主要体现在电动机的设计用途和功率密度上。

如果车辆安装空间自由度较大，通风情况良好，电动机的重量要求不是很苛刻，可以采用风冷电动机。为了节约车辆空间，缩小电动机的体积，降低电动机的重量，提高电动机的功率，可采用液冷方式。

由于风冷电动机不需要散热水道，在制作和工艺上要求较低，成本相对较低。液冷电动机结构复杂，一般在外壳体上布置冷却水道，而且需要增加较为严格的防护措施，因而成本较风冷电动机要高。风冷电动机为了获得必要的冷却效果，体积相对较大，且表面一般采用冷却栅的方式增加散热面积，而且还需要在电动机的封闭端增加散热风扇以增加散热效果，因而风冷电动机体积大和质量较大。

多数电动汽车尤其是大功率电动汽车一般采用液冷电动机。液冷电动机需要增设额外的电动水泵和散热器等装置来为电动机提供冷却。这增加了额外功耗，使结构较为复杂，且布置和安装要求较高。

2. 主电动机控制器冷却

主电动机控制器与电动机的冷却方式一样，也有风冷和液冷之分。在外观上，风冷的控制器体积要较液冷的控制器体积大，风冷控制器一般需要装备多个强制散热风扇，进行强制通风。车载电动机控制器的冷却方式主要取决于电动机的冷却方式。一般情况下，这两者均可采用相同的冷却方式进行冷却。

3. 其他控制装置

系统控制器除了有主电动机控制器(简称控制器)外，还有若干小功率的 DC/DC 或者 DC/AC 逆变器。其中 DC/DC 将高压直流转变为低压直流，为低压电路供电或者为低压蓄电池充电；DC/AC 逆变器则产生交流电来驱动空调压缩泵电动机、动力转向泵电动机、制动泵电动机和冷却泵电动机。控制装置一般允许最高温度为 60～70℃，而最佳工作环境温度在 40～50℃。周围环境的温度较高时，很容易达到其允许温度限值。因此，这些装置都要有自身附带的散热设备，对其温度进行控制，需要做的就是选择合适的安装位置，并预留必要散热空间。

5.4.2 电动机和控制器的冷却需求

电动机和控制器的最高允许温度和冷却方式有所不同，因而冷却要求略有差别。对于风冷电动机及控制器来说，只能从本身的设计上进行改善，如增加散热面积、增加必要的强制通风设备等，这些要求在电动机设计的时候就被提出。在安装时，设备必须安装在开放位置或者通风良好的环境下。

而对于液冷的电动机和控制器来说，需要对电动机和控制器进行合理的设计和安装，采用匹配的散热系统，方能满足使用要求。电动机的热源来自电动机内部，即电流流过定子绕组时产生的铜损耗，在铁心内当磁通变化时所产生的铁损耗，轴承摩擦所产生的机械损耗及附加损耗。电动机产生的热量，首先通过传导方式传送到电动机的外表面，然后借辐射和对流作用将热量从电动机外表面散发到周围冷却介质中去。电动机的冷却情况决定了电动机的温升，温升又直接影响电动机的使用寿命和额定容量。电动机的冷却介质一般选用水、防冻液或油等。

为了保证冷却效果，电动机和控制器的安装位置尤为重要，为保证冷却液的顺畅，通常会将电动机安装设计成有一定的倾角的布置方式，位置较低的水口作为进水口，位置较高的水口为出水口。而控制器内部由于设计较为特殊，为了避免散热不均对内部产生影响，一般采用控制器生产厂家要求的安装方式，一般采用水平安装，图 5.5 所示为某大型电动客车电动机及控制器布局图。

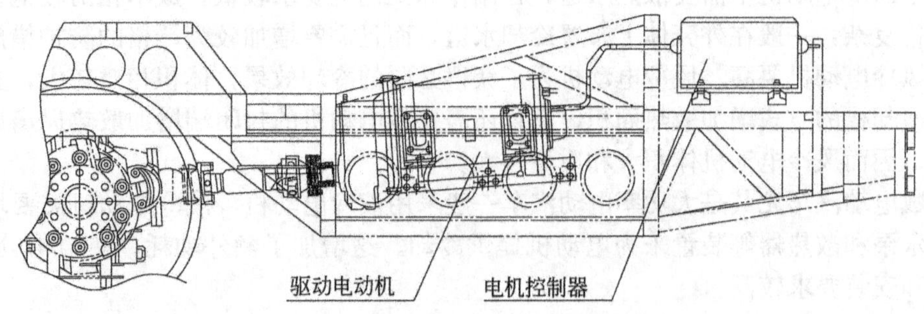

图 5.5 某电动客车电动机及控制器布局图

由于电动汽车采用一套液冷设备，因此，对于电动机和控制器而言，要想获得最佳的冷却效果，冷却液的流向十分重要。如图 5.6 所示，冷却液的流向是从散热水箱下部出来后，经水泵后先冷却电动机控制器，从电动机控制器流出的冷却液进入电动机的低位进水口，然后回流到散热水箱的上回流口。这样一个循环下来，保证了控制器的冷却需求，使电动机控制器得到整个系统最低温度的冷却液。

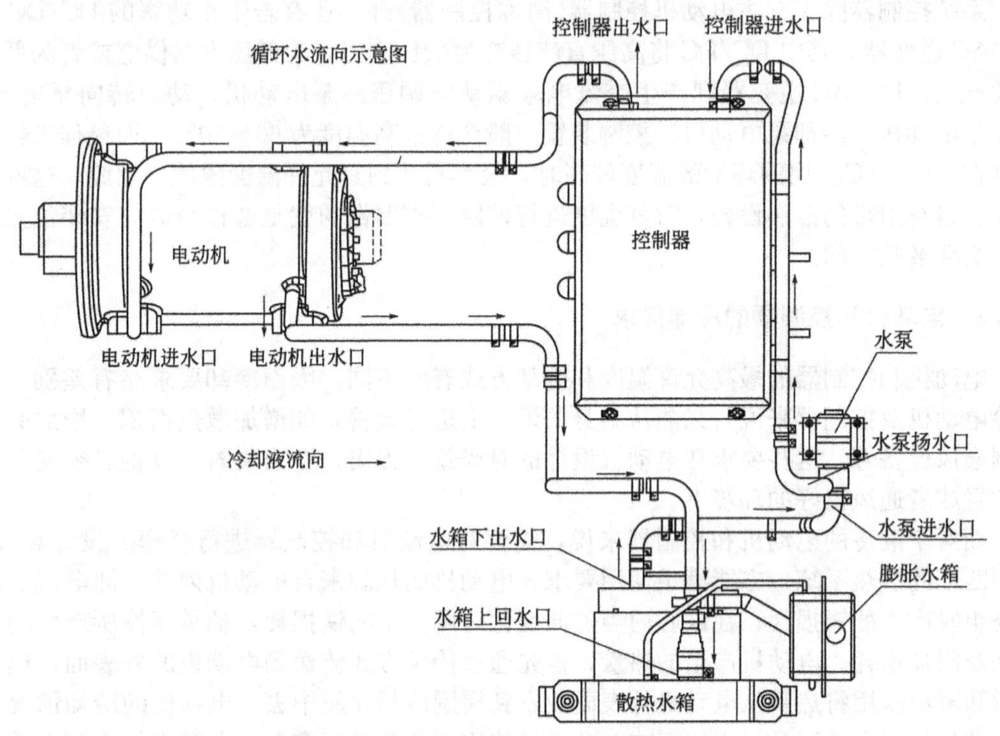

图 5.6 某电动汽车循环水路布置图

为了保证整个系统的冷却效果和可靠性，上述循环系统的水泵需要在车辆的整个运行期间内连续工作，同时为了节约车载能源，散热水箱的风扇可采用温控风扇，能够根据冷却液的温度控制转速，当冷却液温度较低时，可以关闭散热风扇以节约电能；当循环水温度稍高时，以一个较低的风扇转速对散热水箱进行冷却；当循环水的温度高时，散热风扇全速运行，以获得较大的散热量，维护散热系统的温度不过高。

5.5 电动机和控制器散热量计算

电动机和控制器属于低发热部件，在正常情况下的发热量较低，一般不会导致冷却液的温度升高较大。但是在长时间运行或者大功率运行的情况下，还是容易导致冷却液温度偏高。由于电动机及控制器的温度要求非常苛刻，往往与环境的温度相差较小，由于温差过小，对于散热系统的要求就会大大提高。因此需要进行计算分析，方能确定散热器的功率需求。

5.5.1 电动机控制器的发热损耗计算

电动汽车的电动机控制器，采用功率模块作为主开关器件，负载为交流电动机。对于电压控制型功率模块和电感性负载，功率模块损耗 P_{d1} 如下式：

$$P_{d1}=P_s+P_c=0.5U_{CE}I_{CE(PK)}(t_{s(on)}+t_{s(off)})f_s+U_{CE(sat)}I_{CE}\delta \tag{5-1}$$

式中：P_s为开关损耗；P_c为通态损耗；U_{CE}为模块断态集-射电压；$I_{CE(PK)}$为模块通态峰值电流；$t_{s(on)}$为模块开通时间(开通延迟时间 $t_{d(on)}$＋上升时间 t_r)；$t_{s(off)}$为模块关断时间(下降时间 t_f＋关断延迟时间 $t_{d(off)}$)；f_s为功率模块最大开关频率；$U_{CE(sat)}$为功率模块饱和降压；I_{CE}为功率模块通态电流；δ为占空比。

对于电动机控制器的冷却系统的设计，冷却系统的耗散功率应与功率模块损耗相平衡，因而电动机控制器冷却系统的耗散功率可用 P_{d1}来等效。

5.5.2 电动机发热损耗计算

电动机的发热损耗主要有电动机铁损、机械损耗、附加损耗等。电动机损耗 P_{d2} 可通过下式计算：

$$P_{d2}=P_{Fe}+P_{fw}+P_{ad}=C_{Fe}(E_1/f_1)^2(f_1/f_{1n})^a+C_{fw}[f_1(1-s)]^3+0.005P_2 \tag{5-2}$$

式中：P_{Fe}为电动机铁损；P_{fw}为电动机机械损耗；P_{ad}为电动机附加损耗；P_2为电动机轴输出功率；C_{Fe}为铁耗常数；E_1为定子感应电动势；f_1为定子频率；f_{1n}为电动机额定频率；a 为指数(a=1.5～2.0)；C_{fw}为机械损耗常数；s 为电动机实际运行时的转差率。

其中：

$$C_{fw}=P_{fwn}/[f_1(1-s_n)]^3 \tag{5-3}$$

式中：P_{fwn}为额定输出时电动机机械损耗值；s_n为额定输出时电动机转差率。

同样，对于电动机的冷却系统设计，冷却系统的耗散功率应与电动机发热损耗相平衡，因而电动机冷却系统的耗散功率可用 P_{d2}来等效。

5.5.3 电动机和驱动器一体化液冷系统设计

为了降低成本，节约空间，电动汽车电动机和电动机控制器一般采用一体化冷却结构，电动机和驱动器的连接方式可以使用并联也可以使用串联的方式。由于电动机和控制器的能耗基本一致，一般采用串联的方式，也就是图 5.5 中所示的结构方式。无论是串联还是并联，系统发热量均为电动机的发热损耗 P_{d2}和电动机控制器的散热损耗 P_{d1}。因此，电动机和电动机驱动器一体化系统的发热损耗 P_d表达为：

$$P_d = P_{d1} + P_{d2} \tag{5-4}$$

由上述分析可以看出，电动机和电动机控制器在工作过程中存在着不可忽略的损耗，因而冷却系统设计计算必不可少。

5.6 采用液冷的电动机控制器和电动机动态温升

5.6.1 采用液冷的电动机和控制器的冷却结构

采用液冷的电动机和控制器的冷却系统，一般由控制器、冷却单元、继电器、内外冷却套组成。

1. 控制器的液冷方式

控制器的液冷方式主要是在控制器的底部加装循环散热板，与主要的控制器功率元件接触散热，其机构如图 5.7 所示。

2. 电动机的液冷结构

电动机的液冷结构主要由电动机冷却套和电动机冷却内套组成如图 5.8 所示。

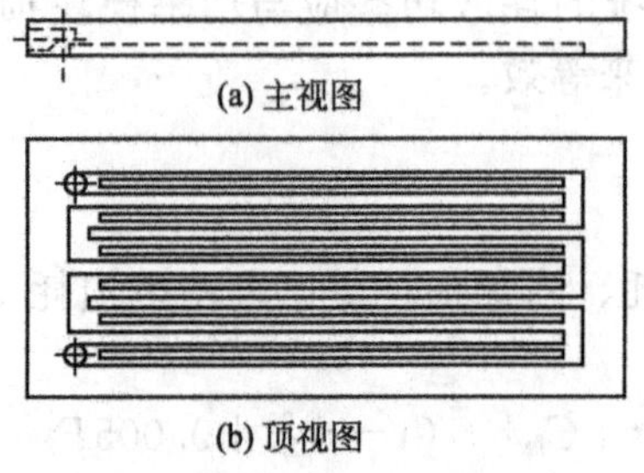

图 5.7 电动机控制器冷却单元

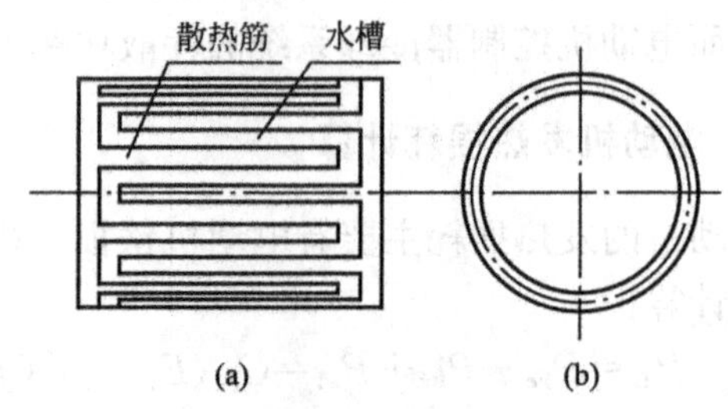

图 5.8 电动机定子内套

电动机的冷却系统水道可采用轴向和圆周方向两种布置形式，下面以采用轴向水道作为电动机内套结构(图 5.8)进行分析。电动机或电动机控制器水道常采用平滑过渡结构，可以大大降低水循环系统的流阻。

5.6.2 热阻等效电路分析

本设计采用热阻等效电路的形式分析电动机和电动机控制器冷却系统热阻，等效时以冷却系统耗散功率等效为电流源，热阻产生的温差等效为电压，热阻等效为电阻。

1. 电动机控制器热阻等效电路

假设电动机控制器功率模块采用并排的紧密布置方式，可近似认为功率模块为单一热源；同时冷却系统采用优化的设计方案，使得冷却系统的热量能够及时散发，因而可以认为，用于牵引逆变器的散热器是一个均质发热体。依据上述等效关系得到的电动机控制器冷却系统热阻等效电路，如图 5.9 所示。

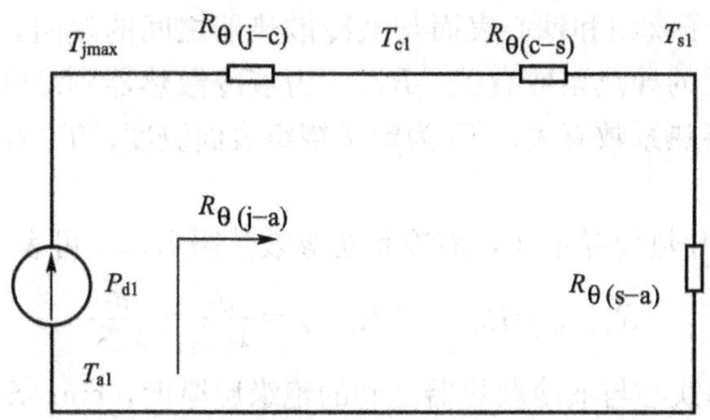

图 5.9 电动机控制器冷却系统热阻的等效电路

图中，$R_{\theta(j-c)}$为功率模块的结-壳热阻；$R_{\theta(c-s)}$为管壳到液冷散热器的热阻；$R_{\theta(s-a)}$为液冷散热器到冷却水的热阻；T_{jmax}为功率模块芯片的最高结温；T_{c1}为功率模块的管壳温度；T_{s1}为液冷散热器温度；T_{a1}为冷却水温度。故液冷系统等效热阻$R_{\theta(j-a)}$可表示为

$$R_{\theta(j-a)}=R_{\theta(j-c)}+R_{\theta(c-s)}+R_{\theta(s-a)} \tag{5-5}$$

式中：$R_{\theta(j-c)}$与模块性能相关，$R_{\theta(c-s)}$与模块和液冷散热器的接触面状况相关。二者均可由模块使用手册中查得。将液冷散热器和冷却水之间的热交换过程看成一种平壁导热，根据傅里叶热传导定律，传导热阻$R_{\theta(s-a)}$可表示为

$$R_{\theta(s-a)}=\delta_1/(\lambda_1 S_1) \tag{5-6}$$

式中：δ_1为电动机控制器液冷散热器壁厚，cm；S_1为电动机控制器液冷散热器与冷却水之间的热交换面积，cm^2；λ_1为液冷散热器导热率，$W\cdot(K\cdot cm)^{-1}$。

由电动机控制器冷却系统热阻的等效电路，根据均质发热体发热过程的动态温升计算方法，可得一定电动机控制器功耗P_{d1}下的液冷散热器达到热平衡时的稳态温度T_{s1}：

$$T_{s1}=T_{a1}+P_{d1}R_{\theta(s-a)}(1-e^{-t/\tau_1}) \tag{5-7}$$

式中：τ_1为电动机控制器发热过程时间常数；T_{a1}则由实验数据测得。

2. *电动机热阻等效电路*

由于绕组的铜耗和铁耗在电动机定子中是均匀的，绕组和铁心是等温体，因而可以用平均温升来表示绕组和铁心的温度，电动机冷却时的温度将集中在绕组绝缘层和电动机液冷散热器表面与冷却水的接触面中。因绝缘介质本身损耗很小，而冷却介质不是热源，因此可利用热阻等效电路来计算液冷系统条件下的绕组和铁心的平均温升。电动机冷却系统热阻等效电路，如图 5.10 所示。

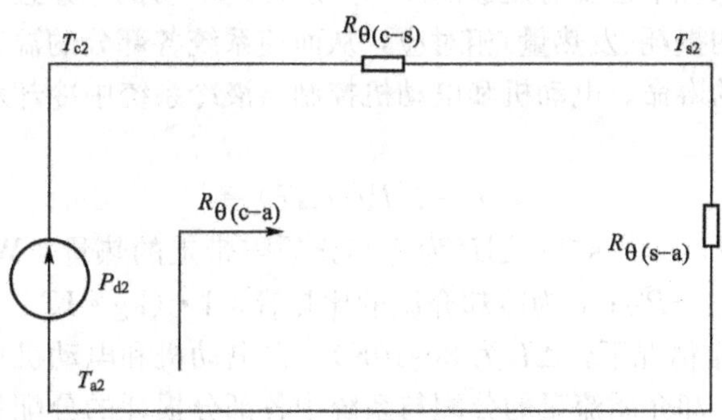

图 5.10 电动机冷却系统热阻的等效电路

图中，$R_{\theta(c-s)}$为定子绕组和铁心表面与液冷散热器之间的热阻，与绕组和铁心与液冷散热器之间的绝缘介质的导热系数有关；$R_{\theta(s-a)}$为液冷散热器到冷却水的热阻，与液冷散热器和冷却水之间的导热系数有关；T_{c2}为定子绕组表面温度；T_{s2}为液冷散热器温度；T_{a2}为冷却水温度。

由图 5.10 和傅里叶热传导定律，液冷系统等效热阻$R_{\theta(c-a)}$可表示为

$$R_{\theta(c-a)}=R_{\theta(c-s)}+R_{\theta(s-a)}=\frac{\delta_2}{\lambda_2 S_2}+\frac{\delta_3}{\lambda_3 S_3} \tag{5-8}$$

式中：δ_2为定子绕组和铁心与液冷散热器之间的绝缘层厚度，cm；S_2为绝缘层的热交换面积，cm^2；δ_3为电动机液冷散热器壁厚度，cm；S_3为电动机液冷散热器与冷却水之间的热交换面积，cm^2；λ_2为绝缘层的热传导系数，$W\cdot(K\cdot cm)^{-1}$；λ_3为液冷散热器导热系数，$W\cdot(K\cdot cm)^{-1}$。

由电动机液冷系统热阻等效电路，根据均质发热体发热过程的动态温升计算方法，可得一定电动机功耗P_{d2}下的液冷散热器达到热平衡时的稳态温度T_{s2}：

$$T_{s2}=T_{a2}+P_{d2}R_{\theta(s-a)}(1-e^{-t/\tau_2}) \tag{5-9}$$

式中：τ_2为电动机发热过程时间常数；T_{a2}由实验数据测得。

5.6.3 电动机及其驱动器液冷系统参数设计

1. 流体状态分析

电动机和电动机控制器一体化液冷系统管道形状复杂，存在着多次弯曲和截面的变化，流体在管道中的流动状态不仅与流体的速度有关，而且与管道的几何尺寸、流体的黏着系数有关，通常用雷诺数R_e来表示流体的状态。

$$R_e=vd\rho/\mu \tag{5-10}$$

式中：v为管道中流体的平均速度，$m\cdot s^{-1}$；d为管道直径或者等效直径，m；ρ为流体的密度，$kg\cdot m^{-3}$；μ为流体的粘着系数，$kg\cdot(m\cdot s)^{-1}$。

实验表明，当$R_e>4000$时，流体在管道中以紊流为主。紊流状态下的流体同时沿管道轴向和径向流动，管道中各点运动状态十分不规则，流速时刻在变化，使得流体流动阻力急剧增加，附着在管壁的边界层大大减薄。

2. 流量计算

一个合理的冷却系统不但要有足够的冷却介质通过电动机，并且应该使这些冷却介质的分配与系统各部分的损耗(发热量)相对应，从而使系统各部分的温升较为均匀，避免因局部过热而影响系统的寿命。电动机和电动机控制器液冷系统中冷却水在单位时间内流量q_v可由下式计算：

$$q_v=\sum P/(c\Delta T) \tag{5-11}$$

式中：q_v为冷却水流量，$m^3\cdot s^{-1}$；$\sum P$为冷却介质需带走的热量，W，对于电动机和电动机控制器，$\sum P=P_{d1}+P_{d2}$；c为冷却介质的比热容，$J\cdot(kg\cdot K)^{-1}$；ΔT为冷却介质通过系统的温升，K(正常情况下，ΔT为8～10K)。在电动机和电动机控制器一体化冷却系统设计中，注意保持冷却介质流量的分配与系统中各部分损耗的分配相对应，对冷却结构进行详细的流量计算，并在实验中加以修正。

3. 流阻计算

复杂的管道形状变化，如截面突然扩大、缩小、弯曲等，使流体产生涡流、加速或旋转等，都将产生一定的能量损失，这种能量损失可通过流阻 Z 来表示。当流体通过管道时，流阻可表示为：

$$Z=\xi\rho/(2S^2) \tag{5-12}$$

式中：Z 为管道流阻，$Z=Z_1+Z_2$，Z_1为电动机控制器液冷系统流阻，Z_2为电动机液冷系统流阻，$kg \cdot m^{-7}$；ξ 为局部阻力系数，通过设计水路形状来计算；ρ 为管道中流体密度，$kg \cdot m^{-3}$；S 为管道的截面，m^2。

4. 水泵功率计算

为维持水流不断地以稳定流量通过一系列的串、并联的水路，并带走水流动过程中从电动机和电动机控制器吸收的能量，必须不断地为系统补充能量。对于液冷系统，通过水泵将机械能转变为水流的能量，维持水系统的循环流动。水泵功率 P_f为：

$$P_f=Zq_v^3 \tag{5-13}$$

5. 选择合适的散热循环系统

通过计算，可以分别得出控制器和电动机的散热量，以及控制器和电动机的进水口和出水口的温升，然后根据温差要求，通过公式计算出冷却液流量等数据以及整个散热系统的散热需求，确定散热系统的参数和循环水泵的参数，从而确定整车的散热系统的配置。为了确保在电动汽车过载或者大功率下的散热循环，建议保守选择散热器和水泵。

小　结

冷却散热技术是车辆辅助系统的核心技术之一，是动力、传动装置正常工作的重要技术保证，直接影响车辆性能指标的实现。电动汽车主要的热源有电池、控制器、电动机等，统称电动汽车三大热部件。电动汽车循环冷却系统的设计不但需要根据选用的不同部件的散热特点采取相应的冷却措施，还应对各热源部件进行实时监控，形成智能化和自动化控制的循环冷却系统。

习　题

1. 电动汽车上的发热部件有哪些？各部件的冷却形式有哪些？
2. 简述电动汽车冷却散热的基本要求。
3. 简述电动汽车电动机及控制器散热的计算方法。

第6章 电动汽车辅助系统

本章学习目标

★ 了解电动汽车辅助系统与传统汽车的区别
★ 掌握各辅助系统的构造和工作方法

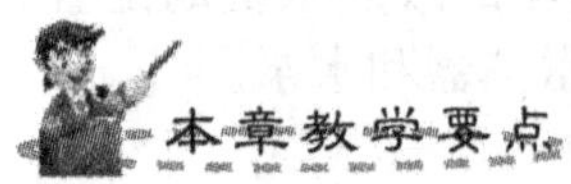

本章教学要点

知识要点	掌握程度	相关知识
电动汽车辅助系统	了解电动汽车辅助系统与传统汽车的区别	电动汽车辅助系统
电控助力转向系统	了解电控助力转向系统的工作原理	EPS系统； 电子控制器ECU； 电子控制器控制策略
线控制动系统	了解线控制动系统的工作原理	电子液压式制动系统； 电子机械式制动系统
电控悬架系统	了解电控悬架系统的工作原理	电控悬架系统的功能； 电控悬架系统分类
电动空调系统	了解电动空调系统的工作原理	空调变频电源系统

导入案例

电动汽车的辅助系统(图 6.1)很多，与传统汽车的较大区别主要有：电控助力转向系统、线控制动系统、电控悬架系统和电动空调系统。

电动汽车转向系统与传统车辆类似，针对目前驾驶灵活度和舒适度，电动汽车也需要安装助力转向系统。由于电动汽车电动机不存在怠速，尤其对需要液压助力转向的车辆来说，无法像传统汽车一样提供一种持续的动力能源，因而，需要采用新的转向助力方式。对于制动系统，电控悬架系统和空调系统也有类似要求，因而，电动汽车选择合适的电动辅助系统尤为重要。

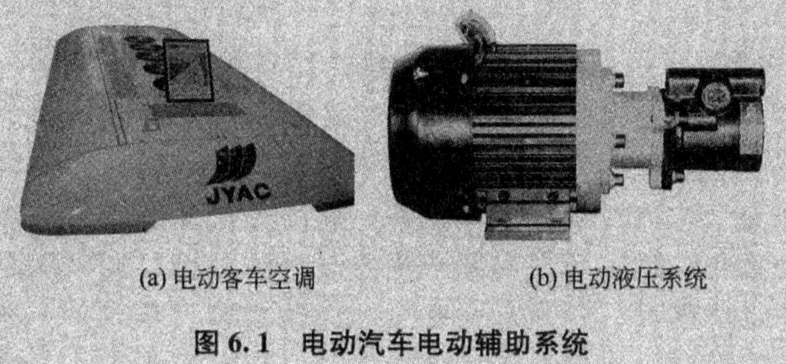

(a) 电动客车空调　　(b) 电动液压系统

图 6.1　电动汽车电动辅助系统

6.1　电控助力转向系统

6.1.1　概述

汽车在行驶过程中，经常需要改变方向。就轮式汽车而言，改变行驶方向的方法是：驾驶员通过一套专设的机构，使汽车转向桥上的车轮相对于汽车纵轴线偏转一定角度。此时路面作用于转向轮上向后的反作用力就产生了垂直于车轮的分量，并成为汽车作转弯运动的向心力。另外，在汽车直线行驶时，往往转向轮也会受到路面侧向干扰力的作用，产生自动偏转而干扰行驶方向。此时驾驶员也可以利用这一套机构使转向轮向相反的方向偏转，从而使汽车恢复原来的行驶方向。这一套用来改变或恢复汽车行驶方向的专设机构即称作汽车的转向系统。

随着现代汽车技术的发展，对汽车转向系统提出了越来越高的要求，主要包括以下方向：

(1) 良好的操纵性。即对方向盘的操纵轻便灵活，特别是在低速行车时，由于轮胎与地面的摩擦阻尼，对传统机械转向系的方向盘转动操作会相当费力，虽然增大其转向器传动比，能放大方向盘操纵力的转向力矩，但方向盘的转动角度也成正比增加，并影响了转向灵敏度。

(2) 较高的转向灵敏度。指在对转向器操纵下，车轮能快速响应使车身转向。这除了要求转向系的空行程间隙较小外，对传统机械转向系就要求转向器具有较小的传动比，以小的方向盘转角获得迅速转向，所以它与操纵轻便性是一对矛盾。而对于动力转向系，灵敏度主要反映在产生助力响应的快慢程度，助力作用快，转向就灵敏。

(3) 转向车轮的运动规律正确稳定，要求内、外侧转向轮的偏转角以及驱动轮的差速比正确稳定，两者的比值与方向盘的转角始终保持一定的关系，以保证在转向时各个车轮只有滚动而无滑动现象。

(4) 具有良好的稳定操控性。转向结束时方向盘具有自动回正功能，并使汽车具有直线行驶稳定性。驾驶员通过方向盘对转向过程中，车轮与地面之间的运动状况能保持适当的“路感”。减弱或避免因路面不平撞击转向轮而产生的冲击传递到方向盘。

(5) 安全可靠性。当汽车发生碰撞时，转向装置应能减轻或避免对驾驶员的伤害。对于动力转向系，当动力转向失效或发生故障时，应保证通过人力转向仍能进行转向操纵。

(6) 较小的转弯半径。该项要求也可通过四轮转向来满足。

随着汽车对转向功能要求的提高，转向系统也随之出现各种新的类型。按转向系统有无助力可分为机械转向系和动力转向系两大类。动力转向系是将发动机动能或蓄电池电能，经液压泵、空气压缩机或电动机，转换为液体压力、气体压力或电动机输出的机械能，从而增加(助力)驾驶员操纵转向轮转向的力。动力转向系按传力介质的不同，可分为液压动力转向、气压动力转向、电动式动力转向三大类。按控制方式可分为机械式和电控式两种，其中机械控制液压助力转向系统和电子控制液压助力转向系统目前应用的较为普遍。本节将介绍电子控制电动助力转向系统(EPS)及其结构特点。

6.1.2 EPS 系统的基本组成

电子控制电动助力转向系统(Electric Power Steering，EPS)是转向系统未来的发展方向，也是适于在电动汽车中应用的转向系统，它随着计算机及电动机控制技术的发展而成熟。

EPS 系统主要由传感器(车速传感器、转矩传感器、转向角传感器)、电子控制器 ECU 和执行机构(电动机、电磁离合器、齿轮减速及其传动件)三大部分组成。图 6.2 所示为电子控制电动助力转向系统的基本组成。

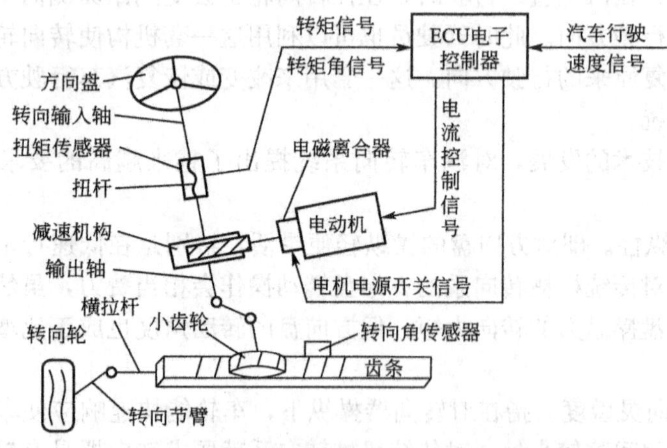

图 6.2　电子控制电动助力转向系统的基本组成

6.1.3 EPS系统的工作原理

传感器将采集到的信号经滤波放大处理后，输入电子控制器ECU，ECU通过运行其内部的控制算法，向执行机构发出指令，控制执行部件的动作。如图6.2所示，其工作过程为：当操纵方向盘时，转矩传感器产生与输入转向力矩相对应的电压信号，该信号与车速信号同时输入ECU，由ECU中的计算机系统运算处理后，确定其助力转矩的大小和方向，即选定电动机的驱动电流和方向，调整转向的辅助动力。电动机的转矩通过电磁离合器输出，再经减速机构减速增扭后，加在汽车的转向机构上，使之得到一个与工况相适应的转向作用力。

6.1.4 电子控制器ECU及其控制策略

电子控制器ECU的基本组成如图6.3所示。它包括RAM、ROM、单片机及与其相应的外围接口电路。外围接口电路主要包括：整形放大输入接口电路、A/D转换器、D/A转换器、电流控制电路、驱动电路、故障诊断输出及稳压电源等。

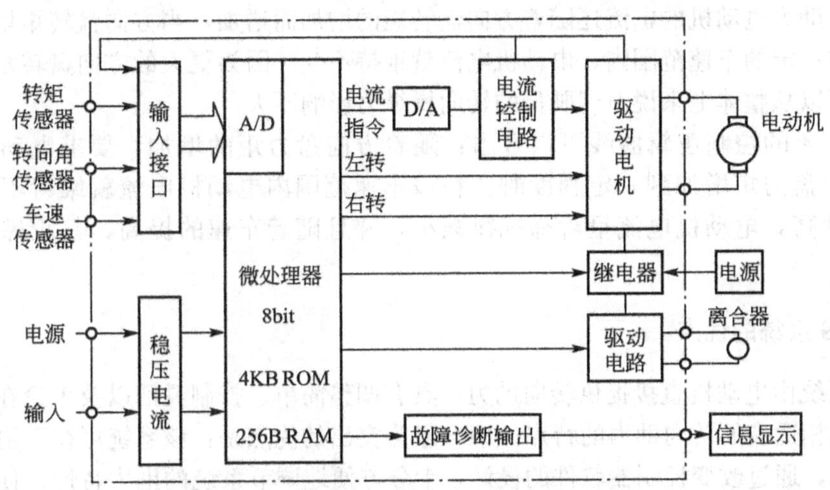

图6.3 电子控制器ECU的基本组成框图

汽车转向运行时，转向转矩、转向角和车速信号经整形放大后，通过A/D转换器将模拟信号转换为数字信号被输入微处理器CPU。CPU根据这些信号计算出最优化的助力转矩值，然后把该值作为电流命令值送到D/A转换器转换为模拟量，再将其输入电流控制电路。电流控制电路把来自CPU的电流命令值同电动机电流的实际值进行比较，产生一个差值信号，该差值信号被送到电动机驱动电路。同时CPU控制电动机驱动电路输出一个决定电动机的转动方向的信号，电动机按其要求的电流值和方向提供转向机构相应的助力。当汽车速度达到一定值不需要转向助力或系统出现故障时，CPU发出信号经继电器切断电动机和离合器驱动电路的电源停止其转向助力。

随着汽车车速和方向盘输入力矩的变化，助力电动机通过改变驱动电流也做相应的变化。ECU的控制逻辑如图6.4所示。由于地面对轮胎偏转阻力随车速的提高而减小，因此随着车速的提高，方向盘的辅助动力应该相应地减小，即需减小助力电动机的驱动电流。然而在实际控制中，电动机电流是按阶梯规律下降的。在起动和低速时，电动机电流的变化比较大，因为在车速极低时，方向盘上所需的转矩要大得多。当车速超过一定值时，方向盘上的操纵力会很小，为了保持一定的操作性，这时助力电动机和电磁离合器停止工作。

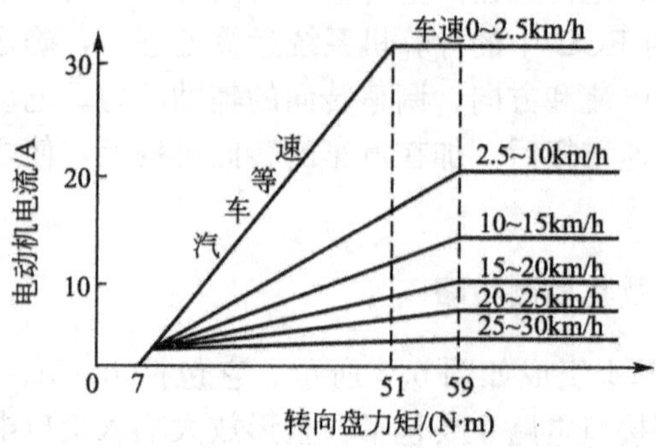

图 6.4　助力电动机电流的控制逻辑

另外，助力电动机的电流还随着方向盘转矩的增加而增加，当方向盘转矩增加到一定程度后，在一定的车速范围内，电动机电流就维持不变。因为更大的方向盘转矩出现的概率很小，所以从整体上来说对驾驶员的转向操纵力影响不大。

由图 6.4 的控制逻辑曲线可以看出：随着方向盘力矩的增加，要求电动机电流增加，当方向盘力矩增加到一定程度时，在该车速范围内电动机电流就维持不变；而随着车速的升高，电动机电流呈阶梯规律减小，并且随着车速的提高，其阶梯变化也越来越小。

6.1.5　EPS 系统的优点

EPS 系统由电动机直接提供转向助力，具有调整简单、控制灵活以及无论在何种工况下都能提供相适应的转向助力的特点。EPS 最为突出的优点是：该系统可在不更换系统硬件的情况下，通过改变控制器软件的设计，十分方便地调节系统的助力特性，使汽车能在不同的车速工况下获得所要求的助力特性。车轮转向时，轮胎与地面的摩擦阻尼随车速降低而增大，因此要求所控制的转向助力随车速增加而减小。EPS 系统通过控制电动机电流即可方便地控制转向助力，使驾驶员在低速停车时可获得较大的转向助力。而在车速很高时，由于方向盘的转动力会很轻，需要避免地面侧向力对方向盘轻微干扰而引起汽车偏离方向，并且消减因路面不平将转向轮的冲击传到方向盘而造成的“打手”现象。另外，在转向结束时，方向盘都有自动回正功能，使汽车保持稳定直线行驶，并使驾驶员通过方向盘对转向过程中车轮与地面之间的运动状况能始终保持适当的“路感”。因此在汽车高速行驶时，要求助力系统能对转向系统有一种“反向”助力，即适当增加转向系统的阻尼。这一点传统的液压或气压动力转向系统很难做到，而 EPS 系统利用电动机特性即可实现。

由于没有液压式动力转向系统所必需的常运转油泵，电动机只需在要求转向时接通电源运行，从而节省了能源的消耗。另外，由于结构紧凑，没有液压系统所需的质量较高的储油罐、油泵、管路等，使其整个电子控制电动助力转向装置的质量大大减轻，并且也不必补充油液等，一般要比同规格的液压式动力转向系统轻25%。这对于车载能源不富裕的电动汽车来说尤为适用，使工作更加可靠。

此外，EPS系统有助于四轮转向的实现，还促进车辆悬架系统的发展。

6.2 线控制动系统

线控制动系统(Brake By Wire，BBW)可分为两类，即电子液压式制动系统(Electro Hydraulic Braking，EHB)和电子机械式制动系统(Electro Mechanical Braking，EMB)。

电子液压式制动系统主要由带位移传感器的制动踏板、电子控制器、液压控制单元(HCU，包含电动机、液压泵、高压蓄能器、方向控制阀等)、传感器(轮速、压力、温度传感器)等组成。位移传感器将驾驶员踩下制动踏板的运动速度和踏板的行程信号传送到电子控制器，电子控制器再将这些信号与轮速传感器、压力传感器进行比较，判断出驾驶员的意图和汽车当前状态后，判断当前制动属常规制动还是控制制动。若是常规制动，则电子控制器不给液压控制单元控制信号，在人力作用下液压制动主缸提供的制动液将压力传递到制动轮缸，产生与操作制动系统等效的制动力。若是控制制动，电子控制器向液压控制单元发出控制信号，制动轮缸的高压制动液不是由液压制动主缸提供，而是由液压控制单元中的泵和高压蓄能器直接提供，这样就大大缩短了制动系统的反应时间，减少了紧急制动的制动距离。这个系统还不是纯粹的线控制动系统而是线控制动系统和传统制动系统的过渡方案。真正的线控制动是电子机械式制动系统EMB，其结构原理如图6.5所示。它除去了整个液压系统，制动力由车轮制动模块中的电动机产生。其主要组成部分有：带有踏板感应器的电子踏板模块，包括位移传感器和力传感器；计算和控制用传感器组，包括车轮转速传感器、方向盘转角传感器、偏航角度传感器、加速度传感器等；电子控制单元ECU；4个独立的电动机制动模块EMB；电源模块和通信网络等。

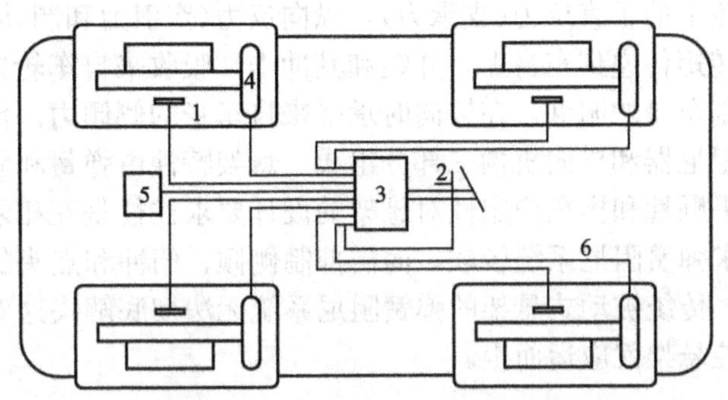

图6.5 汽车线控制动系统结构原理图

1—车轮转速传感器；2—踏板传感器；3—电子控制单元；4—电动机制动模块；5—电源；6—通信网络

汽车线控制动系统工作过程如下：当驾驶员踩下制动踏板后，传感器检测出制动动作和踏板力，经车载网络传给ECU，ECU结合其他传感器信号计算出最佳制动力，输出到4个车轮上的独立制动模块，通过它提供适当的控制量给电动机执行器，使其完成必要的转矩响应，从而控制制动器实现制动。此外，线控制动系统还能根据路面状况、车速和车载质量等信息有效控制制动距离，并能对驾驶员的动作意图做出反应。例如，若驾驶员突然将脚从加速踏板移到制动踏板，线控制动系统将直接进入紧急制动模式。

从结构上可以看出，线控制动系统具有其他传统制动系统无法比拟的优点。整个制动系统结构简单，省去了传统制动系统中的制动油箱、制动主缸、助力装置、液压阀、复杂的管路系统等部件，使整车质量降低。制动响应时间短，制动性能得以提高，无制动液，维护简单，有利于环保，系统总成的制造、装配、调试和标定简单快捷，易于采用模块化结构，采用电路连接，系统耐久性能良好，它还有利于未来的交通管理系统联网，并与其他功能快速集成。由于线控制动系统的上述优点，使其特别适合在电动汽车上应用，能够做到与能量回收系统有机地结合在一起，大大提高电动汽车能量回收效率。

由于线控制动系统能够独立控制每个车轮的制动力，可以获得最佳的附着力，这意味着无需增加硬件，仅通过软件即可实现防抱死控制、稳定性控制、制动力分配等功能，也能实现与牵引力控制、主动悬架系统的无缝连接，未来更能应用于避让障碍物的紧急制动系统。

线控技术已成为汽车技术的发展方向，而安全性和可靠性是线控制动系统面临的最大挑战，因此从系统的结构到功能、从硬件到软件、从控制算法到通信网络都必须围绕着安全性要求进行设计和开发。

6.3　电控悬架系统

6.3.1　概述

汽车悬架是指车身(或车架)与车轮(或车桥)之间的一切传动连接装置的总称。其功用是把路面作用于车轮上的垂直反力(支承力)，纵向反力(牵引力和制动力)和侧向反力以及这些反力所形成的转矩传递到车身上，并缓和其冲击，吸收来自车轮振动的能量，在汽车启动与制动时，抑制车身的俯仰，在转向时承受来自车身的侧倾力。传统的被动悬架主要由弹性元件、减振阻尼器和导向机构三部分组成。悬架特性由弹簧和阻尼元件的特性所决定，但是汽车行驶平顺性和操纵稳定性对悬架的设计要求往往是互相矛盾的，需缓冲和减振的行驶平顺性要求弹簧阻尼系统较软，而需抑制侧倾、俯冲和点头的操纵稳定性又要求弹簧阻尼系统较硬，传统被动式悬架的弹簧阻尼系统无法彻底解决这对矛盾。为了更好地解决这个矛盾，电控悬架就应运而生。

6.3.2　电控悬架系统的功能

电控悬架系统(Electronic Controlled Suspension System，ECSS)是根据汽车行驶速度、路面状况、整车载荷等行驶条件的变化，实时地主动调节悬架的刚度、减振器的阻尼系统、车身高度，使悬架性能总是处于最佳状态附近。即能同时满足汽车行驶平顺性、操纵稳定性等各方面的要求。电控悬架系统通常具有下述三项功能：

(1) 刚度调节功能。悬架刚度主要根据车速、路况、车身姿态来控制。当车速很高时应增大悬架刚度，以提高汽车高速行驶时的操纵稳定性。当汽车前轮遇到路面接缝或单个突起时，应减小后轮悬架的刚度，以减小车身的振动和冲击。而汽车在不平路面行驶时，为抑制车身产生大的振动，需使悬架刚度处于中等或偏高模式。当汽车在急转弯、紧急制动、突然起步或加速时，均应增大悬架刚度，以分别抑制车身的侧倾、俯仰，并使汽车的姿势变化减至最小，以改善操纵性。

(2) 阻尼调节功能。通过调节减振器阻尼来改变悬架具有相对较“柔软”或更“坚硬”的状态。当汽车在转弯、车速高于 60km/h 时制动、低于 10km/h 时加速或低于 20km/h 时急加速的情况下均需调节减振器阻尼使其变得更“坚硬”些。而在汽车转弯行驶 2s 后、制动结束 2s 后、加速时间已过 3s、起步加速至 15km/h 时或车速已达 50km/h 时的条件下，则均应将减振器阻尼调得稍“柔软”些。

(3) 车体高度调节功能。通过对悬架高度的控制，使车辆负载在规定范围内变化时保证车高一定，减小汽车在转弯时产生的侧倾。当车辆在凹凸不平的道路上行驶时，可适当提高车身高度以确保车辆通过性。当车辆高速行驶时，可降低车身高度来减少风阻，并提高车辆的操纵稳定性。当车辆卸载、驻车时，又可调节悬架高度来降低车身因卸载后所升高的高度，以改善汽车驻车。

6.3.3 电控悬架系统分类

电控悬架按控制方式可分为机械控制式和电子控制式两种。按功能又可分为半主动悬架、慢主动悬架和全主动悬架三类。将电控悬架系统分为电控变高度空气悬架系统、电控变刚度空气悬架系统、电控变阻尼减振器悬架系统、电控变高度-变刚度空气弹簧悬架系统和电控变高度-变刚度空气弹簧-变阻尼减振器悬架系统五类。

全主动悬架通常是对悬架的高度、刚度及阻尼进行全控制，根据汽车运动状态和路面状况，进行实时调节使其处于最佳状态。全主动悬架为保持所需动力介质(通常为空气或油液)的压力，具有一定功率的空气压缩机或液压泵电动机需经常运转，从而消耗相当的车载能源，占空间大且结构复杂。而半主动悬架只调节阻尼，阻尼可调的减振器由一台小型步进电动机驱动，只在调节时运转，功耗很低，结构简单，几乎不额外占用空间，所以被许多汽车所采用。以下将详细介绍全主动式电控悬架系统。

6.3.4 全主动式电控悬架系统

1. 全主动悬架系统优点

与其他悬架系统相比，全主动悬架具有以下优点：

(1) 汽车载荷变化时，主动悬架系统能自动维持车身高度使其变化较小，保证了汽车即使在凹凸不平路面上行驶时也能使车身平稳。

(2) 悬架刚度可以设计小些，使车身的固有振动频率在 1.2Hz 左右，保持在人感到乘坐非常舒适的范围内，由于刚度可自动调整，能有效防止和减缓汽车转弯时出现的车身倾斜，以及在起步、加速时引起车身的纵向摆动等。

(3) 一般的悬架系统，在汽车制动时，尤其是紧急制动时，车头会向下俯冲，使后轴载荷剧减，造成后轮与地面的附着条件严重恶化，制动失灵。主动悬架系统能防止这一不良后果，保证应有的附着条件和制动距离。

(4) 主动悬架可使车轮与地面一直保持良好接触，因而使附着力稳定，提高了制动力、牵引力、抗侧滑力，可提高动力性、安全性和经济性。

(5) 由于很好地控制和调整悬架的刚度和阻尼，消除了恶性振动冲击，提高了车辆的运行寿命。

2. 全主动式电控悬架系统控制原理

图 6.6 所示为全主动式空气悬架电子控制系统原理图。输入 ECSS 计算机控制系统的信号包括：方向盘转角传感器、加速度传感器、制动压力传感器、车速传感器、车身高度传感器、车门传感器以及模式选择开关等多种信号。其中方向盘转角传感器安装于转向柱上，通过方向盘的转角信号间接地把汽车转向程度(快慢、大小)的信息送给 ECU；加速度传感器的作用就是把加速踏板的加速动作信号送给 ECU；而制动压力传感器也就是制动踏板上的制动力信号，制动时向 ECU 送出一个阶跃信号，使 ECU 产生并输出抑制“点头”的信号；车速传感器安装于车轮上，送出与转速成正比的脉冲信号，ECU 利用该信号与方向盘转角信号，可计算出车身的倾斜程度；车身高度传感器有 4 个，分别位于前左、前右、后左、后右位置的相应悬架上。用来测量车身与车轮的相对高度，其变化频率和幅度可反映车身的平顺性信息，同时也用于车高的自动调节；车门传感器是为防止行车过程中车门未关闭而设置的；模式选择开关位于驾驶室仪表盘上，由驾驶员按需要可有“软”和“硬”两种控制模式选择，每种模式下按刚度和阻尼的大小依次有低、中、高三种状态，由 ECU 来决定。

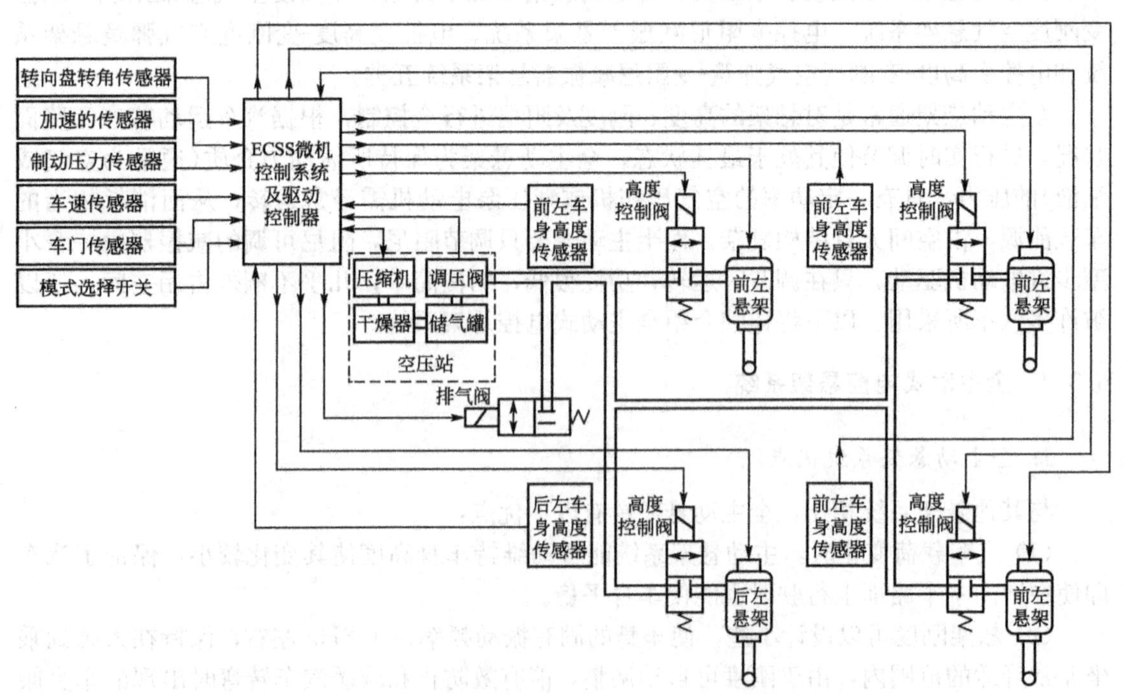

图 6.6　全主动式空气悬架电子控制系统结构原理图

全主动式电控悬架系统按其控制功能，可分为车速路面感应控制、车身姿势控制、车身高度控制三种，具体控制原理如下。

(1) 车速路面感应控制。这种控制主要是随着车速和路面的变化，改变悬架的刚度和阻尼，使之处于“软”或“硬”状态。在油气弹簧悬架系统中它是由悬架 ECU 自动控制的，而在空气弹簧悬架系统中它是由驾驶员手动控制的。在“软”或“硬”状态中，按刚度和阻尼的大小，又各分为低、中、高三个程度不同的层次。在“软”状态时，悬架经常处于低刚度、低阻尼层次，在“硬”状态时，悬架经常保持在中间层次。综合起来，根据汽车不同运行工况，可有六种不同的刚度、阻尼层次可供优选，使汽车平顺性、稳定性达到最佳值。车速感应控制包括高速感应控制、前后轮关联控制和路面感应控制。

(2) 车身姿势控制。当车速和转向急剧变化时，会引起车身姿势变化，这不但使乘坐不舒适，严重时会因转向使车身侧倾失去稳定性。所以随着设计车速的提高，车身姿势控制是必不可少的。车身姿势控制主要有转向车身侧倾控制、制动车身点头控制和起步车身俯仰控制。

(3) 车身高度控制。车身高度直接影响汽车行驶稳定性，尤其在不平路面上高速行驶时，必须对车身高度给予控制。车身高度控制分“常规状态”、“高状态”两种模式。由驾驶员根据运行工况选择。每种状态又从低到高分为“低”、“中”、“高”三个层次，通常在“常规状态”模式中，车身高度处于中层次，在“高状态”模式中车身高度处于高层次，当工况变化时，悬架 ECU 根据传感器输入信号，发出指令选择层次。当汽车上乘员人数和载荷变化时，悬架 ECU 能根据传感器输入的信号发出指令，在已选择的状态内自动选择合理的车身高度层次，车身高度控制主要包括高速感应控制和连续坏路面行驶控制两种功能。

6.4 电动空调系统

空调系统作为传统汽车和电动汽车功耗最大的辅助子系统，其功耗占所有辅助子系统功耗的60%～75%。电动空调系统由于能量效率高、调节方便、舒适性好等优点逐步成为车辆空调研发应用的热点和发展趋势。传统汽车与电动汽车空调系统的区别在于：电动空调压缩机可以采用电动机直接驱动，对压缩机高转速性和密封性的要求较高；电动汽车没有发动机的余热可以利用，需采用热泵型空调系统或辅助加热器。

相比传统汽车空调系统，电动空调系统在环境保护、动力舱结构布置以及车厢舒适性等各项性能指标上均处于优势，其主要优点如下。

(1) 电驱动压缩机空调系统可以采用全封闭的 HFC134a 系统及制冷剂回收技术，整体的高度密封性可以减小正常运行以及修理维修时制冷剂的泄漏损失，从而减少了对环境的污染。

(2) 电动空调的压缩机靠电动机驱动，因此可以通过精确地控制以及在常见热负荷工况下的高效率运行来降低空调系统的能耗，从而提高整车的经济性。

(3) 采用电驱动，噪声较低、可靠性高、故障率低、使用寿命长。

(4) 对于一体式电动压缩机，取消了发动机与压缩机之间的传动带，没有了张紧件的质量，相对于传统结构减小了整车质量。

(5) 可以在上下车之前预先启动电动空调，对车厢内的空气进行预先调节，增加乘客的舒适性，而传统空调则必须先启动发动机才能启动空调。

传统空调与电动空调的主要区别在于它们拥有不同的心脏——压缩机。一般车用空调压缩机采用开启式活塞压缩机，效率低、噪声大、且无法制热，存在制冷剂泄漏等问题。而车用空调不能采用高效的全封闭涡旋压缩机等先进技术，其原因就在于没有三相交流驱动电源，而电动汽车上的动力电池恰恰可以解决这一问题。新型电动变频空调系统应用高效全封闭涡旋压缩机等先进技术，改变了车用空调的机械驱动活塞式压缩机模式，推动了车用空调整体技术的提升。

新型电动变频空调工作原理如图 6.7 所示。

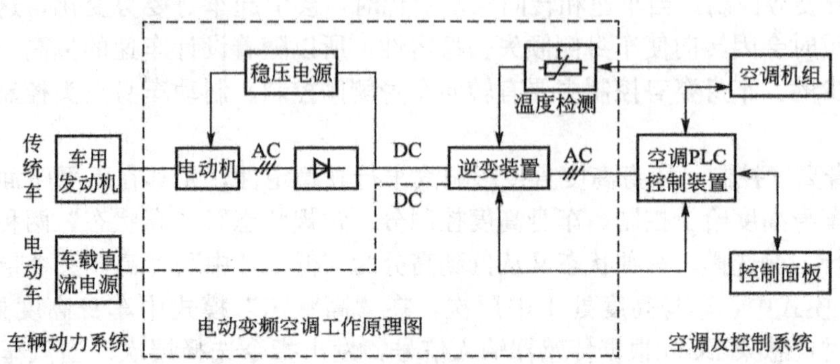

图 6.7 电动变频空调工作原理图

其核心技术是空调变频电源系统，包括高电压自整流发电机及其稳压模块、逆变电源模块两大部分。通过交直逆变电源的模块控制，对电动涡旋式压缩机进行电压空间矢量调制，实现电动涡旋式压缩机无级变频启动、基频制冷和降频保持等过程，彻底改变传统车用空调控制模式，节能效果明显，提高了舒适度。应用全封闭式涡旋压缩机，采用全焊接连接方式组成整体全封闭式无漏点系统，彻底解决了车用空调的制冷剂泄漏和密封技术难题，同时简化了安装，实现了空调系统的一体化集成设计。应用热泵循环原理，通过增加四通换向阀及调整相应的控制方式，方便地进行制冷、制热模式切换，实现车用空调的冷暖一体化。采用两台涡旋式压缩机、两套冷凝器和蒸发器构成两个独立系统，可以同时启动也可以单独启动，实现了空调效果与节能的有机结合。

全封闭式涡旋压缩机电驱动方式与开启式压缩机机械驱动方式相比，其主要优势如下：

(1) 能效高。能耗与同等规格传统车用空调相比节能 15%左右，与传统电加热相比制热能效比提高 40%。制热能效比是空调器的制热性能系数，表示空调器的单位功率制热量。

(2) 噪声低。比传统产品噪声低 5dB 以上。

(3) 彻底解决制冷剂泄漏难题，有利于降低温室效应。

(4) 工况不受发动机影响，变频调节温度，舒适性好。

(5) 热泵系统，不需要辅助设备，制热效率高。

(6) 可实现一体化设计，简化了安装。

(7) 可以达到免维护，使用寿命更长。

小　　结

电动汽车的辅助系统很多，与传统汽车相比，区别较大的有：电控助力转向系统、线控制动系统、电控悬架系统和电动空调系统。电动汽车选择合适的电动辅助系统尤为重要。

1. 电动汽车辅助系统与传统汽车相比有哪些区别？主要原因是什么？
2. 简述 EPS 系统基本组成及其基本原理。
3. 简述主动式电控悬架的功能及其优点。

第7章 电动汽车电气系统

★ 掌握电动汽车电气系统构成
★ 掌握电动汽车电气系统功能
★ 了解电动汽车网络化控制系统、通信系统
★ 了解电动汽车高低压电气系统构造

知识要点	掌握程度	相关知识
电动汽车电气系统	熟悉电动汽车电气系统构成，并了解各自功能	低压电气系统； 高压电气系统； 整车网络化控制
整车控制器	熟悉整车控制系统构造和功能，了解整车控制系统原理	控制系统的作用； 整车控制系统构成原理
能源管理系统	了解能源管理系统构成，熟悉其功能； 熟悉纯电动汽车能源管理系统构造； 了解制动能量回馈系统原理	能源管理系统； 纯电动汽车的能源管理； 制动能量回馈
通信系统	了解通信系统构造，熟悉各部分作用	CAN 总线； LIN 总线； TTCAN 总线； FlexRay 总线
车辆高低压电气系统	熟悉高低压电气系统原理和构造； 熟悉控制系统工作流程； 熟悉掌握高低压电气系统安全性要求； 了解高低压电气系统电磁兼容	高低压电气系统原理； 控制系统工作流程； DC/DC、DC/AC 功率转换器； 高低压电气系统安全性； 高低压电气系统电磁兼容性

导入案例

电气系统是电动汽车的神经系统，承担着能量与信息传递的功能，对电动汽车的动力性、经济性、安全性和舒适性等都有很大的影响，是电动汽车的重要组成部分。电气系统的工作性能直接影响电动汽车的主要性能，是电动汽车安全运行的保证，图 7.1 所示为电动机控制器，它是电动汽车系统组成的一部分。

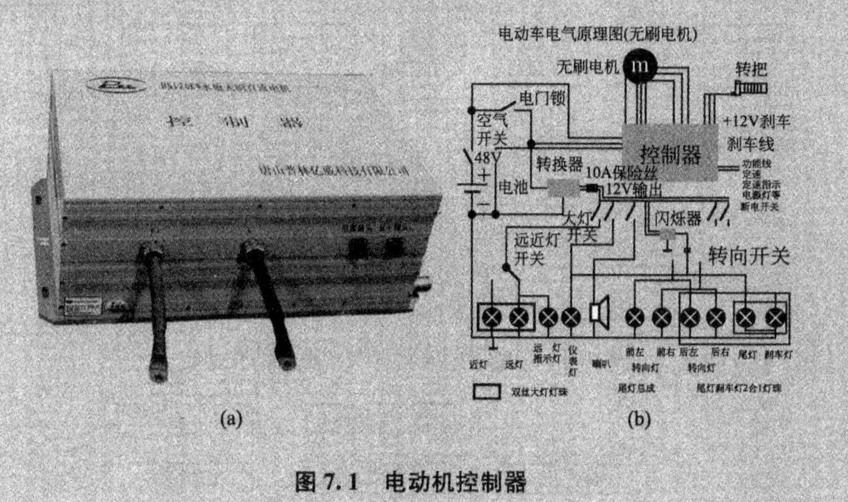

图 7.1 电动机控制器

7.1 电动汽车电气系统的组成

7.1.1 一般电动汽车电气系统的组成

电动汽车的电气系统主要包括低压电气系统、高压电气系统和整车网络化控制系统。高压电气系统主要由动力电池/燃料电池、驱动电动机和功率转换器等大功率、高电压电气设备组成，根据车辆行驶的功率需求完成从动力电池或燃料电池到驱动电动机的能量变换与传输过程。低压电气系统采用直流 12V 或 24V 电源，一方面为灯光、刮水器等车辆的常规低压电器供电，另一方面为整车控制器、高压电气设备的控制电路和辅助部件供电。电动汽车各种电气设备的工作统一由整车控制系统协调控制。一般电动汽车电气系统的结构原理如图 7.2 所示。

7.1.2 基于 CAN 总线技术的电动汽车电气系统的组成

现在的电动汽车智能化水平不断提高，控制方式也在不断改进，如果电动汽车采用 CAN 总线控制技术，则可以将各个分系统(模块)通过通信的方式连接，从而实现整车控制。采用 CAN 总线的电气系统更加简洁，布置更加简单。图 7.3 即为基于 CAN 总线技术的电动汽车电气系统的结构原理图。

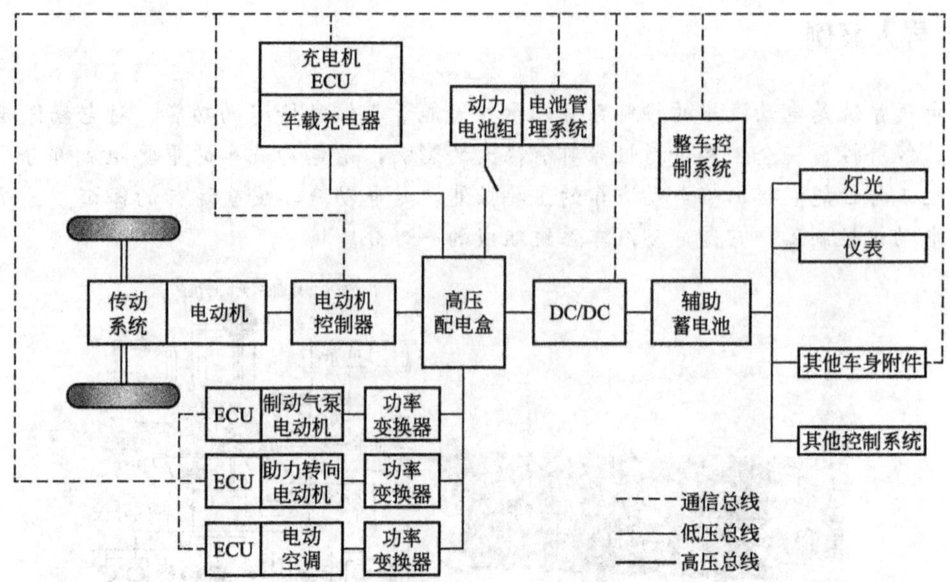

图 7.2　一般电动汽车电气系统结构原理图

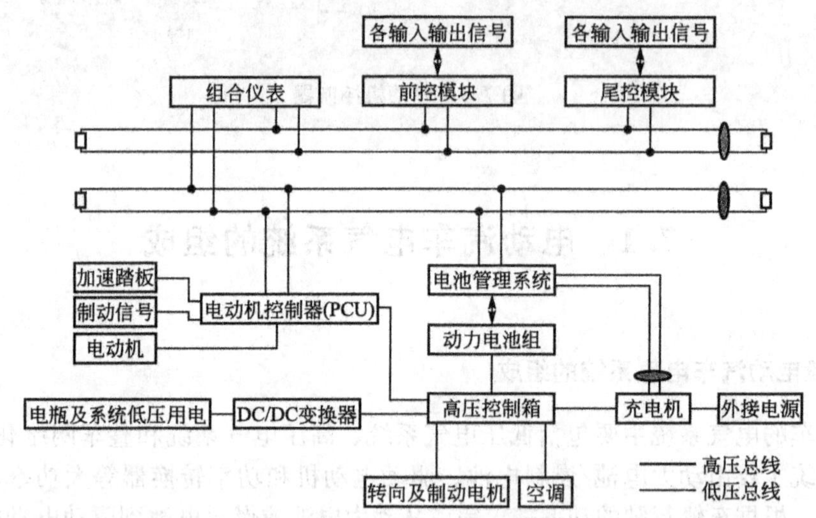

图 7.3　基于 CAN 总线的电气系统结构原理图

7.1.3　电动汽车控制系统工作流程

为了保障电动汽车的安全运行，电动汽车的起动控制、行驶控制、安全故障控制等都要有严格的要求，且必须符合相应的国家标准。

电动汽车取消了传统的燃油发动机，因此电动汽车从原理上讲就取消了起动的过程，但是为了保障车辆的安全性能和符合传统驾驶员的驾驶习惯，传统汽车的起动过程在电动汽车上进行了保留。电动汽车必须有一个合理的起动过程，这个过程不再是发动机的运转，而是电动汽车低压电控制系统工作至高压电部分接通使车辆达到可以行驶状态的过程。在这个过程中，电动汽车的控制系统需要做一系列的动作和检测，以保障车辆和乘员的安全。

图 7.4 即为一个典型的电动汽车控制系统工作流程图，从图中表达了电动汽车从低压起动、高压起动、车辆行驶检测、安全防护、信息提示直至停车等多工作状况流程。整个控制系统主要分为起动、行驶和充电三个阶段。

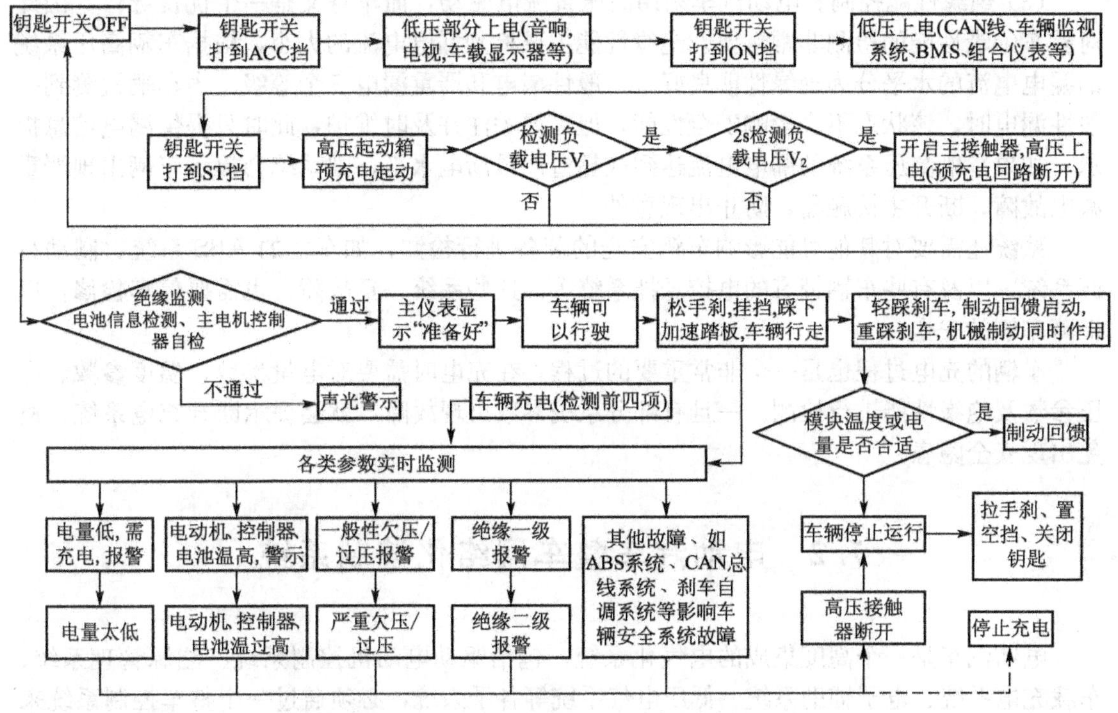

图 7.4 电动汽车控制系统工作流程图

从图中可以看出，车辆起动时的流程与传统汽车无异，起动过程中，当钥匙打到"ACC"挡位时，车辆部分电器如音响系统、视频系统等娱乐系统启动。当钥匙达到"ON"挡位时，车辆的主要低电压系统基本上全部开始工作，此时需要对车辆的部分系统(如CAN总线、倒车监视系统、行车电脑、BMS系统、组合仪表系统、ABS系统及车辆升降系统等)进行供电，此时多数车辆低压辅助系统全部工作，为高压起动进行准备工作，但此时车辆动力系统不能起动，车辆仍然不能移动。当钥匙打到"ST"挡时，车辆的高压起动系统开始工作，进行一系列预充电和自检后方能将主接触器接通，起动高压系统。为了保证车辆安全，还要进行一系列绝缘监测、电池系统检测以及主电动机控制器等检测，这些检测通过之后，车辆方能进入可行驶状态。

为了保障安全，车辆在行驶中需要随时监测各种参数，如电量参数、温度参数、电压参数、绝缘性能、车辆其他关键辅助系统的参数等，这些参数将影响车辆的行驶功能、行驶距离和行驶安全。从控制流中可以看出，电动汽车尤其注重安全性能。为了保障车辆的安全行驶，电量参数、温度参数、电压参数及绝缘性能均设有两级报警。

(1) 电量参数控制。当车辆的电量处于水平较低时，提示驾驶人员，车辆电量低，需要充电，此时可以采取控制车速或控制电动机输出扭矩的方式，保证车辆处于低能耗状态，使车辆能够安全行驶到充电站。如果电量进一步消耗，剩余电量过低，继续行驶有可能导致电池过放，此时将由系统发出指令，使车辆停止行驶。

(2) 温度参数控制。电动汽车一般温度参数主要是指电动机、控制器和电池的温度参数。由于这些参数将严重影响车辆的系统安全，因此必须实时监测，一旦温度处于较高水平，则车辆就会发出警示，如果温度达到或超过设定的界限，则强制车辆停车。

(3) 绝缘性能控制。电动汽车采用高压直流电驱动，而车身又是一个优良导体，因此对整车绝缘性能的检测非常重要。绝缘性能主要检测漏电电流的大小，根据车辆高压系统的漏电电流的水平分为绝缘性能良好、一般性漏电和严重漏电三个等级。当车辆检测到一般性漏电时，该状态不会影响安全性能，但需要关注并及时维护，此时只提供漏电信息提示，如果车辆高压系统的漏电电流达到或超过严重漏电水平，则系统会提示车辆出现严重漏电故障，断开主接触器，防止出现意外。

系统还需要对其他可能影响车辆安全的装备进行检测，如车辆的 ABS 系统、制动自调系统，以及有些车辆带有的电控悬挂系统等，这些系统一旦故障，也需要停车检修，以保障车辆的安全。

车辆的充电过程也是一个非常重要的过程，在充电时需要对电量参数、温度参数、电压参数及绝缘性能进行检测。一旦有部分系统参数出现故障，就会提示断开充电系统，避免出现安全隐患。

7.2　电动汽车整车网络化控制系统

电动汽车是一个高度集成的电气化系统，包括驱动电动机控制系统、能源管理系统、车载充电系统、电子辅助系统、低压电气系统等各子系统，必须通过一个整车控制系统来进行各子系统的协调控制，从而实现整车的最佳性能。

整车控制系统主要包括整车控制器、电动机控制器、能源管理系统、车身控制管理系统、信息显示系统和通信系统等。整车控制器是整车控制系统的核心，承担了数据交换与管理、故障诊断、安全监控、驾驶员意图解释等功能。各系统之间的信息传递通过网络通信系统实现，目前常用的通信协议是 CAN 协议，具有较好的可靠性、实时性和灵活性。信息显示系统可以实现整车工作状态实时显示，如车速、电池状态(电压、电流、剩余电量等)、电动机状态、故障显示灯，方便驾驶员了解车辆的实时状态。

整车控制系统必须具有较高的可靠性、容错性、电磁兼容性和环境适应性等，以保障电动汽车整车的安全、可靠地运行。

7.2.1　整车控制器

整车控制器(Vehicle Management System，VMS)，即动力总成控制器，是整个汽车的核心控制部件，它采集加速踏板信号、制动踏板信号及其他部件信号，并做出相应判断后，控制下层的各部件控制器的动作，驱动汽车正常行驶。作为汽车的指挥管理中心，动力总成控制器主要功能包括：驱动力矩控制、制动能量优化控制、整车的能量管理、CAN 网络的维护和管理、故障诊断和处理、车辆状态监测等，它起着控制车辆运行的作用。因此 VMS 的优劣直接影响着整车性能。纯电动汽车整车控制器(Vehicle Controller)是纯电动汽车整车控制系统的核心部件，它对汽车的正常行驶、再生能量回收、网络管理、故障诊断与处理、车辆状态与监测等功能起着关键作用。

与各部件控制器的动态控制相比，整车控制器属于管理协调型控制。整车控制系统采用一体化集成控制与分布式处理的体系结构，各部件都有独立的控制器，整车控制器对整个系统进行管理及各部件的协调。为满足系统数据交换量大，实时性、可靠性要求高的特点，整个分布式控制系统之间采用CAN总线进行通信。整车控制器主要由控制器主芯片、Flash存储器和RAM储存器及相关电路组成，控制器主芯片的输出与Flash存储器和RAM存储器的输入相连。整车控制器通过CAN总线接口连接到整车的CAN网络上与整车其余控制节点进行信息交换和协调控制。

控制器硬件包括微处理器、CAN通信模块、BOM调试模块、串口通信模块、电源及保护电路模块等。决策层控制单元是车辆智能化的关键，收集车辆运行过程中的信息，并根据智能算法的决策向物理器件层控制单元发送命令；动力源控制单元负责调解动力源系统部件以满足决策层控制单元的命令要求；驱动/制动控制单元则调节双向变量电动机和能耗制动系统实现车辆各种工况，如驱动控制、防抱死制动等。

控制器在汽车行驶过程中执行多项任务，具体功能包括：

(1) 接收、处理驾驶员的驾驶操作指令，并向各个部件控制器发送控制指令，使车辆按照驾驶期望状态行驶。

(2) 与电动机、DC/DC、蓄电池组等进行可靠通信，通过CAN总线进行状态的采集输入及控制指令的输出。

(3) 接收并处理各个零部件信息，结合能源管理单元提供当前的能源状况信息。

(4) 系统故障的判断和存储，动态检查系统信息，记录出现的故障。

(5) 对整车具有保护功能，视故障的类别对整车进行分级保护，紧急情况下可以关掉发电机及切断母线高压系统。

(6) 协调管理车上其他电器设备。

整车控制器是一个多输入、多输出、模块电路共存的复杂系统，其各个功能电路相对独立。因此，按照模块化思想设计硬件系统的各个模块，主要包括：最小应用系统模块，电源模块，CAN通信模块，串口通信模块及数/模输入输出模块。其中MCU是整车控制器的核心，它负责数据采集和处理、逻辑运算以及控制的实现等，MCU的选取是整个硬件设计过程中最重要的任务。

在国外，纯电动汽车整车控制器主要用于结构复杂的四轮驱动纯电动汽车和轮毂电动机纯电动汽车中，其作用是协调2个或2个以上电动机控制器同步工作。对于结构简单的单电动机驱动的纯电动汽车。通常由电动机控制器实现扭矩控制和再生制动控制等功能，没有设计整车控制器。丰田公司整车控制器的原理如图7.5所示。该车是后轮驱动，左后轮和右后轮分别由2个轮毂电动机驱动。其整车控制器接收驾驶员的操作信号和汽车的运动传感器信号，其中驾驶员的

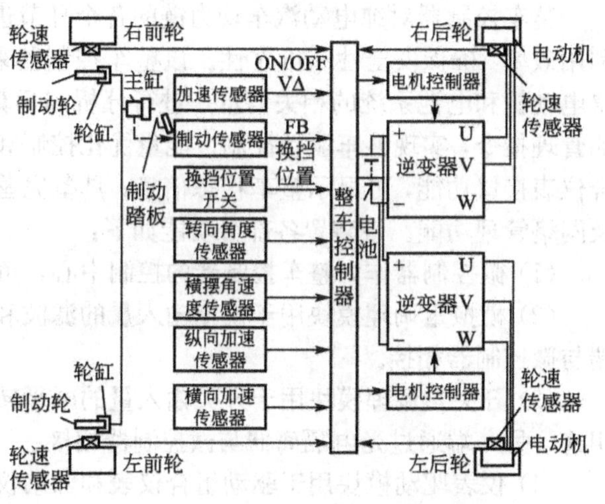

图7.5 丰田公司整车控制器原理图

操作信号包括加速踏板信号、制动踏板信号、换挡位置信号和转向角度信号，汽车的运动传感器信号包括横摆角速度信号、纵向加速信号、横向加速信号和4个车轮的转速信号。整车控制器将这些信号经过控制策略计算，通过左右2组电动机控制器和逆变器分别驱动左后轮和右后轮。

国内市场没有纯电动汽车整车控制器产品的生产和销售。整车控制器主要由一些高校研发。常见技术方案是通过微处理器的嵌入结构，编写控制软件代码，实现高效率驱动纯电动汽车的功能。它一般采集加速踏板、制动踏板、换挡位置、车速等信号，使用CAN总线与电动机控制器和电池管理系统通信，实现对整车的管理与控制。图7.6为天津大学设计的整车控制器原理图，其整车控制器包括微控制器、模拟量调理、开关量调理、仪表驱动、继电器驱动、高速和低速CAN总线、总线接口、存储器、信息存储、电源和通信接口等模块。

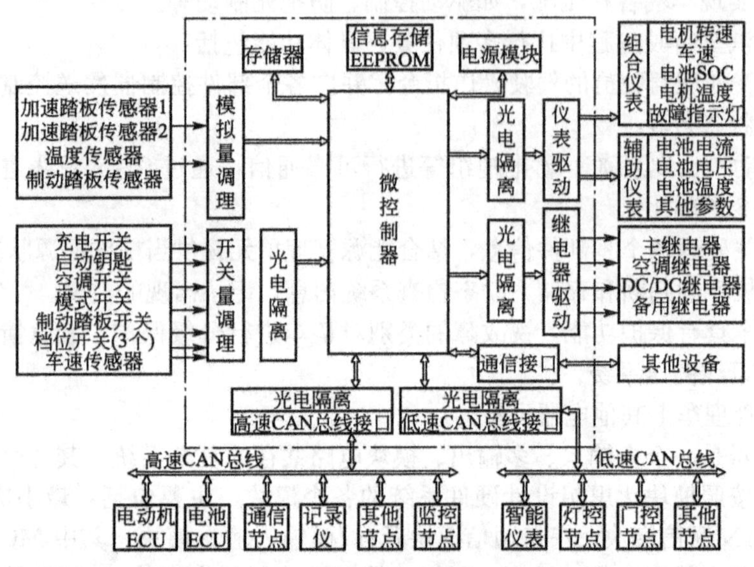

图7.6 天津大学设计的整车控制器原理图

整车控制器对纯电动汽车动力链的各个环节进行管理、协调和监控，以提高整车能量利用效率，确保安全性和可靠性。该整车控制器采集驾驶员驾驶信号，通过CAN总线获得电动机和电池系统的相关信息，进行分析和运算，通过CAN总线给出电动机控制和电池管理指令，实现整车驱动控制、能量优化控制和制动回馈控制。该整车控制器还具有综合仪表接口功能，可显示整车状态信息；具备完善的故障诊断和处理功能：具有整车网关及网络管理功能。该装置各部分功能如下：

(1) 微控制器作为整车控制器的控制中心，负责数据的运算及处理。

(2) 模拟量调理模块用于模拟输入量的滤波和调理，其一端与多个传感器相连，另一端与微控制器相接。

(3) 开关量调理模块用于开关输入量的电平转换和整型，其一端与多个开关量传感器相连，另一端通过光电隔离器与微控制器相接。

(4) 仪表驱动模块用于驱动组合仪表和辅助仪表，其一端通过光电隔离器与微控制器相连，另一端与多个仪表相接。

(5) 继电器驱动模块用于驱动多个继电器，其一端通过光电隔离器与微控制器相连，另一端与多个继电器相接。

(6) 高速 CAN 总线接口模块用于提供高速 CAN 总线接口，其一端通过光电隔离器与微控制器相连，另一端与系统高速 CAN 总线相接。

(7) 存储器模块用于存储程序和数据，与微控制器相连。

(8) 信息存储模块用于记录整车电控系统的相关信息及故障信息，与微控制器相连。

(9) 电源模块可为各输入和输出模块提供隔离电源，并对蓄电池电压进行监控，与微控制器相连。

(10) 通信接口模块作为与其他设备相连的接口与微控制器相连。

7.2.2 能源管理系统

传统燃油汽车的能源供给系统比较简单，其能源为由热机提供燃料的化学能。无能量回收系统的纯电动汽车的能源只有一个，即电网的电源；无能量回收系统的燃料电池电动汽车的能源也只有一个，即燃料电池；装备能量回收系统的纯电动汽车能源则有两个，一个是电网的电源，另一个是汽车制动、减速或下坡时的动能。燃料电池混合动力汽车的能源有三个，即燃料电池、储能装置储存的能量和回收的汽车动能。下面就有关电池管理系统和能量回收系统进行介绍。

1. 能源管理系统的功用

对电动汽车动力系统能源转换装置的工作能量进行协调、分配和控制的软、硬件系统统称为能源管理系统。能源管理系统的硬件由一系列传感器、控制单元 ECU 和执行元件等组成，软件系统的功能主要是对传感器的信号进行分析处理，对能源转换装置的工作能量进行优化分析，并向执行元件发出指令。因此，可以说电动汽车能源管理系统的功用是在满足汽车基本技术性能(如动力性、驾驶平稳性等)和成本等要求的前提下，根据各部件的特性及汽车的运行工况，实现能量在能源转换装置(储能装置、功率变换模块、动力传递装置、发电机和燃料电池等)之间按最佳路线流动，使整车的能源利用效率达到最高。

不同种类的电动汽车能源转换系统构成不同，因而其能源管理软、硬件系统装置构成也不同。蓄电池电动汽车的能源转换装置仅由电动机/发电机、蓄电池、功率转换模块及动力传递装置等组成，能源传递路线主要有蓄电池到车轮(行驶)和由车轮到蓄电池(能量回收)两条，因而其能源管理系统最为简单，其主要任务是在满足汽车动力性需求的前提下，使蓄电池储存的能量得到最有效的利用，并能使汽车的减速和制动能量得到最大限度的回收，使汽车的能量效率最大。纯燃料电池电动汽车(指无储能装置的)也与此类似。

为了使电动汽车具有良好的机械性能、电驱动性能及合理的能量分配等，电动汽车的能源管理系统必须对能量系统的工作进行有效的监测和控制，使电动汽车的能量进行最佳流动，以实现最大限度的能量利用率，提高汽车的经济性。因此，可以说能源管理系统是电动汽车整车设计的一个重要环节。

2. 纯电动汽车的能源管理系统

纯电动汽车能源管理系统的基本结构如图 7.7 所示。

输入能源管理系统电控单元 ECU 的参数包括各电池组的状态参数(如工作电压、放电电流和电池温度等)、车辆运行状态参数(如行驶速度、电动机功率等)和车辆操纵状态(如

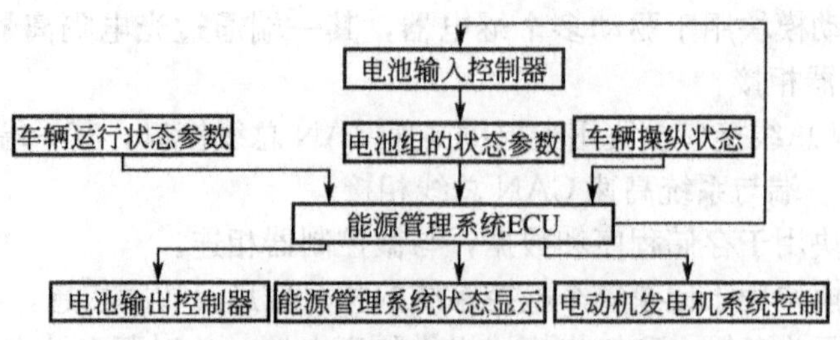

图 7.7　纯电动汽车能源管理系统的组成框图

制动、起动、加速和减速等)等。能源管理系统具有对检测的状态参数进行实时显示的功能。ECU 对检测的状态参数按预定的算法进行推理与计算，并向电池、电动机等发出合适的控制和显示指令等，实现电池能量的优化管理与控制。

1）电池荷(充)电状态指示器

电池荷(充)电状态指示器是能源管理系统的一个重要组成。电动汽车蓄电池中储存多少电能，还能行驶多少里程，是电动汽车行驶中必需的重要参数。与燃油汽车的油量表类似的仪表就是电池荷(充)电状态指示器，是能源管理系统的一个重要装置。

基于化学反应原理的蓄电池是一个非常复杂的系统。电池性能取决于极板材料、电解液浓度、反应温度、充电状态、放置时间等诸多因素。充、放电时呈现明显的非线性和非常小的动态内阻，并且随着充电次数的增加，各特性参数均有变化。电池能够放出电量的多少与充电状态、放电方式等有关。由于上述原因，对能源系统的参数进行准确检测、预测和设计先进的、有效的能源管理系统的难度很大。

计算静态剩余电量时，应考虑电池放电电流、温度、电池老化和自放电等对容量的影响。剩余电量的预测可采用检测电压和内阻，进一步计算电量的方法。在实验室中，电量预测的精度可达到 5%，但在电动汽车运行过程中，其指示精度还难以长时间满足要求。

2）电池管理系统

电池管理系统是能源管理系统的一个子系统。电动汽车电池携带的能量是有限的，也是非常宝贵的。为了增加电动汽车的续驶里程，对电池系统全面的、有效的管理是十分必要的。蓄电池管理系统在汽车运行过程中需完成的任务多种多样，其主要任务是保持电动汽车蓄电池性能良好，并优化各蓄电池的电性能和保存、显示测试数据等。具体地讲，可以归纳为表 7－1 所列的五个方面。

表 7－1　蓄电池管理系统的主要任务

任务	测试仪	执行装置
防止过充电	电压、电流、温度测试仪	充电器
防止过放电	电压、电流、温度测试仪	电动机控制
温度控制及平衡	温度测试仪	加热及制冷装置、温度平衡单元
能源系统信息显示	电压、电流及温度、充电状态、剩余容量测试仪	显示器
电池状态测试及显示	电压、电流及温度测试仪	显示器、PC 总线分析软件

(1) 防止蓄电池过充电。在充电期间，蓄电池管理系统应该连续测量电池组的各个蓄电池的电压、温度等参数，并能根据检测得到充电状态、电池的电压、温度等参数，调整充电参数，控制充电器，并尽量使所有蓄电池的状态一致，在充电过程结束时，应能及时停止充电，防止电池过充电。

(2) 防止蓄电池过放电。蓄电池过度放电将导致使用寿命缩短等。因此，在放电期间，蓄电池管理系统应能监控电池的放电状态，并控制蓄电池组的放电过程，在每个蓄电池深度放电之前，停止放电过程，避免电池的过放电，使电能达到最优利用。在放电结束时，蓄电池管理系统给出电动机控制单元的最大放电电流的参考值，使蓄电池的电压保持在正常的范围内。

(3) 温度控制及平衡。蓄电池的充电容量对温度特别敏感，电池组的各蓄电池应有相同的工作温度。因此，温度平衡系统就变成了蓄电池管理系统的一部分。蓄电池管理系统应能测量各蓄电池的温度，并能通过加热和制冷方式控制蓄电池温度。

(4) 能源系统信息显示。在电动汽车行驶中，为了使驾驶员能及时了解汽车可行驶的极限里程数和充电所需的时间等，蓄电池管理系统应能检测蓄电池的剩余容量等，显示能源系统的有关信息。并对车上用电系统进行管理，以期达到电能的合理分配使用，最终实现节能、增加续驶里程的目的。

(5) 电池状态测试及显示。为了保持蓄电池的优良性能，蓄电池管理系统应实时监测电池状态。根据驱动系统性能、电池温度、使用的时间等预测和显示剩余容量；提供蓄电池性能参数，存储整个过程中的数据并传给控制单元；可对获得的蓄电池信息进行分析，提供电池的诊断、故障分析信息，以便于及时维护和更换，监测所有特性参数，为发现较差的蓄电池提供信息，使早期发现容量已衰减的电池得到及时维护，对于电池不一致性严重的产品，这种功能显得非常重要。

电池管理系统还可以具备多种通信功能，能够与多种设备进行通信，便于对电动汽车的运行情况进行数据分析或者实时监测。图 7.8 即为一种典型的电池管理系统。

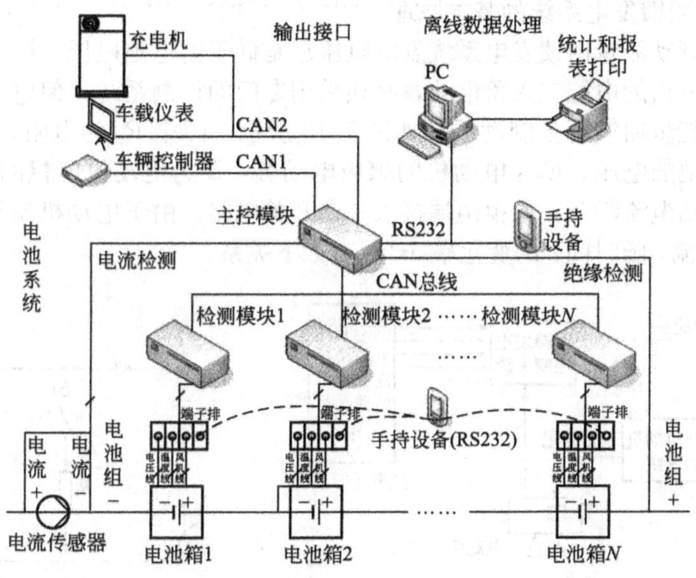

图 7.8 一种典型的电池管理系统

由图 7.8 中可以看出，该电池管理系统由主控模块、电流检测模块、分检测模块（N块）、绝缘检测模块、离线处理接口、输出接口等组成。电流检测模块检测主电路的电流；N块分检测模块分别控制每一组电池箱，然后一起通过 CAN 通信给主控制模块；绝缘检测模块检测电路漏电情况。主控制模块可以与车辆控制器、车载仪表充电系统连接，电池管理系统将电池组信息传递给对应的设备，进行整体控制。该电池管理系统还留有通信端口，便于对电池管理系统的运行情况和运行数据进行处理，以获得车辆的真实运行情况。

3. 制动能量回馈系统

1）制动能量回馈系统组成

电动机在切断电源之后，不可能立即完全停止旋转，总是在其本身及所带负载的惯性作用下旋转一段时间之后才停止。因而，在能源供应紧张的今天，利用电动机制动过程中的剩余能源就成为研究开发的一个热点。

电动机制动的方法可分为机械制动和电气制动两大类。电气制动中又可分为反接制动、能耗制动和回馈发电制动三种。电动汽车的制动方式应考虑机械制动和电气制动两种类型的结合，尽可能多地用回馈发电方式取代机械式制动。在电动汽车制动和下坡滑行时，通过控制系统将电动机的状态改为发电状态，将发电机发出的电能存储于电池之中，这样既可减小机械制动系统的损耗，又能提高整车能量使用效率，达到节约能源和提高电动汽车续驶里程的目的。

一般而言，回馈发电制动只能起到限制电动机转子速度过高的作用，即不让汽车的速度比同步速度高出很多，但无法使其小于同步转速。也就是说，回馈发电制动仅仅能起到稳定运行的作用。因此，回馈制动发电系统工作时应根据汽车运行状况改变，如在制动、下坡滑行、高速运行和减速运行时等不同场合应采用不同的策略。

电动汽车制动能量回馈发电系统的组成原理框图如图 7.9 所示。装备该能量回馈的电动汽车能充分发挥电动汽车的优点，将汽车制动、下坡滑行、高速运行和减速运行等状态下的部分能量转化为电能反充给蓄电池，能有效地利用能源，提高电动汽车的续驶里程。

2）制动能量回馈发电系统的基本原理

一般而言，制动能量回馈发电系统发电电压总是低于蓄电池电压，因此为了使制动能量回馈发电系统发出的电能充入蓄电池，必须采用专门的控制系统，使电动机工作于再生制动模式。制动能量回馈再生制动原理如图 7.10 所示。图中 R_c 为电阻，R_b 为制动限流电阻，U 为蓄电池的电压，E 为电动机的感应电动势，L 为电动机电枢的电感。工作时，将电动机电枢驱动电流断开，电枢两端接入一个开关电路。由于电动机属干性器件，感应电势 E 与感应电流 i 随时间 t 的变化率 $\mathrm{d}i/\mathrm{d}t$ 有如下关系。

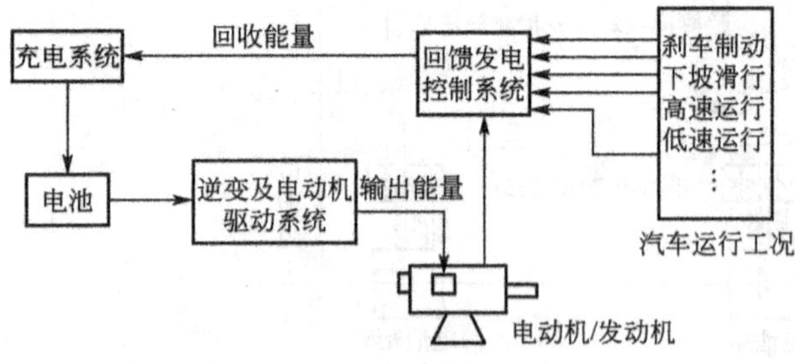

图 7.9　电动汽车制动能量回馈发电系统原理框图

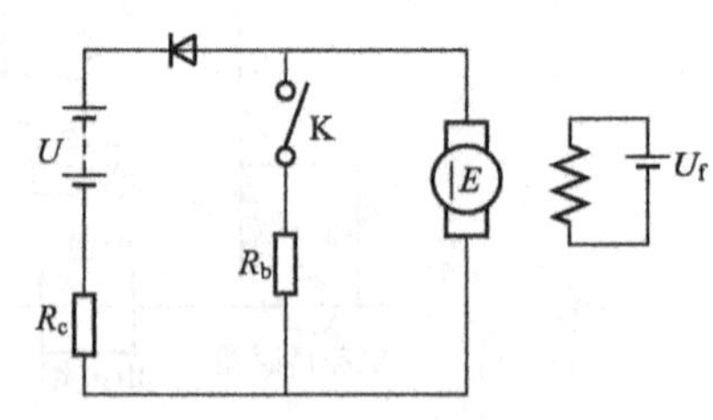

图 7.10　再生制动原理图

当开关闭合时，电动机感应电势引起的感应电流经开关K形成回路，感应电流 i_1 为制动电流，其大小为

$$i_1=-E/(R_c+R_b) \tag{7-1}$$

当开关K断开时，di/dt 的绝对值迅速增大，导致感应电动势 E 迅速上升，直到 $E>U$ 时，实现能量反馈。假定电流回馈电路的等效电阻为 R_d，则回馈电流为制动电流 i_2 为

$$i_2=(E-U)/(R_c+R_d) \tag{7-2}$$

于是，电机再生制动过程的电能便充入蓄电池储存起来。

对于实际的电动汽车而言，其制动能量回馈系统的电路十分复杂。图7.11为电动汽车的制动能量回馈系统的电路示意图。电路由两个IGBT元件 T_1 和 T_2、电动机M、电感L、电阻R等组成。

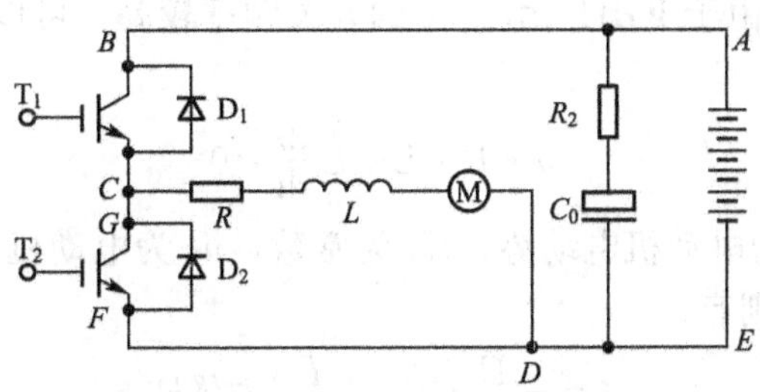

图7.11 能量回馈系统原理

图7.10中的K的功能由IGBT元件执行，IGBT的开启和关断由控制单元控制。电动汽车正常行驶时，T_1 导通，而 T_2 截止，工作回路如图中ABCDEA所示。当驾驶员松开油门踏板需要制动减速时，T_1、T_2 均截止，电流通过 D_2 续流，此时电流通过如图7.12(a)所示DFG回路转化为热能消耗，由于汽车的惯性，此时电动机工作于发电状态，回路电流反向。T_1 截止，T_2 导通时，电流通过 T_2 构成如图7.12(b)所示的回路。经过了 T_{on} 时间后，T_2 管关断，形成如图7.12(c)所示回路EDCBAE，电能反充回蓄电池。

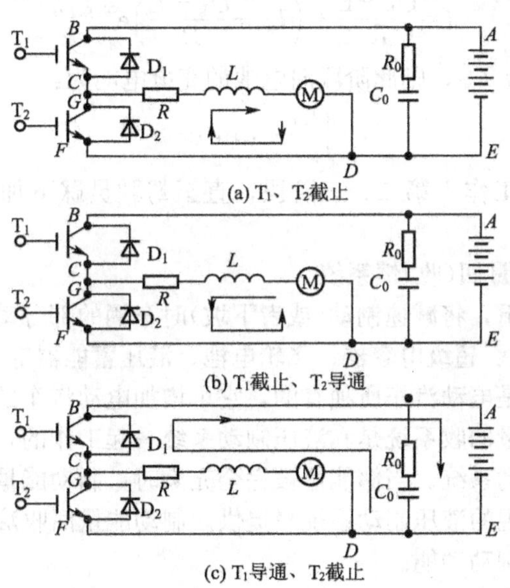

图7.12 电动汽车制动能量回馈过程

制动能量回馈的具体过程可分为三个阶段。

(1) 续流阶段。此时电动汽车开始减速，控制 T_1、T_2 截止，电动机电感中的电能经 $L-D_2-R$ 消耗一部分，如图 7.12(a)所示。

根据克希荷夫定律，电路满足下列方程：

$$i \cdot R+E+L\frac{di}{dt}=0 \tag{7-3}$$

式中：E 为电动机电势，并且 $E=K_e \cdot n_0$，K_e 为常数，n_0 为电动机转速。若 I_0 为开始反馈制动时回路的电流，则有

$$i=-E/R+(I_0+E/R)e^{-(R/L)t} \tag{7-4}$$

(2) 电流反向阶段。由于电动汽车的惯性，电动机继续同向运转，电动机处于发电状态，电流反向为 GFD，由于 IGBT 元件 T_2 的开关频率较高，可以近似认为此时电动机转速不变，有：

$$i \cdot R+E+L\frac{di}{dt}=0 \tag{7-5}$$

式中：$E=K_e \cdot n_1$，E 为电动机电动势，K_e 为常数，n_1 为电动机转速。若 I_1 为第二阶段开始时回路中的电流，则有：

$$i=-\frac{E}{R}+\left(I_1+\frac{E}{R}\right)e^{-(R/L)t} \tag{7-6}$$

设 T_2 到导通时间为 T_{on}，则结束时回路中电流 i_{on} 为：

$$i_{on}=-\frac{E}{R}+\left(I_1+\frac{E}{R}\right)e^{-(R/L)T_{on}} \tag{7-7}$$

(3) 回馈能量阶段。此时，控制 T_2 关断，由于 L 的续流作用，电流通过 D_1 向电池充电，回路变为 EDCBAE，此时电路的微分方程为：

$$-U_L+E+i \cdot R+L\mathrm{d}i/\mathrm{d}t=0 \tag{7-8}$$

可得充电电流 i 的计算式：

$$i=\frac{U_L-E}{R}+\left(I_{on}-\frac{U_L-E}{R}\right)e^{-(R/L)t} \tag{7-9}$$

设 T_2 的截止时间为 T_{off}，则此阶段向电池的充电电能为：

$$\int_0^{T_{off}} E \cdot i \cdot \mathrm{d}t \tag{7-10}$$

此后，电动机反复工作于第二、三阶段，直至驾驶员踩下加速踏板或电动汽车停车为止。

3) 电动汽车制动能量回(收)馈系统

在保证安全的前提下，将减速制动(或者下坡)时车辆的部分动能转化为电能，并储存于储能器(如各种蓄电池、超级电容器、飞轮电池、液压蓄能器等)的系统叫做制动能量回收系统。制动能量回收是电动汽车所独有的，它可增加电动汽车的续驶里程，降低汽车的运行成本。由于制动能量回收系统是和液压制动系统一起工作的，因此经常把此二者合称为制动能量回收液压制动系统。当储能器被完全充满时，制动能量回收则不能起到制动作用，制动力就只能由常规的液压制动系统来提供。制动能量回收液压制动系统的功用是节约制动能源、回收部分制动动能。

当汽车减速、在公路上松开加速踏板行驶或踩下制动踏板停车时，制动能量回收系统

就会启动。正常减速时，制动能量回收的力矩通常保持在最大负荷状态。电动汽车高速行驶时，其驱动电动机一般是在恒功率状态下运行，驱动力矩与驱动电动机的转速或者车辆速度成反比。因此，恒功率下驱动电动机的转速越高，制动能量回收的能力就越低。电动汽车低速时，电动汽车的动能不足以为驱动电动机提供能量来产生最大的制动力矩，因而制动能量回收能力也就会随着车速降低而减小。电动汽车的制动能量回收力矩通常不能像传统燃油车中的制动系统一样提供足够的制动减速度，所以，在电动汽车中，制动能量回收和液压制动系统通常共同存在。不过应该注意，只有当制动能量回收已经达到了最大制动能力而且还不能满足制动要求时，液压制动系统才起作用。

制动能量回收液压制动系统一般应满足四方面的要求：

(1) 为了使驾驶员在制动时有一种平顺感，液压制动力矩应该可以根据制动能量回收力矩的变化进行控制，最终使驾驶员获得所希望的总制动力矩。同时，液压制动的控制不应引起制动踏板的冲击，以免引起驾驶员产生异常的感觉。

(2) 为了使车辆能够稳定的制动，前后轮上的制动力必须进行很好的平衡分配。

(3) 由于在电动汽车上没有发动机驱动的液压泵，所以需要用电动泵来提高液压。为了提高系统的可靠性，满足安全标准，系统一般采用双管路制动。当其中一条管路失效时，另一条管路必须能提供足够的制动力。

(4) 为了防止汽车发生滑移，加在前后轮上的最大制动力应低于允许的最大值(主要由滚动阻力系数决定)。

制动能量回收液压制动系统的组成如图 7.13 所示。图 7.13(a)和图 7.13(b)分别为单轴和双轴驱动的电动汽车组成图。当驾驶员踩下制动踏板后，制动 ECU 即得到制动信号，

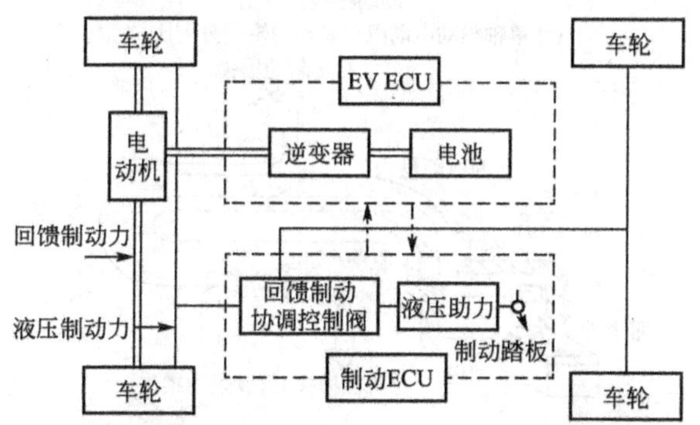

(a) 单轴驱动的电动汽车制动能量回收-液压制动系统组成

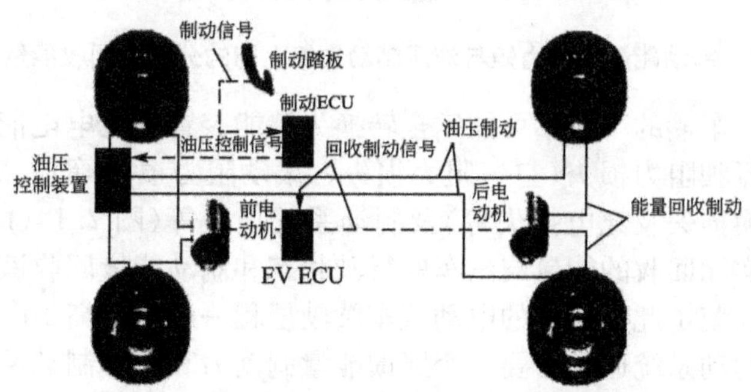

(b) 双轴驱动的电动汽车制动能量回收-液压制动系统组成

图 7.13　制动能量回收-液压制动系统组成

电动泵使制动液增压产生所需的制动力，同时，汽车ECU也得到回收制动能量信号。制动控制与电动机控制协同工作，确定电动汽车上的制动能量回收力矩和前后轮上的液压制动力。回收制动能量时，制动能量回收控制系统回收制动能量，并且反充到蓄电池中。电动汽车上的ABS及其控制阀与传统燃油车上的相同，其作用是产生最大的制动力。通常，双轴驱动的电动汽车上的总制动力矩是制动能量回收力矩与液压制动力矩之和。单轴驱动汽车的制动力矩之间的分配比例关系如图7.14(a)所示。为了在保持最大制动能量回收力矩的同时，又为驾驶员提供与燃油车相同的制动感，在制动踏板力较小时，只有制动能量回收力矩施加在驱动轮上，并且与制动踏板力成正比。非驱动轮上的制动力则仅有液压制动提供，液压制动力也与制动踏板力成正比，当制动踏板力超过一定值时，最大制动能量回收力矩全部加在驱动轮上，同时液压制动力矩也作用在驱动轮上以获得所需的制动力矩。因而最大制动能量回收力矩可以保持不变，以便能更多地回收车辆的动能。

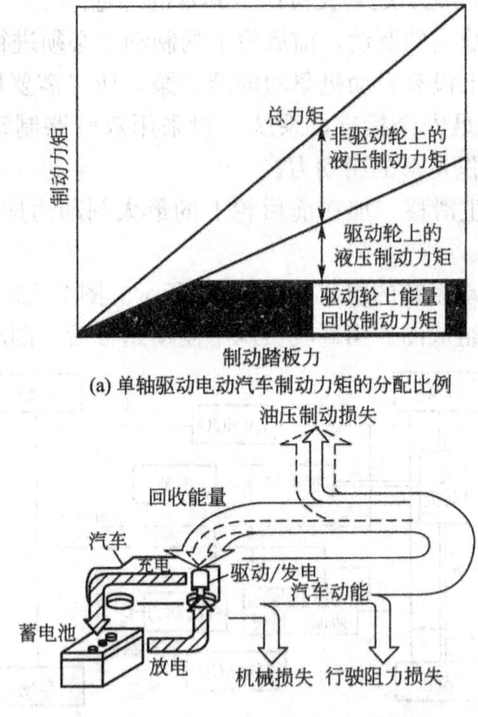

(a) 单轴驱动电动汽车制动力矩的分配比例

(b) 制动能量回收时所损失的能量

图7.14 制动能量回收力矩与液压制动力矩之间的分配及回收能量的比例

在整个过程中，车辆的动能不可能完全转换为储能装置的充电电能。制动能量回收时所损失的能量包括行驶阻力损失(空气阻力损失、滚动阻力损失等)、机械损失(电动机损失、摩擦阻力、转换损失及充电损失等)及制动系统损失等(图7.14(b))。电动汽车采用制动能量回收后，实际回收的能量与汽车的行驶状态和制动能量回收液压制动系统的结构特点等因素有关。安装了此类系统的电动汽车续驶里程一般可提高10%～15%以上。

制动能量回收制动系统通常需要一个回馈能量制动力和汽车制动系统制动力的协调系统。图7.15所示为常见的协调系统之一，在回路中安装线性控制阀，为了使回馈制动最大地发挥作用，使回馈制动的转矩控制在最佳值，控制系统应根据车速和蓄电池充电状态连续地控制制动油压。

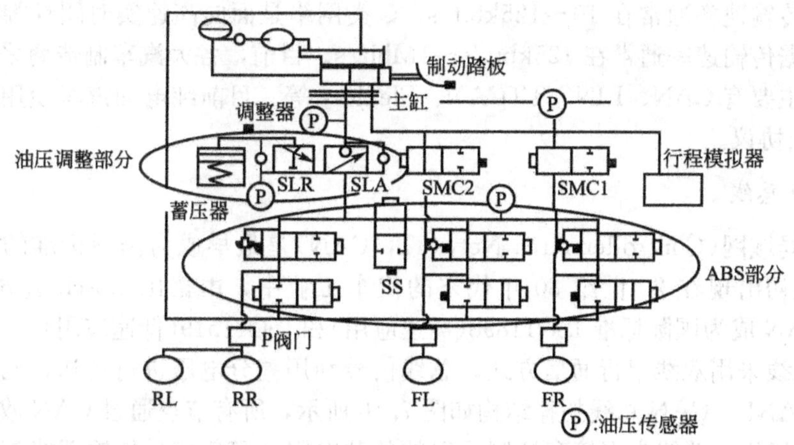

图 7.15 制动能量回收制动系统的协调系统

应指出的是采用电子控制系统 ECB(Electronically Controlled Brake System)和车桥间电子制动力分配 EBD(Electronic Brake Force Distribution)等技术，可提高制动能量的回收比例。

7.2.3 通信系统

随着对车辆控制要求的不断提高，汽车电子化是大势所趋。电控系统在大大改善汽车性能的同时，也增加了信号采集和数据交换的复杂程度。过去汽车电控系统通常采用点对点的通信方式，将电子控制单元和传感器、执行器连接起来。如果每一个电控系统都独立配置一整套相应的传感器和执行器，那么将有大量的线束和接插器密布于汽车的各个部位，使得整车布线十分复杂，一根线束包裹着几十根导线的现象很普遍，这样不仅会增添汽车生产组装的困难以及汽车重量，而且也会增加售后维修人员对故障诊断、维修的难度，同时复杂的电路也降低了汽车的可靠性。另外，为了提高汽车综合控制的准确性，综合控制系统也迫切需要输入、输出信号/数据共享。为了解决汽车上众多电控单元之间交换数据的问题，采用基于串行总线传输的网络结构，实现多路传输，组成汽车电子网络是一种必然的选择。

车载网络系统是基于数据总线技术实现的。数据总线是控制模块间运行数据的通道，即所谓的信息高速公路。数据总线可以实现在一条数据线上传递的信号能被多个系统(控制单元)共享，从而最大限度地提高系统整体效率，充分利用有限的资源。这样就能将过去一线一用的专线制改为一线多用制，大大减少汽车上电线的数目，缩小线束直径。通信协议是指通信双方控制信息交换规则的标准、约定的集合，即数据在总线上的传输规则。在汽车上要实现各 ECU 之间的通信，必须制定规则，即通信的方法、通信的时间、通信内容，保证通信双方能相互配合，使通信双方能共同遵守可接受的一组规则和规定。

在总线技术发展的初期，汽车制造商大都根据自己的需要开发网络系统，因此出现了很多网络协议。为了方便研究和设计应用，美国汽车工程师协会(SAE)按照总线数据传输速率和应用场合把汽车网络划分为 A、B、C 三类。A 类网络是面向传感器、执行器控制的低速网络，数据传输速率通常小于 10kbit/s；B 类网络是面向独立模块数据共享的中速网络，数据传输速率通常在 10～125kbit/s；C 类网络是面向高速实时闭环控制的多路传输网络，数据传输速率通常在 125kbit/s～1Mbit/s。目前，各大汽车制造商采用的车载网络通信协议主要有 CAN、LIN、TTCAN、FlexRay 等。目前纯电动汽车使用最为广泛的是 CAN 通信协议。

1. CAN 总线

控制器局域网(Controller Area Network，CAN)是最早成为国际标准的汽车总线协议。CAN 最初出现在 20 世纪 80 年代末的汽车工业中，由德国 Bosch 公司最先提出。1993 年，CAN 成为国际标准 ISO11898(高速应用)和 ISO11519(低速应用)。

CAN 总线采用双线串行通信方式，总线信号利用差分电压进行传送，两条信号线为 CANH 和 CANL。CAN 总线拓扑结构如图 7.16 所示，所有节点通过 CAN 收发器连接至 CANH 和 CANL，总线末端接有抑制反射的负载电阻，避免信号传输至终端反射回来产生反射波而使数据遭到破坏。当网络上的节点发送信息时，信息从发送节点向传输节点发送，每个节点都会检查数据，各节点根据网络协议可以通过滤波仅接收需要的报文，通信介质可为双绞线、同轴电缆或者光纤。

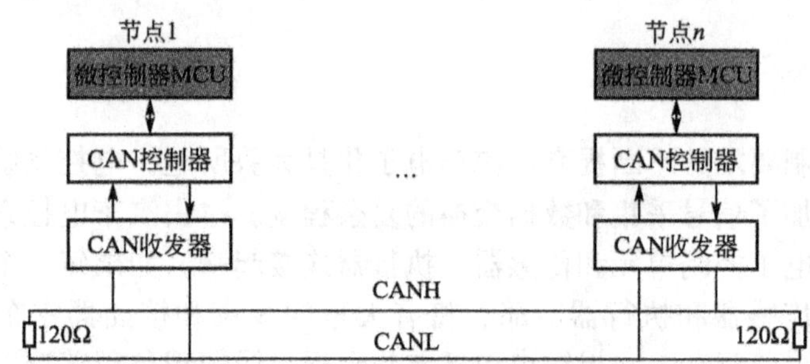

图 7.16 CAN 总线拓扑结构图

CAN 网络系统节点由节点微控制器 MCU、CAN 协议控制器和收发器构成。CAN 协议控制器有集成式(集成于节点微控制器)和独立式，作用是接收控制单元中微控制器发出的数据，处理数据并传输给微控制器。CAN 收发器将 CAN 控制器提供的数据转换成电信号发送至总线，同时监测总线状态并返回给 CAN 控制器。

CAN 总线系统由多个电子控制单元(ECU)同时控制多个工作装置或系统，各 ECU 的共用信息通过总线相互传递。CAN 的传输速率和总线长度有关，最高可以到 1Mbit/s，一般车内使用的速率是 100～500kbit/s。由于 CAN 总线具有很高的实时性、可靠性和灵活性等特点，因此，CAN 在电动汽车中得到了广泛应用。

CAN 总线的主要特点如下：

(1) CAN 采用多主机工作方式，网络上任一节点都可以在任何时刻主动向网络请求发送报文。另外，节点还可以通过远程请求方式，要求某些节点发送相关报文。

(2) 采用非破坏性的总线仲裁技术，当多个节点同时向总线发送报文时，按照显位(Dominant，逻辑值为 0)覆盖隐位(Recessive，逻辑值为 1)的原则决定报文的优先级，优先级低的节点自动退出发送，而优先级高的节点可不受影响继续发送。

(3) 通过报文滤波即可实现点对点、一点对多点甚至全局广播的通信，不必专门“调度”。当报文发送到网络上后，网络上所有节点通过报文滤波，均可选择接收或拒绝。

(4) 采用短帧结构，减小传输时间，从而降低传输过程中受干扰的概率。差分方式的数据传输，具有较强的抗干扰能力。另外，循环冗余校验(Cyclic Redundancy Check，CRC)及其他检错措施，减小了网络中的漏检率。

(5) 节点在错误严重的情况下具有自动关闭的功能，减小错误节点对总线上其他节点的影响。

(6) 节点数取决于总线驱动电路，最多可达110个，报文标识符可达2032种(CAN2.0A)，而扩展标准(CAN2.0B)的报文标识符几乎不受限制。

2. LIN总线

在车内还有许多ECU的控制并不需要CAN这种高速率和高安全的通信，本地互联网络(Local Interconnect Network，LIN)就是为适应这类应用而设计的低成本解决方案。

LIN是一种基于串行通信的协议，用于实现汽车中的分布式电子系统控制。LIN总线为单主节点/多从节点模式。典型的LIN应用有车门、仪表板、后视镜、照明以及其他智能传感器等。LIN总线是一种辅助的总线网络，在不需要CAN总线的带宽和多功能的场合，使用LIN总线可大大节省成本。

LIN的主要特性如下：

(1) 低成本，基于通用UART接口，几乎所有单片机都具备LIN必需的硬件。

(2) 极少的信号线即可实现国际标准ISO9141规定。

(3) 传输速率最高可达20kbit/s。

(4) 单主控器/多从设备模式，无需仲裁机制。

(5) 从节点不需要晶振或陶瓷振荡器就能实现自同步，节省了从设备的硬件成本。

(6) 保证信号传输的延迟时间。

(7) 不需要改变LIN从节点的硬件和软件就可以在网络上增加节点。

(8) 通常一个LIN网络上节点数目小于12个，共有64个标识符。

可以根据车内设备分布情况组成各个独立的LIN总线，作为CAN的次级总线用于电动汽车中，然后通过与CAN总线接口接入电动汽车网络，其接口成本较CAN低，能够作为电动汽车现有的总线传输协议的补充。

3. TTCAN总线

TTCAN(Time - Trigger Controller Area Network)是一种基于CAN总线充分利用时间触发与事件触发两种机制优点的协议，其调度的消息具有确定的传输行为。TTCAN中消息的发送和接收都是基于时间过程来完成的。TTCAN存在一个时间意义上的主节点，它基于自己的时间控制器发送包含有全局时间的参考帧，网络中的其他节点都要求与此全局时间同步。每两个参考帧之间的时间段称为一个基本循环，它包含有多个时间窗口。时间窗口可以分为独占时间窗、仲裁时间窗和空闲时间窗三类。其中独占时间窗里只允许某个特定的消息发送，仲裁时间窗允许多个消息帧在这段时间内传送，它们对总线的访问仍然基于优先级仲裁完成，空闲时间窗用于以后系统的扩展。整个网络需要传输的消息帧和发送时间都预先定义，构成一个系统矩阵。消息的发送和接收都按照这个矩阵有序地进行，这种方法使得消息的响应时间大大缩短，有效地满足系统实时性的要求。

在 TTCAN 协议中，有两种实现方式，即级别 1(Level 1)与级别 2(Level 2)。在 TTCAN 级别 1 中，网络的时钟基准为周期时间，该时间基准在每个基本周期起始时刻重新启动，并以本地时间为基准。而在 TTCAN 级别 2 中，引入全局时间基准用于整个网络的时钟调节，所有节点利用该时间值对本地的时间基准进行连续的调节，但是其需要附加硬件的支持，增加了实现的复杂性。

TTCAN 协议具有带宽利用率高、通信延迟低以及消息传输可管理与可预测等特点，对于解决分布式实时控制系统中的消息延迟与容错具有重要的意义。

4. FlexRay 总线

为了满足未来的车内通信需要，各大汽车及半导体公司联合成立了 FlexRay 协会，制定了 FlexRay 通信协议以实现高性能的网络通信。

FlexRay 网络上一个节点由微控制器、通信控制器、总线监控、总线驱动器(发送和接收驱动器)和电源系统五个部分组成。通信功能主要由通信控制器、总线监控及驱动器以及这些部分与主机的接口完成。

为了保证高的数据传输量和可靠性，FlexRay 在设计上有如下特点：

(1) 支持静态时间和动态时间驱动的两种信息机制。

(2) 高的数据传输传输率和网络使用率。

(3) 灵活的容错能力，支持单通道和双通道操作。

(4) 可靠的错误检错功能，包括时域的总线监测机制和数字 CRC 校验。

(5) 满足汽车环境要求和质量要求的控制器和物理层。

(6) 可采用多种网络拓扑结构，包括总线结构、星形结构以及多星形结构。

FlexRay 是继 CAN 和 LIN 之后的最新研究成果，非常适用于线控系统。FlexRay 两个信道上数据速率最大可达到 10Mbit/s，总数据速率可达到 20Mbit/s，应用在车载网络，FlexRay 的网络宽带是 CAN 的 20 多倍。FlexRay 还能够提供很多 CAN 网络所不具有的可靠性特点，尤其是 FlexRay 具备的冗余通信能力可实现通过硬件完全复制网络配置，并进行进度监测。另外，FlexRay 可以进行同步(实时)和异步的数据传输，来满足车辆中各种系统的需求。

7.3 整车网络化控制系统设计实例

随着电动汽车专用数字化控制部件的日趋成熟，电动汽车开始普及化。目前国内很多大中城市都有纯电动公交车运营，多采用基于多路 CAN 总线的电动客车通信协议标准设计。在电动公交车上实现了基于总线技术的信息共享及系统间协调控制，具备整车故障诊断、报警和分级保护等功能。纯电动公交车整车网络化控制系统原理如图 7.17 所示。

整车网络化控制系统实现的功能如下：

(1) 实现系统协调控制。根据电池管理系统提供的能量信息，保证车辆在正常模式行驶、安全模式(能量低时提前报警)和强制停车。

(2) 对整车各个系统进行监控。检测整车各个系统信息，并进行报警。

(3) 整车信息显示及故障报警。对整车信息进行显示并对故障进行分析、报警。

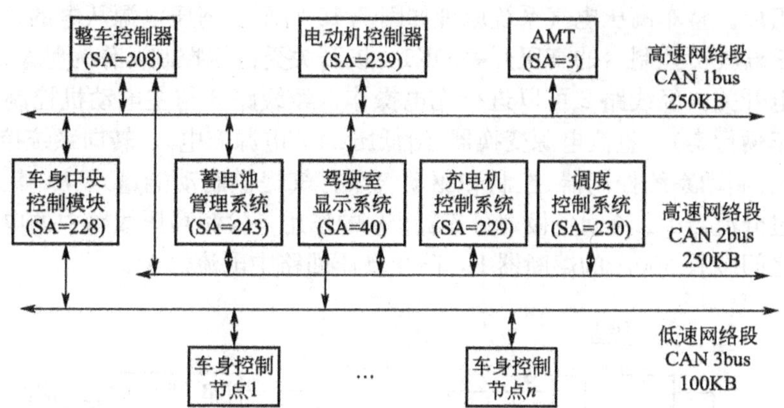

图 7.17　整车网络化控制系统原理图

(4) 实现对车身电气包括灯光、车门、残疾人踏板等的控制。

7.4　车辆高低压电气系统

电动汽车电气系统另一个重要组成部分就是汽车高低压电气系统。高压电气系统主要功用是根据车辆行驶的功率需求完成从动力电池或燃料电池到驱动电动机的能量变换与传输过程。在传统的燃油汽车中，电动助力转向系统、制动系统等主要由低压电气系统供电，而在电动汽车中，为了节约能源，对于功率较大的子系统，如制动气泵电动机、电动助力转向系统和电动空调等一般采用高压供电。

燃油汽车与电动汽车低压电气系统二者主要区别在于，燃油汽车的辅助蓄电池由与发动机相连的发电机来充电，而电动汽车的辅助蓄电池则由动力电池通过 DC/DC 变换器来充电。图 7.18 为典型的电动汽车高低压电路原理图。12V 低压电气系统由高压动力电池通过 DC/DC 变换器为其充电，而高压动力电池系统通过车载充电器进行充电。

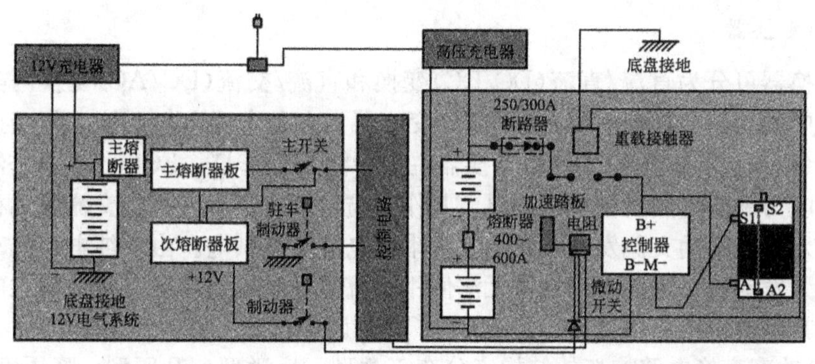

图 7.18　典型的电动汽车高低压电电路原理图

7.4.1　高低压电气系统组成

高压电气系统主要由动力电池/燃料电池、驱动电动机和功率转换器等大功率、高电压电气设备组成。整车高压电气系统原理如图 7.19 所示。高压电源从电的正极 D+出发，首先通过位于驾驶员控制台的高压开关 DK1，该开关受低压控制，作为整车高压电源的总开关以及充电开关。经线路 2 可以进行充电操作，经线路 3 与主电动机控制器(通过驱动电动机驱动车辆行走)、直流电源变换器(给低压 24V 电源充电)、转向系统控制器(控制转向助力机构)、制动系统控制器(控制和驱动气泵打气提供制动能量)及冷暖一体化空调相连，最后经过分流器 FL 流回负极，分流器 FL 的作用是检测高压线路中的电流值。此外，在电池内部之间装有 500A 的熔断器 F，防止高压回路中电流过大。

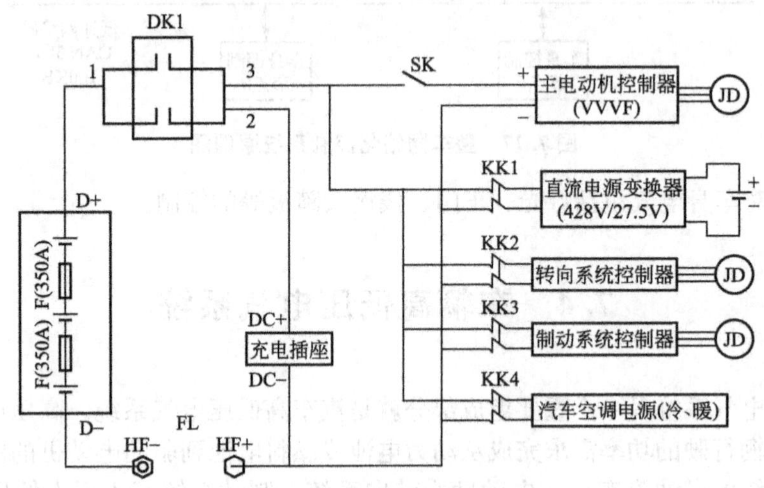

图 7.19　整车高压电气系统原理图

动力电池组通过 DC/DC 变换器将高压直流电转换为 12V 或 24V 低压直流电，为仪表、照明、控制系统和车身附件提供电能，并给辅助蓄电池充电，这构成了整车低压电气系统。低压电气系统主要由 DC/DC 功率转换器、辅助蓄电池和若干低压电器设备组成。电动汽车的低压电器设备主要包括灯光系统、仪表系统、娱乐系统、电动车窗、刮水器、除霜器和各种控制器等。

1. 功率变换器

功率变换器可分为直流/直流(DC/DC)变换和直流/交流(DC/AC)变换两类。电动汽车电气系统中的功率变换器主要是 DC/DC 变换器，它是实现电气系统电能变换和传输的重要电气设备。电动汽车的 DC/DC 变换器主要功能是给车灯、ECU、小型电器等车辆附属设备供给电力和向附属设备电源充电，其作用与传统内燃机汽车的交流发电机相似。传统汽车依靠发动机带动交流发电机发电，为附属电器设备供电。由于纯电动汽车和燃料电池电动汽车无发动机，因此电动汽车无法使用交流发电机提供电源，必须靠主电池向附属用电设备及其电源供电，因此 DC/DC 成为了必要设备。

DC/DC 功率变换电路按拓扑结构来分有正激型、反激型、升压型、降压型、升/降压型、反相型、推挽式正激型、半桥式正激型及全桥式正激型。按开关控制方式来分有脉宽调制式 PWM(Pulse - Width Modulation)、脉冲频率调制式 PFM(Pulse Frequency Munition)及脉宽和频率混合调制式“硬开关电路”，也有零电压或零电流“软开关”PWM 电路和各种谐振式、准谐振式变换器。按其他方面来分，有宽输入范围、额定输入范围、隔离型、非隔离型等区别。根据电压变换方式不同，DC/DC 变换器分为绝缘型(图 7.20(a))和非绝缘型(图 7.20(b))两类，绝缘型的特点是负极与车身绝缘，非绝缘型的特点是负极与车身相连。

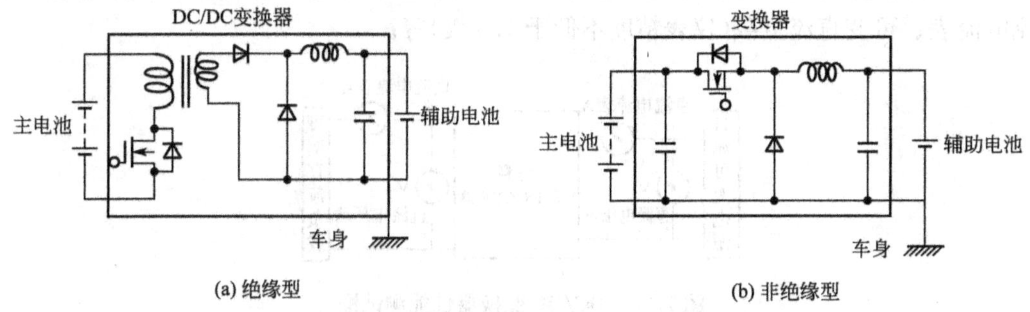

图 7.20 DC/DC 变换器工作原理和功能

图 7.21 为几种典型的功率变换器电路原理图。图 7.21(a)为 Buck 式降压变换器的电路原理图，其电路是非隔离式的，一般用在输入、输出电压相差不大的场合，如用于车载小功率高压直流电动机的调速。图 7.21(b)为单端激式降压变换器的电路原理图。由于其输入、输出电压的隔离性质，广泛应用于车载 24V 辅助电池的充电电源。图 7.21(c)为全桥逆变式升压变换器的电路原理图。由于电路中变换器具有一定的频率响应带宽，在变换器输入端和变压器一次电路产生的部分高频干扰信号不能传输到变换器的输出端，因此，作为车载变换器，全桥逆变式结构具有较好的电磁兼容性。

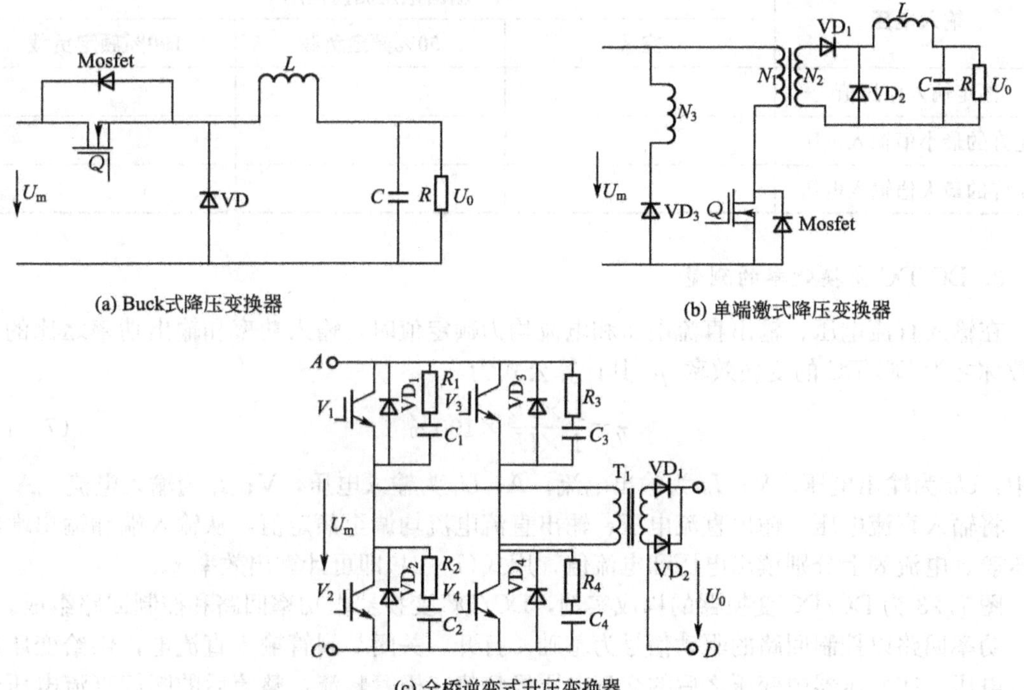

图 7.21 变换器的电路原理图

2. DC/DC功率变换模块的稳压精度检测方法

DC/DC的稳压精度δ_u是衡量DC/DC的一个输出电压稳定性的重要指标。δ_u通常由如图7.22所示的电路测量得到，测量δ_u时使用的仪表主要有直流可变电源、直流电压表、直流电流表、可变直流负载(仪表精度不低于1.5级)等。

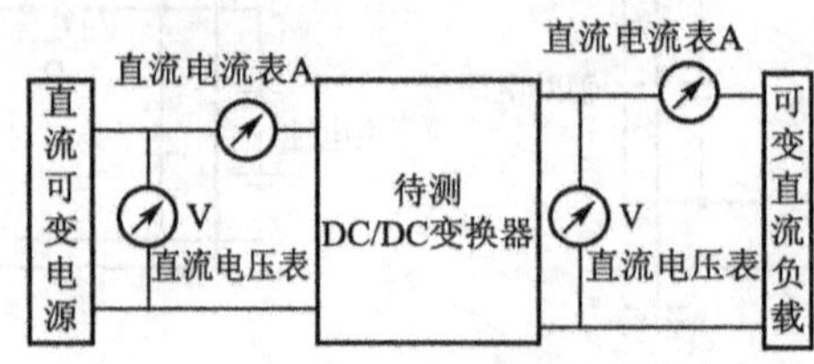

图7.22　DC/DC变换器性能测试图

δ_u的测量可分为三步进行。首先，用直流可变电源向DC/DC变换设备输入额定直流电压、允许的最小电压和允许变化的最大电压；其次，调整可变直流负载使前述的三个不同输入电压下的可变直流负载的电流依次为稳定值的0%、50%、100%，把各个条件下的输出电压值分别计入表7-2中。最后根据表7-2中记录的所测电压变化的极限值(最大值和最小值)U和额定电压U_0，即可由式(7-11)计算出不同输入电压条件下的稳压精度δ_u。

$$\delta_u = -\frac{U-U_0}{U_0}\times 100\% \tag{7-11}$$

表7-2　DC/DC变换器稳压精度测试记录

输入电压	输出电压测量值/V		
	空载	50%额定负载	100%额定负载
额定输入电压值			
允许的最小值输入电压			
允许的最大值输入电压			

3. DC/DC变换效率的测量

在输入直流电压、输出直流电压和电流均为额定值时，输入功率和输出功率之比的百分数称之为DC/DC的变换效率η，其计算公式为

$$\eta = \frac{I_0\times U_0}{I_i\times U_i}\times 100\% \tag{7-12}$$

式中：U_0为输出电压，V；I_0为输出电流，A；U_i为输入电压，V；I_i为输入电流，A。

将输入直流电压、输出直流电压、输出直流电流均调至额定值，从输入端和输出端的电压表、电流表上分别读出电压和电流值，用式(7-21)即可计算出效率η。

图7.23为DC/DC变换器的构成实例，DC/DC变换器由功率回路和控制回路组成。

功率回路以控制回路的驱动信号为基础，打开、关闭晶闸管输入直流电，供给变压器交流电压。在变压器中变压之后的交流电压经整流二极管整流，整流后的断续直流电压经平滑电路平滑后对辅助电池充电。控制回路除了完成以上功能外，还具有输出限流、输入过电压保护、过热保护和警报功能。

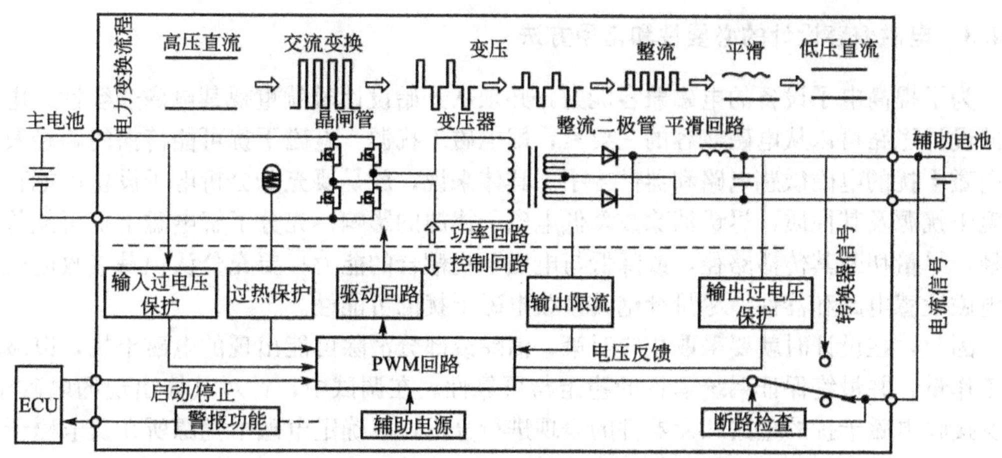

图 7.23 DC/DC变化器的构成示意图

7.4.2 高压电气系统的安全性

电动汽车动力系统的一个重要特点就是具有高电压、大电流的动力回路。为了适应电动机驱动工作的特性要求并提高效率，高压电气系统的工作电压可以达到300V以上，而且电力传输线路阻抗很小。高压电气的正常工作电流可能达到数十甚至数百安培，瞬时短路放电电流更是成倍增加。高电压和大电流会危及车上乘客的人身安全，同时还会影响低压电气和车辆控制器的正常工作。因此，在设计和规划高压电气系统时不仅应充分满足整车动力驱动要求，还必须确保车辆运行安全、驾乘人员安全和车辆运行环境安全。

根据电动汽车的实际结构和电路特性，设计安全合理的保护措施，是确保驾乘人员和车辆设备安全运行的关键。为了保证高压电安全，必须针对高压电防护进行特别的系统规划与设计。国际标准化组织和美国、欧洲、日本等先后发布了若干电动汽车的技术标准，它们对电动汽车的高压电安全及控制制定了较为严格的标准和要求，并规定了高压系统必须具备高压电自动切断装置。其中涉及电动车安全有关的电气特性有：绝缘特性、漏电流、充电器的过电流特性和爬电距离及电器间隙等。

电动汽车的运行情况非常复杂，在运行过程中难免会出现部件间的相互碰撞、摩擦、挤压，这有可能使原本绝缘良好的导线绝缘层出现破损、接线端子与周围金属出现搭接、高压电缆绝缘介质老化或潮湿环境影响等因素都会导致高电压电路和车辆底盘之间的绝缘性能下降，电源正负极引线将通过绝缘层和底盘构成漏电流回路。当高电压电路和底盘之间发生多点绝缘性能下降时，还会导致漏电回路的热积累效应，可能造成车辆电气火灾。因此，高压电气系统相对车辆底盘的电气绝缘性能的实时检测，也是电动汽车电气安全技术的重要内容。

电动汽车电气安全监测系统需要实时监测整车电气状态信息，如总电压、总电流、正负母线对地电压值、正负母线绝缘电阻值、辅助电压、继电器连接情况等，并通过CAN总线输出测得的各部分状态机数值，输出系统的报警状态和通断指令，从而确保电动汽车的安全运行。

7.4.3 电磁兼容设计的必要性和常用方法

为了提高电子设备的电磁兼容能力，必须从开始设计时就重视其电磁兼容性。电磁兼容的设计思路可以从电磁兼容的三要素，即电磁干扰源、电磁干扰可能传播的路径及易接收电磁干扰的电磁敏感电路和器件入手。具体来说，就是要充分分析电子设备可能存在的电磁干扰源及其性质，尽量消除或降低电磁干扰源的影响；充分了解电磁干扰可能传播的路径，尽量切断其传播路径，或降低与电磁干扰耦合的能力；要充分认识易接收电磁干扰的电磁敏感电路和器件，尽量杜绝其接收电磁干扰的可能性。

因此，在设计时就要采取相应对策，消除或部分消除可能出现的电磁干扰，以减轻调试工作量，并最终保证系统运行的稳定与可靠性。在调试中，针对具体出现的电磁干扰，以及接收电磁干扰的电路和元器件的表现进行分析，以确定电磁干扰源所在及电磁干扰可能传播的路径，然后采取相应的技术措施。通常，电磁兼容的设计内容包括：(1)分析电磁系统所处的电磁环境，由此选择设计的主要方向；(2)精心选择产品使用的工作频率；(3)制定电磁兼容性要求与控制计划；(4)对设备及模块、电路采取合理的电磁干扰抑制和防护技术。

抑制电磁干扰的技术措施主要有屏蔽、滤波和接地三种方法。

1. 屏蔽

屏蔽是在两个区域之间建立电磁屏障保护系统中的电路不受电磁环境损坏的最直接方法。可采取两种屏蔽方式：主动屏蔽，使辐射电磁能限制在特定区域之内；被动屏蔽，防止辐射电磁能进入特定区域。屏蔽的形式多种多样，可以使隔板、盒式封闭体，也可以是电缆或插接器式的屏蔽。屏蔽的效能用屏蔽有效度表示，它不仅与屏蔽材料有关，而且与材料的厚度、应用频率、辐射源到屏蔽层的距离以及屏蔽层不连续的形状和数量有关。

屏蔽设计原则是：高频电场屏蔽应用铜、铝和镁等良导电材料，以得到最大的反射效率；低频磁场屏蔽应用磁性材料，如铁和镍铁高导磁合金，以得到最大的吸收效率；足够厚度屏蔽层可屏蔽任何频率的电场，且有很高的屏蔽效能；多层屏蔽(包括机壳与电缆)能在宽频带上提供高屏蔽的效度，但需考虑成本和其他性能要求(如电缆挠度)；用来密封缝隙的各种结合面必须清洁，不能有不导电的涂层，为了保持外壳的屏蔽效能，对必不可少的穿线孔应加导电衬层、弹簧垫圈、波导衰减器和栅网等。

2. 滤波

屏蔽主要为了解决辐射干扰，而滤波则主要是解决通过传导途径造成的干扰。完成滤波作用的部件称为滤波器。滤波器主要抑制通过电路通路直接进入的干扰，它是应用最普遍的抗干扰方法。根据信号与干扰信号之间的频率差别，可以采用不同性能的滤波器，抑制干扰信号，提高信噪比。

3. 接地

接地就是在两点之间建立导电通路，其中的一点通常是系统的电气元件，而另一点则是参考点。一个接地系统的有效性取决于在多大程度上减小接地系统的电位差和减小接地电流。

在进行电动汽车的电磁兼容性设计时还应该注意以下几点：

(1) 合理规划线束

线束布置上使小功率敏感电路紧靠信号源，大功率干扰电路紧靠负载，尽可能分开小功率电路和大功率电路，减小线束间的感应干扰和辐射干扰。不同用途、不同电平的导线如输入线和输出线、弱电与强电要远离，尽量不要平行；接地线长度要尽量短，截面要尽量大。关键元件、电路和走线都要加屏蔽，屏蔽要接地。对较长的线束，为了减小传导和辐射干扰，应在线束上增加滤波装置，比较方便的是套接合适的铁氧体磁环。

(2) 元器件选择和电路设计

元器件选择和电路设计是抗电磁干扰和电磁兼容性设计的重点之一。通过选择元件及抗干扰筛选，以得到高抗干扰门限值的元件，采用屏蔽的双绞线作连接，缩短元件和电路的连线，这项措施可使系统的抗干扰性增加 3～10dB，使设计的电路具有高信号电平和低阻抗特性。另外，还要考虑到数字电路比线性、模拟电路抗干扰性强，低速数字电路比高速数字电路有更低的电磁灵敏度。在确定元件和电路时，除要注意其电磁干扰灵敏度外，还应注意一些会产生电磁干扰的元件和电路，也会对系统造成不应有的影响，使信号发生畸变，或产生干扰电压、干扰电流，或使系统造成工作失误。

(3) 电磁兼容设计的主要参数有：限额值、安全裕度和费效比

电磁兼容设计的方法通常有三种：问题解决法、规范法、系统法。问题解决法首先是进行研制，再根据研制成的设备或系统在检测中发现的问题设法进行改进解决，这是早期应用较多的解决电磁兼容问题的方法。规范法是在设备或系统的功能和线路设计阶段就按照现行的电磁兼容标准和规范进行，此方法在预防电磁干扰问题上比问题解决法有效，但针对性不强。系统法是应用电磁兼容理论的最新研究成果，结合计算机技术和预测程序，在初始设计阶段就对设备或系统的每一模块、电路建立数学模型，对其电磁兼容性进行分析预测和控制分配，从而在理论上确保整个设备或系统的电磁兼容性。

小　　结

本章主要针对电动汽车的电气系统，介绍了电动汽车电气系统的组成，分析了电动汽车整车网络化控制系统中的整车控制器、能量管理系统和通信系统，以及电动汽车的高低压电气系统。电动汽车的电气系统是电动汽车的神经系统，对整车工作性能有非常大的影响，有必要进行深入研究。

习　题

1. 一般电动汽车电气系统的组成有哪些？各起到什么作用？
2. 简述电动汽车电气系统在工作中主要的监测量，并说明原因。
3. 简述整车控制器的主要功能及其组成。
4. 简述制动能量回馈发电系统的基本原理。

第8章 电动汽车能量补充系统

★ 了解电动汽车能量补充系统分类
★ 了解电动汽车的能量补充的方式及要求
★ 熟悉电动汽车能量补充的配套设施

知识要点	掌握程度	相关知识
能量补充系统分类	了解充电系统的分类	充电模式； 电动汽车充电机、换电站
充电系统性能要求	了解充电系统性能要求	安全性高、充电效率高； 对电池影响小、适应性强、操作方便
充电设备的类型及性能	熟悉充电设备的类型和性能；了解充电过程	交流充电机； 直流充电机； 地面充电机功能模块； 恒流阶段、恒压阶段和截止阶段
充电模式介绍	熟悉充电模式，以及充电模式对电池的影响；熟悉换电模式及要求	正常充电； 快速充电； 换电模式； 充电系统对电池影响
充电系统布局	了解充电系统布局方式和区别	家用充电设施； 公共充电设施
充电接口	熟悉充电接口要求； 掌握充电接口形式	直流充电接口； 交流充电接口
氢燃料汽车加注站	了解氢气的制取和存储方式； 了解加氢站的结构和工作流程	氢气的制取； 氢气的储存； 加氢站的结构和工作流程

导入案例

电动汽车经过了几十年的发展，技术上取得了显著的进步，车辆的性能也逐渐提升，有的已经或即将进入商业化阶段。但是，电动汽车的商业化运行必须与支持和保证电动汽车商业化运行的能量补充设备、技术设施等紧密相连。

电动汽车的基础设施(图 8.1)主要是指那些与其运行有关的基本设施、设备、供电、宣传、维修服务等，具体包括：

(1) 布局合理、使用方便的充电站或充电设备；

(2) 良好的售后服务和配件保障；

(3) 完善的电动汽车标准和法律法规体系；

(4) 对电动汽车用户的宣传教育和培训；

(5) 电力供应；

(6) 燃料电池电动汽车所需要的燃料补充站和燃料保障；

(7) 必要和适当的电动汽车运营补贴。

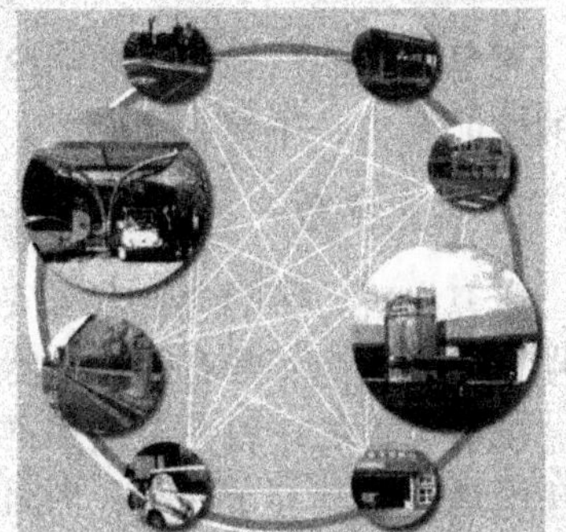

图 8.1 配套基础设施

基础设施是影响电动汽车产业化与推广应用的一个非常关键的因素。电动汽车基础建设是一项巨大的工程，必须有政府、社会组织、电动汽车制造厂商、电力部门和电池生产工厂等多方面的合作。

8.1 电动汽车能量补充系统分类

能量补充系统是电动汽车的重要附属设备，是电动汽车的能量来源。目前电动汽车种类繁多，规格多样，而且其能量存储装置又存在多种形式，工作要求也不同，能量补充系统的优劣，对于车辆动力使用安全、性能和寿命等均有很大影响。

针对目前电动汽车总体分类，电动汽车能量补充设备主要分为三类，(1)是以蓄电池、超级电容等电动汽车为主要目标的充电系统；(2)是为燃料电池电动汽车补充所需燃料补充系统；(3)是金属空气类电池所需要的金属燃料板等设备。还有一种所谓的能量补充是更换电池金属板，从而获得新能量。

充电系统是充电模式用充电设备的统称，是最常见的电动汽车能量补充系统，它又分为电动汽车充电机、换电站等多种模式。

8.2 电动汽车充电基础设施

电动汽车充电基础设施与燃油汽车的加油站作用类似，但又有其独有的特点。首先，电动汽车的充电设备可以是公用的，也可以是家用的，用户可以在公共充电站充电，也可以在家中为电动汽车充电。对于装有车载充电器的车辆来说，只要将其插头接到电源插座上，就可以为电动汽车充电。其次，电动汽车用户可以根据国内电网的规划，选择不同时间段充电，例如利用夜间用电低谷时段充电，可以获得较多的用电优惠。此外，电动汽车充电系统也会对电力系统带来影响，电动汽车充电时的功率和电流相对较大，对电网的负荷有较高要求，充电系统也会产生谐波污染，对电网的稳定性产生一定的影响。

8.2.1 充电系统性能要求

充电系统的性能直接影响电动汽车的性能发挥和推广应用，因而对充电系统提出了较高的性能要求，主要如下。

1. 安全性高

研究发现，影响电动汽车安全性的主要因素首先是电池的充电过程。技术状态的不一致性是各类电池所共有的基本特性之一，主要表现在电池的容量误差、内阻误差和电压误差。少数电池的一致性误差并不明显，但是由数十个甚至到数百个电池单体所组成的电动汽车电池组，其容量误差、内阻误差和电压误差等因素就会凸显出来。电动汽车充电的过程不可能对电池单体依次充电，而是对整个电池组进行充电。在充电的过程中，由于内阻误差的存在，导致在整个电池组中的电池单体两端的电压形成误差，内阻误差越大，形成的电压误差越明显。虽然整个电池组两端的充电电压不会超过额定的电压，但是个别的单体电池两端的电压，有可能超过其额定电压，从而容易导致电池组充电不均衡，单体电池充电量不一的状况。如果电池的电压误差过大，就有可能超过电池充电的安全能力，引起电池过热，导致安全事故。因而，用于电动汽车的充电装置，必须具备防止电池系统单体电压和温度超过允许值的技术措施，以提高电动汽车充电过程的安全性。

2. 充电效率高

电动汽车充电装置的效率必须达到一定的高度。电动汽车的能耗指标至关重要，衡量商业化运行的电动汽车的能耗指标，不仅是考察电动汽车驱动等系统的能耗指标，更关注电动汽车从电网获取电能的利用率。因此，提高充电装置的电能转换效率，采用高效充电装置对于降低电动汽车的能耗具有重要意义。提高充电装置能耗效率的主要技术措施是选择高效变流电路拓扑，提高充电装置的效率因数，尽可能降低输出电流的交流分量并采用高效的充电控制算法。

3. 对电池寿命影响小

电动汽车的动力电池占电动汽车成本的主要部分，多数电动汽车的动力电池占整车成本的一半以上，有的甚至超过整车成本的65％。因此，电池的使用寿命极大地影响电动汽车的运行成本，这也是制约电动汽车发展的关键因素之一。如果电动汽车动力电池性能早衰，电动汽车的续驶里程就会大大缩短，影响正常使用。如果电池寿命严重不足，对于电动汽车来说就需要更换电池。一旦更换电池，对于电动汽车运营来说就会造成极大的负担。众所周知，电池寿命除了与电池制造技术、制造工艺和电池成组的一致性等因素有较大关系外，还与充电装置的性能直接相关。选用对电池没有伤害的充电控制策略和性能稳定的充电装置，是保障电池使用寿命达到设计指标，防止电池过早损坏的合理途径，也是降低运营成本的重要技术措施之一。

4. 适应性强

电动汽车的充电系统必须能够适应多种类型、多种电压等级的电池系统，能够具备不同的充电控制算法。在很长一段时间内，电动汽车用的电池仍将是多种类型电池共存的局面，各类电动汽车的电池容量配备不同，而且电压也会参差不齐，种类繁多。例如，我国电动汽车常采用的电压有 280V、320V、380V、400V、480V、520V，甚至达到 600V 及以上。而电动汽车的充电机也在整个电动汽车运营期间占有较大的成本比例，因而电动汽车不可能每车专用一台充电设备。在这种背景下，电动汽车充电系统，尤其是电动汽车公共充电系统必须具备适应多种类型的电池系统的能力，具备多种类型电池的充电控制算法，可以与电动汽车上的不同电池系统实现充电特性匹配。目前电动汽车充电机与汽车的电池充电控制算法主要由两个系统的对接协议来完成。为了给不同的电动汽车充电，用于电动汽车的充电装置，必须能够适应电动汽车的多种需求。

5. 操作简单

电动汽车充电系统必须简单方便，可使所有用户都能独立操作完成。由于电动汽车应用对象是广大群众，虽然有技术要求和技术指导文件，但不能保证每个用户的学习和领会能力都在同一水平，也不可能因此而增加更多的人员来对电动汽车进行充电服务。如果充电系统操作繁琐而又复杂，势必会需求更多的高素质技术人员，增加管理成本。尤其对于公共充电系统，充电系统必须具有智能化的操作特性，降低对操作人员的要求。

8.2.2 充电基础设施的发展

目前，世界各国都在推行电动汽车，也都认识到了充电系统的建设，尤其是充电站的建设对于电动汽车产业化及规模化推广应用的重要性。各国都把电动汽车与充电站建设作为系统工程，例如美国、德国、法国、英国、日本等国家陆续发布了大规模充电网络建设规划。

日本神奈县成立了电动汽车普及推进协会，计划在 2014 年前建成由 1000 个 100V/200V 插座构成的 EV 充电网络。在以色列，Better Place 公司计划在全国范围内建立一个拥有 50 万个充电站的巨型充电网络。英国 Elekromotive 公司是一家专注于电动汽车充电站研究、设计与制造的公司，该公司在伦敦建设的充电站已经投入使用，并正在向国际推广。为了配合电动汽车普及计划，英国政府出资超过 2500 万英镑，购买了 500 个 Elektorbay 充电站，这些充电站主要设置在停车场和路边，方便电动汽车使用。法国已经有超过 200 座公共充电站，法国政府还宣布在原有充电基础设施的基础上，大幅增加充电站数量，并力争到 2015 年将充电点增加到 100 万个以上，到 2020 年，这一数目将达到 400 万个，满足更多的电动汽车需要。这些新增的充电站将主要设在工作场所、超市和住宅区的停车场以及道路两侧区域。美国西太平洋国家实验室发布了名为“Smart Changer Controller”(SCC)的电动汽车充电控制装置，用户可以根据需求，自行管理电动汽车的充电时间，从而避开充电高峰时段，减小对电网的需求和降低电能使用成本。

图 8.2～图 8.7 为一些国外的典型充电设施。

图 8.2　英国的充电设备

图 8.3　瑞士的充电设备

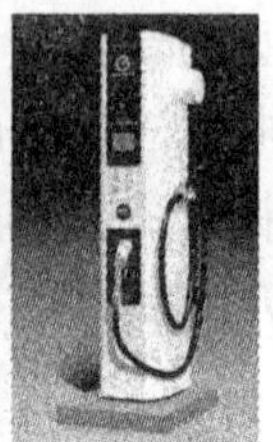

图 8.4　日本的充电设备

图 8.5　法国的充电设备

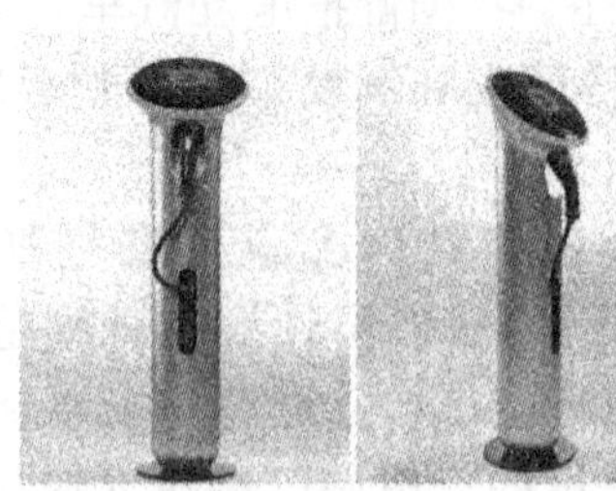

图 8.6　美国的充电设备

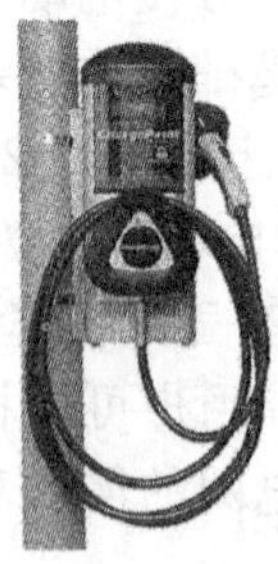

图 8.7　意大利的充电设备

我国电动汽车充电的基础设施是伴随着电动汽车的示范应用需求而发展的。在早期公布的7个示范城市、国家电网系统示范、奥运示范、“十城千辆”工程示范中，一共投入各种类型的电动汽车充电站98座、示范充电桩325个、电动公交车大型换电站2座、超级电容公交线路充电塔62座。充电技术同步发展，为电动汽车的产业化开发和示范应用打下了良好的基础。

随着2009年“十城千辆”工程的实施，电动汽车能源供给基础设施的潜在机会备受关注。国家电网公司、南方电网供公司、普天公司集团(与中海油合作成立普天海油能源动力有限公司)、中国石化(与首科集团合资成立北京中石化首科新能源科技有限公司)等大型国企，围绕国家电动汽车发展战略强势介入充电基础设施建设，各示范城市、研究所、科研机构和社会各界积极参与。

2010年上海世博会召开，上海市一共推出了1000辆节能汽车和新能源汽车示范运行，加快了相关充电站、快换站的建设进程。上海在2010年上海世博会期间，共建成世博园区快速换充电站1座，供120辆纯电动客车使用，如图8.8所示；另外同时建成充电桩147个，为电动汽车的产业化开发和应用打下了良好的基础。2009年起，南方电网在深圳建设的电动汽车充电站(桩)开始运行，首批启用了2个充电站、134个充电桩。到2012年，深圳要总共建设充电站50个，公务充电桩2500个，私家车充电柱10000个，社会公共充电站200个，以供超过1000辆纯电动公交车、2500辆纯电动小型出租车、2500辆电动公务用车、15000辆纯电动家用轿车充电使用。

在电动汽车快速发展的同时，更多的企业为了自己产品的推广和应用也建立了自己的充电站。其中比亚迪公司作为目前电动汽车发展的主力军，建设了电动汽车充电站如图8.9所示。国家电网也参与到电动汽车充电站的建设中来。

图8.8 上海世博园区电池快速更换站

图8.9 比亚迪公司的电动汽车充电站

8.3 电动汽车充电机类型

电动汽车充电机从供电电源获取能量，经过转换和整理后，以合适的方式传递给动力电池，从而建立了供电电源与动力电池之间的功率转换接口。目前我国的电能主要以交流电的方式供给，但随着能源方式的变化和各类储能设备的出现，尤其是多种储能设备的投入使用，直流电的应用有所拓展。

8.3.1 交流充电机

目前最常见的充电机就是将交流转换为直流对电池组进行充电，称之为交流电源充电机。根据不同的分类方式，可以将交流电源充电机分成多种类型，见表 8-1。

表 8-1 交流电动汽车充电机类型

分类标准	充电机类型		分类标准	充电机类型	
安装位置	车载充电机	地面充电机	连接方式	传导式充电机	感应式充电机
输入电源	单相充电机	三相充电机	功能	普通充电机	多功能充电机

1. 车载充电机和地面充电机

车载充电机和地面充电机的分类主要是指充电机的安装位置确定，一种是置于车辆之上，另一种是与车辆分离，固定于地面。

车载充电机是指安装在电动汽车上，可采用地面交流电网电源对电池组进行充电的装置。这种布置的电动汽车，其充电机直接安装在车辆上，作为车辆的一个部件。由于只需要将车载充电机的插头插接到停车场或者附近有交流电源插座的地方即可为车辆充电，因而充电比较灵活。但是由于车载充电机的功率有限，通常只有几千瓦，因而充电时间较长，一般需要 5～8h，因而这种模式更适合一些小型的电动汽车。车载充电机由于安装在车辆上，重量不宜太大，一般功率较小；而且相对动力电池来说可做到专车专用，因而结构简单，成本较低。电动汽车充电时，需要将车载充电机的电源线从车辆的固定位置引出，接到交流电网即可对车辆实施充电。

对于地面充电机，一般安装于固定的地点，并且充电机交流输入端与电网之间已经做好连接。充电的时候，仅将直流输出端与电动汽车的充电插口连接，即可为电动汽车充电。由于地面充电机不像车载充电机那样受到车辆空间和承载的限制，因而地面充电机可以根据充电要求和性能做到体积较大，实现大功率充电。目前的地面充电机可以做到几十千瓦、上百千瓦甚至更大。由于地面充电机可为多种车辆进行充电服务，投资额度较大，因而一般较为复杂。由于充电机不布置在车辆上，因而采用地面充电机的电动汽车，布置上简化，车辆的整备质量减轻，更容易实现较大的承载量，因而地面充电机一般用于较大型电动车辆，如电动城市客车等。

2. 单相充电机和三相充电机

这两种结构的充电机分类主要区别于用于充电机的交流电是单相还是三相。这两类充电机的工作原理基本一致，都是将交流电转化为稳压直流供给电池组。不过这两类充电机的主要应用范围有差别，对于前面所讲述的车载充电机来说，多数采用单相充电机，对于地面充电机来说，采用三相供电的相对要多一些。采用三相充电机可以大大降低线路的电流需求，因而在一些功率较大的充电机或充电站，均采用三相充电。

3. 传导式充电机和感应式充电机

这两种充电机的明显区别是传导式充电机工作时需要导线进行导电，需要进行插头的插拔动作，而感应式充电机则没有明显的导线。

传导式充电机的输出端能够通过充电插座直接连接到电动汽车上，两者存在实际的物理连接。这种充电方式结构简单，能量传递效率高，而且制造成本低，目前绝大多数的充电机均是采用这种传导方式。

感应式充电机的原理是利用电磁感应耦合方式，向电动汽车传输电能，充电机和电动汽车之间没有实际的导线连接。充电机分为两个部分，一个是车载部分，一个是地面部分，两部分利用高频变压器将公用电网与电动汽车相隔离。高频变压器的一侧绕组装在充电机上，充电机将 50Hz 的市电转换为高频交流电，通过装在电动汽车上的另外一侧绕组将电能传送到电动汽车上。然后在整流电路的作用下，再将高频交流电转换为直流电，给电池组充电。由于感应式充电机与电动汽车之间没有任何金属接触，没有接触式充电所需要的插头插座，使得电动汽车的充电更加安全可靠。

这两种充电机各有优缺点。传导式充电机传递能量效率高，制造成本低，但是由于需要插头和插座的插拔，容易导致接触不良以及导线磨损或损坏，需要定期进行更换和维修，而且现场线路略显凌乱，管理要求较高。感应式充电机由于不存在插头和插座，因而不需要拉着导线到处走动，现场整洁有序，但是由于部分电能不耦合消耗电能，感应式充电机的能量传递效率比传导式充电机要低。如果将感应式充电机的变压器一次绕组铺设在路面之下，而二次绕组组装在电动汽车的底部，当电动汽车从这段路面驶过的时候，在电磁感应的作用下，即可为电动汽车进行快速充电，这种充电的方式就是移动式感应充电。

4. 普通充电机和多功能充电机

普通充电和多功能充电是针对充电机的适应性而言。有些充电机只能对应某种型号的电池进行充电，这类电动机结构简单，适应性较差，称之为普通充电机。而多功能充电机可以为多组电池充电，能够自动识别所充电池组的充电性能和要求，进行合理充电，并且还能提供诸如对电池组进行容量测试、对电池组进行均衡性能、对电网进行谐波抑制和无功功率补偿等功能。由于多功能充电机的识别能力取决于所充电动汽车的电池管理系统与充电机的预存充电规程的匹配程度，因此，多功能电动机必须进行充电机与电池管理系统的协议匹配等相关工作。多动能充电机多用于一些充电站，可以对许多种类型的车辆进行识别后充电，因此多功能充电机的结构要比普通充电机更复杂，制造成本也要高得多。

8.3.2 直流充电机

由于充电的电源不仅有交流电，还有部分直流电。对于采用直流电源的充电机来说，其工作原理就是一个可控 DC/DC，即将直流电根据需求进行整流变压之后直接对电池进行充电。这种模式多见于一些储能设备对电动汽车进行充电的过程。例如，针对我国用电的不均衡性，白天多于晚上，用电高峰时，电力不足，而在夜间的时候，电量严重剩余，而且峰电的价格远远高于谷电的价格，在这种情况下，有部分电网或企业就利用这一特性，制作了电能储能电站。在夜间用电低谷的时候，将电能转换为直流电储存在大规模的储能器中，在用电的高峰的时候再进行分配使用。储能器大多是采用电池，如果将这些电池的电压和电流合理管理，就可以直接为电动汽车充电。

8.3.3 地面充电机的功能模块

如前所述，充电机的拓扑结构有很多种，下面介绍一下最常用的地面充电机的功能模块。地面充电机以三相交流电为输入电源，采用高频隔离型桥式DC/DC变换器，根据预先设定的充电过程参数对电动汽车动力电池进行充电。

电动汽车地面充电机功能模块组成如图8.10所示。

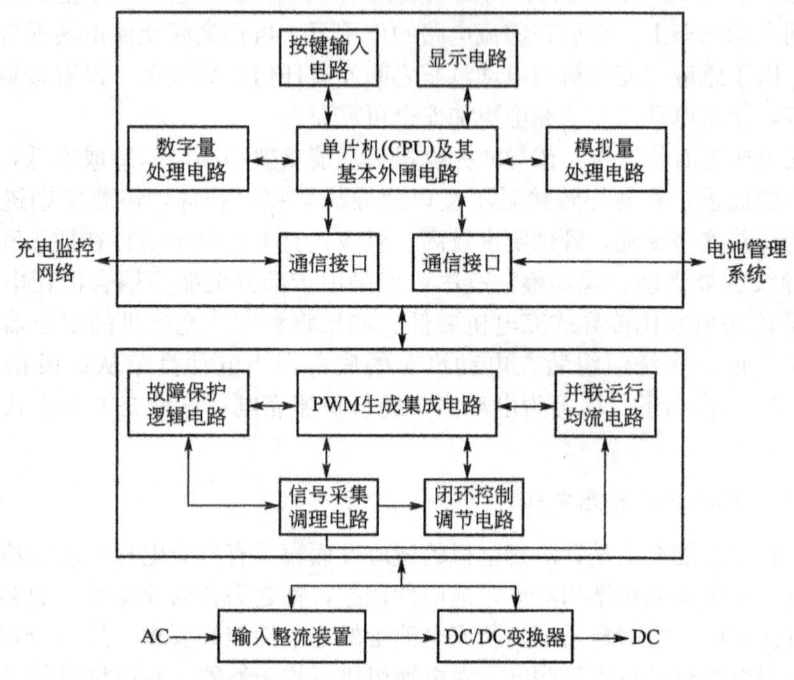

图8.10 电动汽车地面充电机功能模块组成

输入整流装置对三相交流电进行整流，经过滤波后，形成稳定的直流母线电压，以提供给后级DC/DC变换器。DC/DC变换器在控制系统的控制下，采用脉宽调制(PWM)技术，提供恒定的电流输出或恒定的电压输出，满足电池组的充电要求。驱动脉动生成、调节保护系统为充电机的底层控制系统，直接控制DC/DC变换器完成功率转换，并提供完善的保护功能。单片机控制系统为充电机的顶层控制系统，接收人工输入或其他设备的控制指令，从而控制电动机的起动与停机，并可将充电机的数据进行显示或传输给上层监控计算机。

8.3.4 充电过程

电池充电是一个相对比较复杂的过程，充电过程中，电能转化为化学能在电池的正负两极形成材料堆积。由于电池的构造特性，在充电的过程中，随着电池电量的不断提升，电池正负极两端的电压也随之上升，充电电流的大小由充电机输出电压与电池电压的压差决定，称之为充电压差。由于电池组的整体电阻相对很小，如果固定充电电压，在电池充电初期，电池电压较低，充电压差较大，这时充电电流会非常大，会导致电池过热甚至电池损伤。在电池电量不断上升之后，电池电压逐渐升高，充电压差不断缩小，会导致充电电流很小，无法满足充电要求。这就要求充电机有一个合理的充电安排，并要求在电池电压较低的时候控制电流以一个较为恒定的电流充电。电池电压达到一定高度接近充满的时候，又要保障电池电压以一定的速度缓慢上升，保证电池能够充满。因此充电过程大致可分为三个阶段，分别是恒流阶段、恒压阶段和截止阶段。

1. 恒流阶段

恒流阶段是电池充电的前期阶段，这个阶段占充电过程的绝大多数时间，一般达到整个充电过程的80%以上。在这个过程中，充电机首先根据电池的电压设定充电初始电压，然后电压随着电池的电压变化不断进行调整，使充电压差基本保持不变，从而保证充电的过程能够以一个相对恒定的电流进行，因而称之为恒流阶段。

2. 恒压阶段

随着电池电量的不断增加，电池的电压也会随之上升。在达到一定的电池电压之后，如果再继续保持稳定的充电压差，则会导致充电过压而损坏电池。因此在此阶段，通过控制电池的电压，将充电电压提升到充满状态并保持恒定，以合理的电压控制充电电流，因而称之为恒压阶段。

3. 截止阶段

截止阶段实际上在电池充电过程中属于对电池是否已充满的判断过程。电池在最后的恒压充电阶段内，充电的电流不断降低，如果不去管理，电流将持续降低。当电流降低到一定阶段，电压压差非常小，再继续充电，电流变化和充电压差变化都变得非常缓慢，如果持续充电到电流变为零，理论上需要无穷长的时间，因而再继续充电变得毫无意义。将判断充电结束的阶段称之为截止阶段。为了保证充电的效率，减少不必要的浪费，当电池充电的电流降低到一定的数值的时候，认为该电池组接近充满，可以结束充电。在这个阶段，需要对充电机进行参数设置，通过合适的充电电流作为充电结束标志，对充电机发出充电结束指令。

8.4 充电模式

对于为动力电池充电来说，往往关注的是充电时间。对以不同类型或不同材料的电池，充电时间自然需求不同；但对于同一种电池，充电的时间也往往有很多种方案，充电方案的不同，称之为电池的充电模式不同。

对于动力电池来说，充电模式一般可分为三类：正常充电模式、快速充电模式和更换电池模式。但由于动力电池的材料、构造、成分和结构等不同，充电的要求也不一样。这里所指的充电模式是一种泛指，是针对电池的共有特性来说的，通常特指在恒流阶段时的充电状况。选用的动力电池，厂家往往会标定一个正常充电电流范围和一个快速充电电流范围。

8.4.1 正常充电模式

正常充电电流的选取是在保证电池使用寿命的情况下，参考电池的性能和结构等因素，所设定的一个充电范围。在这个范围下充电，既能够保证电池达到所设定的电池使用性能和容量，又能保证动力电池长期使用时的寿命。对于不同的电池，其正常充电模式是不同的。对于不同容量的电池，其充电电流也不相同。对于同一类电池，充电电流的大小与其容量相适应。电池容量通常用符号 C 表示，为常量。电池电流通常用一个数与容量的乘积表述 $I^c=\phi C$，表 8－2 罗列了部分电池的正常充电电流。

表 8－2　动力电池充电电流

电池种类		正常充电电流 I_0^c	允许快速充电电流 I_{max}^c
铅酸电池		0.1C～0.3C	0.3C～0.5C
镍氢电池		0.1C～0.3C	0.5C～1C
镍镉电池		0.1C～0.3C	0.5C～1C
锂电池	锰酸锂电池	0.1C～0.3C	1C～2C
	钴酸锂电池	0.1C～0.3C	1C～2C
	磷酸铁锂电池	0.1C～0.4C	1C～3C
	钛酸锂电池	0.5C～5C	5C～10C
	聚合物锂电池	0.1C～0.4C	1C～3C
超级电容	5C～10C	20C～50C	

8.4.2　快速充电模式

快速充电模式是指对电池充电的过程采用较大电流，实现对电池快速补充电能。对于动力电池来说，快速充电必须是在满足电池的基本性能和安全的前提下，又对电池不能造成损伤的最大允许充电电流。为了实现较大充电电流，一般都是通过提高充电压差来实现。在快速充电的过程中，电池与充电机的压差增大，电流加大，同时造成电池的充电热量增加。虽然多数的动力电池厂家都提供了快充标准，但是相对于动力电池来讲，如果不是情况特殊，且在规定时间内能够充满电能，一般不允许快速充电。需要说明的是，动力电池偶尔快速充电，对使用寿命影响不明显，但长时间快速充电，会影响动力电池的使用寿命，缩短动力电池的循环次数，降低动力电池的容量，而且容易引发安全事故。

快速充电不但受到电池性能影响，还与充电机的性能有关。快速充电需要充电机提供更大的电流来满足充电需要，充电机就会处于高负荷运转，甚至容易造成超负荷运转，导致充电机的毁坏。因此，在选择快速充电时必须要慎重。

8.4.3　换电模式

换电模式是目前解决电池不能快速充电的一种过渡模式。由于动力电池不允许频繁快速充电，平常充电又不能满足需求；且电动汽车受到制造和使用成本的影响，配备的电池的容量有限，这就形成了一对矛盾。为此，更换动力电池就成了解决这一问题的过渡方案。更换电池是指在电动汽车电能不足的时候，通过更换动力电池的方式实现电动汽车更大的续驶里程。

换电模式是由于目前动力电池能量比不能完全达到使用要求的一个过渡方案。换电模式一般需要增加额外的动力电池组，而且电池组要分开配置，这就需要建设动力电池更换基站，采用机器人进行操作，投资巨大。而且换电模式对电池的一致性要求更加苛刻，电池组的互换性要好，接插件能够适应多次更换的寿命要求，同时电池组管理系统适应性要求更高。

随着电池性能的进一步发展，当电池的容量和能量密度足够高的时候，电动汽车配备的动力电池能够支持车辆绝大多数的日续驶里程需要时，换电模式也就完成了它的使命。

8.4.4 充电系统对电池的影响

充电系统对电池的影响主要分为三个方面：对电池性能的影响、对电池寿命的影响和对电池安全的影响。

对电池性能的影响，主要体现在充电系统能否满足动力电池的充电需要，即保证充电系统在充电过程中能够将电池的电量充满。充电系统对电池充电过程要求能够实现管理和调配，保证每次充电都能对每个单体电池实现合理充电，保证电池组的充电的均衡性。如果充电系统的管理性能不足，会导致电池组充电不均衡，从而无法保证电动汽车的续驶里程。

对电池寿命的影响是显而易见的，充电系统必须能够按照合理的充电程序对电池组进行充电，对充电电池的电流、电压、温度和容量等实现管理控制，避免过流、过充、过温，这些不理想的充电状态会导致电池的内部产生早衰，导致电池过早失效，影响电池使用寿命。

对于电池安全的影响主要体现在电池的过温和内部性能的剧变上。充电系统充电过程如果控制不善，个别电池容易出现温度异常，甚至导致电池烧毁甚至引起火灾。充电系统还必须与电池的充电特性相适应，避免电池内部电极材料的不均衡结晶而造成的短路，影响电池的使用安全。

8.5 充电系统的布局

电动汽车充电站或者充电系统的布局对于电动汽车的发展尤为重要，充电站的建设离不开多方面的工作协调。首先，充电站的建设必须有政府部门的支持，政府要为推广和发展电动汽车投入必要的人力、物力和财力，取得建设充电站或充电系统必要的土地或场地；其次还需要国家电网企业的配合，充电站一般功率较高，普通的电力网络难以支撑，有必要建立专用电力网络；最后，充电站必须有合理的用户群使用，充电站的建设投入非常大，必须拥有足够的用户群才能够支撑充电站的正常运作，否则就会造成利用率低下和资源浪费。

充电系统分为家庭用充电设施和公共充电设施两类。

8.5.1 家庭用充电设施

家庭充电设施的推广和应用是电动汽车发展的重要推动力。由于电动汽车充电一般都安排在晚上，如果电动汽车应用量较大，势必会造成充电集中现象，既没有如此庞大的充电场地，也容易造成交通的拥堵。家庭充电设备的建设能够解决这一难题。

由于小型电动汽车的充电机一般为车载式，只需要将车载充电机的插头插到停车场或者附近的电源插座上即可进行充电，而且车载充电机的充电功率较低，一般只有几千瓦。对于家庭电动汽车而言，在晚上用电的低谷进行充电可以降低电动汽车使用成本，而且有利于电能的有效利用。因而，将充电桩布置到家庭用户是可取的方案。

家用充电设施的基本要求是有一个配有电源的车库或者停车场。可有两种不同的方式：

(1) 对有私人车库的家庭来说，只需要安装一个专用的充电电源插座即可。

(2) 对于带有停车场的公寓和集中住宅用户来说，可安装带保护回路的室外电源插座，保证独立运行。而且这类插座要求安全可靠，不易损坏，一般居民不能靠近接触。

家庭充电设施的方案简单，计费方便，分散的充电模式解决了城市用地紧张的矛盾，适合大规模电动汽车的发展，如图 8.11 所示。

图 8.11　家用电动汽车充电系统

8.5.2　公共充电设施

公共充电设施基本上就是一些公共充电站，公共充电站应分布广泛，以保证电动汽车用户能够随时为电动汽车充电。能够支撑电动汽车商业化的公共充电站不是简单的多台充电机的集合，而是一项规模庞大的系统工程。充电站的建设必须严格考虑电动汽车的种类和分布、充电系统的总体需求和对电网的影响等因素，必要时还要考虑用电的安全性、天气情况和交通状况等因素。建设充电站需要巨额的资金投入，对充电站的基本要求是：高效、节能、低制造成本、安全、可靠、维修性良好。

公共充电站又可分为标准充电站、快速充电站和电池更换站等。

1. 标准充电站

标准充电站(又称充电桩)是为带车载充电机的电动汽车设计，通常采用交流电源，较多地分布在居民区或者工作场所附近的停车场，规模一般较大，以便能够同时为很多车辆正常充电，满足单车充电时间 5～8h。实际应用时，电动汽车驾驶员只需将车辆停靠在充电站指定的位置，接上电源线即可为车辆充电。

图 8.12 为位于道路两侧的国家电网的充电桩，图 8.13 为上海曹溪路电动汽车充电站。

图 8.12　国家电网充电桩

2. 快速充电站

图 8.13 上海曹溪路电动汽车充电站

快速充电站又称应急充电站，可以在较短的时间内为电动汽车充电，充电的时间与燃油汽车加油时间接近。快速充电站可以提高电动汽车的使用方便性，但往往受到电池性能的影响，对动力电池的使用性能和寿命产生一定的影响，同时还有可能对电力系统产生负面影响。而且快速充电站一般是在白天工作，容易挤占用电高峰的用电需求。

图 8.14 和图 8.15 为我国部分地区的快速充电站。

图 8.14 比亚迪汽车快速充电站

图 8.15 湖州电动公交快速充电站

在上述的两种充电模式中，标准充电模式适用于办公楼或商场的停车场电动汽车充电，而快速充电则因充电电流过大通常在公共充电站进行。

我国相关规定中推荐的三种充电设施供电设备参数见表 8-3。

表 8-3 三种充电设施供电设备参数

<table>
<tr><th colspan="2">充电模式</th><th>额定电压</th><th>额定电流</th><th>适用场所</th><th>备注</th></tr>
<tr><td colspan="2">1</td><td>单相
220V AC</td><td>16A</td><td>家用</td><td>使用 GB 2009.1—2008 中额定电流为 16A 的标准插座连接交流电网</td></tr>
<tr><td rowspan="3">2</td><td>2-1</td><td>单相
220V AC</td><td>32A</td><td rowspan="3">商场、
停车场等</td><td rowspan="3">通过特定的供电设备为电动汽车提供交流电源</td></tr>
<tr><td>2-2</td><td>三相
380V AC</td><td>32A</td></tr>
<tr><td>2-3</td><td>三相
380V AC</td><td>63A</td></tr>
<tr><td colspan="2">3</td><td>600V DC</td><td>300A</td><td>高速公路服务区、充电站等</td><td>通过非车载充电机对电动汽车进行直流充电</td></tr>
</table>

3. 动力电池更换站

电动车充电还可以采用更换动力电池的方式，对电动汽车补电。在电池电量不足时，用充满电的动力电池组进行更换，就可以实现电动车辆的继续行驶。采用这类方式的电动汽车，一般动力电池归服务站或者电池厂商所有，电动汽车用户通过租用电池的方式使用。采用这种方式不仅提高了电动汽车的利用效率，而且还可以大大降低用户购买电动汽车的成本。更换下来的电池一般每次都需要进行检测，便于及时发现电池存在的问题并处理，有利于延长电池的使用寿命。一般这类电池更换站都配备大量的充电机，还要配备必要的工作人员和必要的电池更换设备。

图 8.16 为青岛电池快速更换站。

图 8.16　青岛电池快速更换站

8.6　充电接口

8.6.1　充电接口要求

充电接口是指用于连接活动电缆和电动汽车的充电部件，由充电插座和充电插头两部分构成。由于是连接电缆使用，因而充电插口是传导式充电机的必备设备。充电插头在充电过程中，与充电插座结构进行耦合，从而实现电能的传输。

在电动汽车的产业化过程中，充电接口的标准化至关重要。充电接口应该满足以下几方面要求：

(1) 能够实现较大电流的传输和传导，避免因电流过大引起插座发热和故障；

(2) 插头能够与插座充分耦合，接触电阻小，避免接触不良引起火花烧蚀或虚接；

(3) 能够实现必要的通信功能，便于电动汽车 CAN 通信或者电池管理系统与充电机对接；

(4) 具备防误插能力：由于电动汽车使用的充电设备或者电池的型号和性能不同，因而所需要的电源就不一样，同时，由于各插头的性能不同，插头的电极不能插错，这就要求不同的电源插头要有一定的识别能力；

(5) 具备合理的外形，便于执行插拔作业。

8.6.2 充电接口形式

充电接口的种类主要有三种：单相交流充电接口、三相交流充电接口和直流充电接口。

单相交流充电接口主要是用于家庭用户充电设施和一些标准的公共充电设施，这类充电插头比较简单，用于单相交流电使用，一般插头有三个端子，分别是交流火线、交流零线和接地线。与传统的电源插座类似，只是形体和额定电流较大。

三相交流充电接口和直流充电接口相对于单相交流接口要复杂得多，这类充电接口一般用于较大的充电站，为较大型的电动车辆进行充电服务，而且充电电流相对较大，外形也较大，其功能复杂。由于这类插头较大，设计的形状类似于枪，所以一般称之为充电枪。

图 8.17 为几种常见的充电枪。

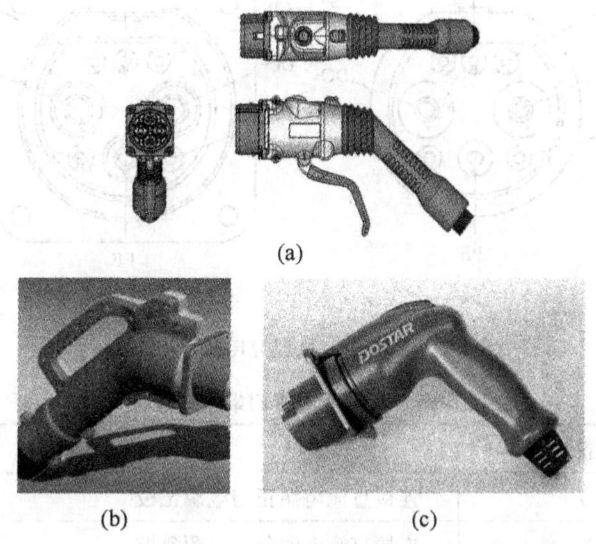

图 8.17 几种常见的充电枪

我国制定的充电接口的几种形式如下。

1）交流充电接口

图 8.18 为交流充电接口，表 8－4 为交流充电接口端子功能定义。

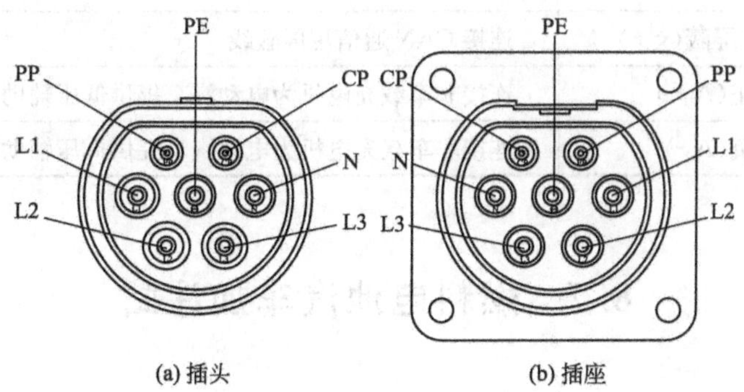

图 8.18 交流充电接口

表 8-4　交流充电接口端子功能定义

触电编号/功能	功能定义	触电编号/功能	功能定义
1-交流电源(L1)	交流电源	5-保护接地(PE)	连接供电设备地线和车辆底盘地线
2-交流电源(L2)	交流电源		
3-交流电源(L3)	交流电源	6-控制确认 1(CP)	控制确认 1
4-中线(N)	—	7-控制确认 2(PP)	控制确认 2

2）直流充电接口

图 8.19 为直流充电接口，表 8-5 为直流充电接口端子功能定义。

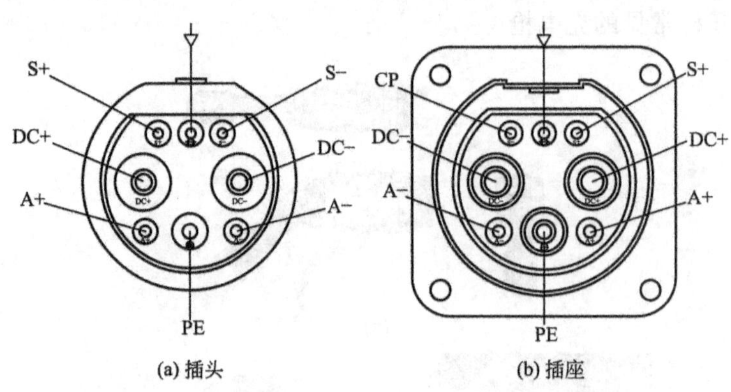

(a) 插头　(b) 插座

图 8.19　直流充电接口

表 8-5　直流充电接口端子功能定义

触电编号/功能	功能定义
1-直流电源正(DC+)	连接直流电源正与电源正极
2-直流电源负(DC-)	连接直流电源负与电源负极
3-保护接地(⏚或 PE)	连接供电设备地线和车辆底盘地线，在充电接口连接和断开时，该端子相对于其他端子首先完成连接，并最后断开
4-充电通信 CAN-H(S+)	连接非车载充电机与电动汽车的通信线
5-充电通信 CAN-L(S-)	连接非车载充电机与电动汽车的通信线
6-充电通信 CAN 屏蔽(▽)	连接 CAN 通信用屏蔽线
7-低压辅助电源正(A+)	连接非车载充电机为电动汽车提供低压辅助电源正
8-低压辅助电源负(A-)	连接非车载充电机为电动汽车提供低压辅助电源负

8.7　燃料电池汽车加注站

对于燃料电池电动汽车来说，虽然仍然是电动汽车，却不需要传统意义上的充电；其能量补充与传统汽车尤其是燃气汽车类似。目前较成熟的燃料电池多数是氢燃料电池，下面以氢燃料电池为例进行阐述。

8.7.1 氢的制取与储存

质子交换膜燃料电池(PEMFC)是近几年研究最广泛，技术发展最迅速的一种燃料电池，也是目前燃料电池电动汽车中最常用的燃料电池。在PEMFC中，氧是燃料电池的氧化剂，从空气中获取，氢气是燃料电池的燃料。但大气中几乎不存在游离状态的氢，在地壳中虽然存在部分氢气，但无法开采和收集，因此解决氢源的问题比解决燃料电池本身更有意义，未来大规模推广使用燃料电池，必须解决氢源问题。

氢是自然界最丰富的元素之一，在地球上，氢主要以化合态广泛存在于水和石化燃料中。氢的单质——氢气是一种无色无味的气体，密度非常小，仅为0.089g/L，是最轻的气体。氢气有气、液、固三态，氢气的临界点的温度很低，在－239.96℃时，施加12.98atm可以液化。而在1atm下，氢的液化温度为－252.75℃，而固化温度为－259.25℃，液态氢的密度为71g/L，固态氢的密度为89g/L。由此可见，氢气在液化和固化后，其重量密度和能量密度都大大提高，这对于提高氢的存储、运输和使用效率都比较有利。但是液态氢必须在低温和高压下储存，这需要非常大的能量才能实现，有数据显示，要液化同等量的氢气所需要的能量占其可发电能量的25%～30%，而且需要昂贵的耐高压存储容器。因此寻找替代存储方式尤为重要。

在20世纪60年代，人们制造出了能存储氢的金属或合金，这种材料被称为储氢合金。储氢合金有很强的捕捉氢的能力，在一定温度和压力下，氢分子在合金中分解成单个氢原子，而这些氢原子一样融入金属合金中，形成金属氢化物。这一过程在外表体现为金属合金能够吸收氢气，并释放出大量热量。这一过程是可逆的，将这种金属氢化物进行加热，它又会分解，释放出氢原子，从而形成氢气。这类合金像一种金属海绵，吸氢能力很强，它的储氢量可以达到相同温度和压力下气态氢的1000倍。由此可见，储氢合金是一种理想的储氢方法。采用储氢合金来储氢，不仅具有储氢量大、能耗低、工作压力低、使用方便的特点，而且还可以省去庞大的耐压力钢瓶，而且氢气的存储和运输更加安全。目前储氢合金主要有钛系列储氢合金、锆系列储氢合金、铁系储氢合金和稀土系储氢合金。但目前储氢合金的利用还处于研究阶段，仅有极少数公司研制出了应用于燃料电池汽车上的金属氢化物氢气储存器。

氢作为一种能量载体，其获得方式有多种，既可以通过化学法对化合物进行重整、分解的方式获得，也可以通过氢微生物进行发酵或光合作用来制得氢气，目前常用的制氢方法主要有三种，即电解水、天然气重整和副产品制氢。

电解水制氢的方法是利用铁为负极，镍为正极的串联电解槽来电解苛性钾或钠的水溶液分别获得氧气和氢气。这种方法虽然简单，生产的氢气纯度高，但是成本较高。利用重整器能够将碳氢化合物，如酒精、甲醇、天然气、丙烷等燃料转化为氢。但是重整器不是一种非常理想的装置，它需要高热能才能将氢从碳氢化合物中分离出来，还会产生除氢气以外的其他气体，产生的氢气纯度也不高。如果要获得较高纯度的氢气，还需要各种装置将氢气中的杂质去除。采用天然气重整方法是目前使用较为广泛的制氢方法，负担了全世界90%以上的制氢任务。有条件的地方还可以利用焦化厂、氯碱厂或石油精炼厂等的副产品氢作为氢燃料，但是必须经过严格的提纯工作。

另外，由于氢燃料是一种易燃易爆气体，其安全性问题不容忽视。发展氢燃料电池电动汽车，必须考虑这些因素，提高车辆的使用安全性。

8.7.2 燃料电池电动汽车加氢站

最早的氢气加注站可以追溯到 1980 年，美国阿拉莫斯国家实验室为了验证液态氢气作为燃料的可行性，在美国 Los Alamos 建立了首座加氢站。之后，越来越多的加氢站逐渐建成。截止 2006 年，全球范围内已经建立了超过 140 座加氢站，其中北美地区建立的加氢站最多，发展最为迅速。随后，随着燃料电池电动汽车的不断增加，欧洲也加快了加氢站基础设施的建设步伐。

我国也进行了加氢站的研究和建设，北京燃料电池加氢站是我国首座高压车用加氢站。主要为参加示范运行的燃料电池汽车提供加氢服务。该站分三期建设，其中一期主要完成外供氢和氢气加注任务，二期主要完成自主制氢任务，三期完成电解水制氢任务。

北京燃料电池加氢站在 2006 年 11 月 8 日正式启用，已成功为奔驰、日产、现代及清华、同济大学自主研制的燃料电池电动轿车和客车完成加氢服务。北京加氢站工艺流程如图 8.20 所示。

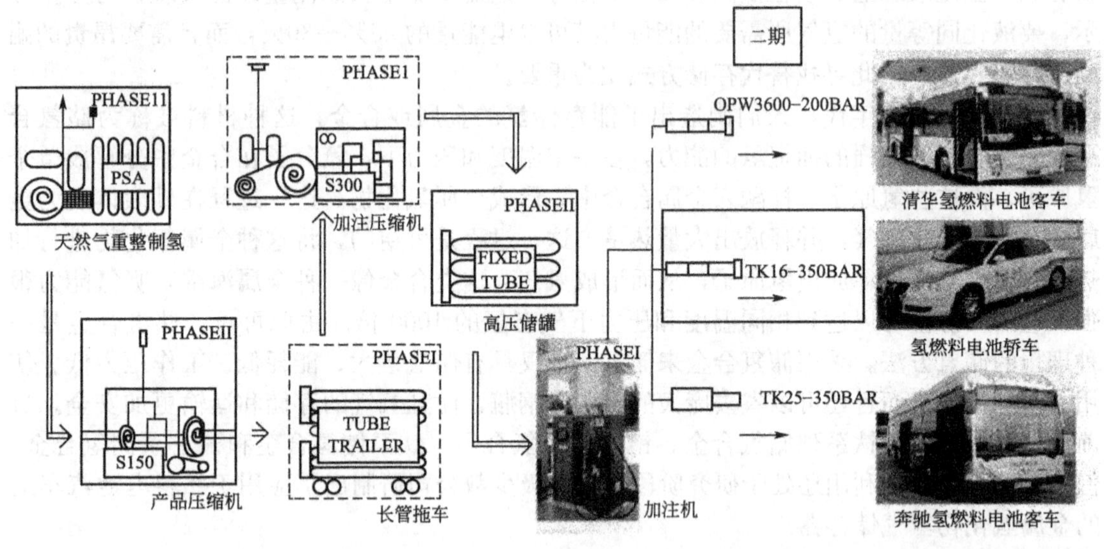

图 8.20 北京加氢站工作流程图

北京加氢站的制氢分为电解水制氢和天然气重组制氢两种方式，其制氢装置生产的氢气经由氢气压缩机增压到 20MPa 后，用长管拖车进行存储。使用时，加注机把长管拖车中的氢气增压到 40MPa 后，加注到高压储氢瓶组中。加注时，由高压储氢瓶组的氢气经加注机加注到燃料电池电动汽车。其中天然气重整制氢设备采用的是我国具有四十多年制造和操作经验的成熟技术——蒸汽转化工艺和一段变压吸附净化法(PSA 净化法)。主要生产过程以天然气为原料，采用烃类水蒸气转化造气工艺制取粗氢气，转化压力为 2.0MPa，经转换和 PSA 分离杂质后得到合格的氢气。整个工艺分为原料脱硫、烃类蒸汽转化、一氧化碳转换、变压吸附(PSA)氢气提纯四个主要过程。为保证小型天然气重组制氢装置的可靠性，整套装置采用了 PLC 控制系统及独立的 PID 控制回路。独立开发的控制程序采用顺序控制、均压限速调节、回路调节、自适应随动控制、连锁控制、管理功能、故障诊断功能等多种手段构建了完整、全面、高效、智能的控制手段。系统还设有烟气残氧在线分析、现场可燃/有毒气体检测、燃烧器点火/探测及二十多个连锁系统，在紧急情况下装置能够自动停车，有极高的安全可靠性，保证了设备和人员安全。

该站的氢气加注机最大充装速度可以达到600kg/h，加注枪设有两个不同的压力，可以满足国产燃料电池大客车(20MPa)、燃料电池汽车(35MPa)和奔驰燃料电池大客车(35MPa)的不同加注要求，并能够自动检测氢气流量、压力和温度等参数，确保加注安全，实现加注的自动计量和计价。

北京加氢站占地约4000m²，工作能力可以达到360kg/day，其中天然气重整制氢为50m³/h，其设备如图8.21所示；电解水制氢为50m³/h，其设备如图8.22所示，外供氢气能力为2000m³/day。

图8.21 天然气重整制氢设备

图8.22 电解水制氢设备

小　结

由于电动汽车的续驶里程普遍比现有燃油汽车短，因此需要大力发展能量补充系统。本章主要介绍了电动汽车充电站、燃料电池汽车加注站等能量补充系统，着重介绍了电动汽车充电站的发展以及技术要求。发展电动汽车是汽车工业的趋势，随着电动汽车的进一步发展，能量补充系统必将得到更大的发展。

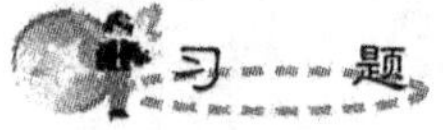

1. 简述对电动汽车充电系统的性能要求。
2. 简述电池充电的三个过程。
3. 电池充电的模式有哪些？
4. 充电系统对电池的影响有哪些？

第9章 电动汽车总体设计

★ 掌握电动汽车总体设计要点
★ 了解电动汽车开发流程
★ 掌握电动汽车结构形式选择
★ 掌握电动汽车主要参数确定过程
★ 了解电动汽车总体布置方法
★ 了解数字化汽车设计知识

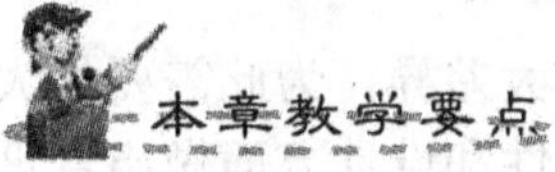

知识要点	掌握程度	相关知识
总体设计要点	了解总体设计要点，注重相关要求	工作环境； 国家或行业标准； "三化"原则； 经济性； 安全性； 人机工程
开发流程	了解开发流程，熟悉开发步骤	设计流程
结构形式	了解电动汽车结构形式的确定流程	储能设备选择原则； 轴数及驱动形式； 布置形式
参数确定	熟悉电动汽车主要尺寸参数	质量参数； 性能参数
总体布置方法	了解电动汽车总体布置设计	汽车坐标系； 总布置图； 车身内部布置
仿真技术	了解电动汽车仿真相关知识	数字汽车； 数字车身

导入案例

电动汽车整车总体的设计计算，是电动汽车所有设计的基础。虽然电动汽车历史悠久，但是现代电动汽车的发展却刚刚起步，可供设计参考的经验数据不足，而且电动汽车不同于传统车辆，各种配套部件的性能相差很大。

电动汽车各个功能要相互适应和相互配合，才能协调、安全、稳定、高效工作。学习了《汽车设计》课程，对于电动汽车设计来说还不够，需要将电动汽车相关的知识和设计要求等融入汽车设计中。通过本章学习，基本了解电动汽车总体设计的注意事项和总体设计过程。由于电动汽车是一个复杂的工程设计，多数工作需要在设计过程中进行学习和不断积累经验。

9.1 总体设计要点

电动汽车也是由动力装置、电力储能系统、能量管理系统、底盘、车身、电器及仪表等六个主要部分组成。电动汽车的使用条件复杂，目前产量不大而且涉及的范围广泛，电动汽车不但与能源、交通、环境、安全、配套设施等多方面相关，还与国家和政府的规划有关。因此电动汽车设计要考虑的因素要比传统汽车更多，主要归纳为以下六点。

1. 要考虑工作环境的多样性

全球各地的气候条件、海拔高度、路面环境、地形特征等有较大差异，为此需要作大量的调研。在电动汽车的结构形式、材料选择、续驶里程、行驶特性和设计方面做出合理的选择，以适应复杂的环境，保证汽车能够可靠工作。

2. 要坚持“三化”原则

所谓“三化”是指产品系列化、零部件通用化和零件标准化。目前电动汽车的产销量虽然不大，使用范围也比较狭窄，但是仍然要坚持“三化”原则。

产品系列化是指设计的产品形成系列，合理分档，并考虑各种变型需要，以适应不同的使用条件和环境，同时还要适应不同的客户需求。

零部件通用化是指设计的产品零部件尽量通用，在整车质量相近或者同一系列的其他车型上，尽量采用同样结构和尺寸的零部件，同时要考虑该零部件能够被后续车型借用。零部件的通用化与产品的系列化在思想上是一致的。如果车辆的大部分零部件通用，就能提高工效，简化维修，降低成本。

零件标准化是指在设计中尽可能采用标准件，这有利于通用化和系列化。虽然达到这一目标比较困难，但推行标准化的主要优点体现在更有利于组织生产、降低成本、提高质量和方便维修。目前电动汽车所采用的电池及充电设备等部件，如果采用标准化的零部件，还有利于电动汽车进一步推广和应用。

3. 要与当前的国家标准以及行业标准相适应

世界汽车行业一直都有自己的标准和相关的行业标准，电动汽车也不例外。虽然现在我国电动汽车的标准还不健全，但现在国家已经推出和实施了诸多的与电动汽车相关的标准和法规，作为电动汽车设计人员必须要了解和掌握这些规定和标准，遵循这些规定和标准进行设计。同时，技术设计人员还要时刻关注和掌握这些规定和标准的变化和发展动向。

4. 要考虑使用经济性

电动汽车在使用过程中要消耗大量的资源，包括电能、润滑油，汽车零部件的磨损和损坏后的更换等。这就要求设计过程中要注重提高整车的能源利用率，降低整车的整备质量，同时要考虑维修的方便性，提高整车的可靠性，延长整车使用寿命等。构成电动汽车的材料比传统汽车更加复杂，多数电动汽车与目前紧俏的稀土资源紧密相关，因此电动汽车的开发设计更应该注重经济性方面的要求。

5. 要注重安全性设计

传统汽车的安全性已经达到了较高的水平，然而由于现代电动汽车刚刚起步和发展，电动汽车的主要能量源由燃油变成了电能。因而，对电动汽车的安全性能的要求比传统汽车更加突出。由于电动汽车采用的电压相对较高，对电能传输的可靠性有严格的要求，同时还要有合理的布置和通风设备来保障电能存储装置的安全性。对于电动汽车安全性保护，还要考虑与传统汽车相同的其他各类保护，以便车辆出现意外时，采取有效的保护措施，保障乘员的人身安全。

6. 要有良好的人机工程特性、优美的外部造型和协调的色彩

汽车设计要从整体出发，在符合法律法规的前提下，注重人机工程、个性化设计、外部的造型和色彩的搭配等。电动汽车的车身外型和色彩设计对城市的面貌、人们的感官都有很大的影响。同时汽车的造型要与时俱进，迎合时代的审美观，这样才能吸引更多人的关注，在销售上占据先机。

电动汽车设计是一个多学科的复杂的工作，如果设计考虑不周，就会造成制造成本的增加和功能上的缺陷，并可能带来巨大的经济损失和安全事故。因此电动汽车设计要精益求精，不断完善。

9.2 电动汽车的开发流程

一般来说，汽车产品的开发是根据企业产品规划而确定的。产品规划是企业根据市场需求、技术发展趋势以及自身的发展战略而制定的。汽车及其零部件的开发是一个多部门联合协作的过程，如图 9.1 所示。

电动汽车产品的开发概括来说可分为四个阶段：决策阶段、设计阶段、试制试验阶段和生产阶段。

9.2.1 决策阶段

在汽车新产品开发之前，通常要对产品和市场进行调查，了解市场需求和新技术的发

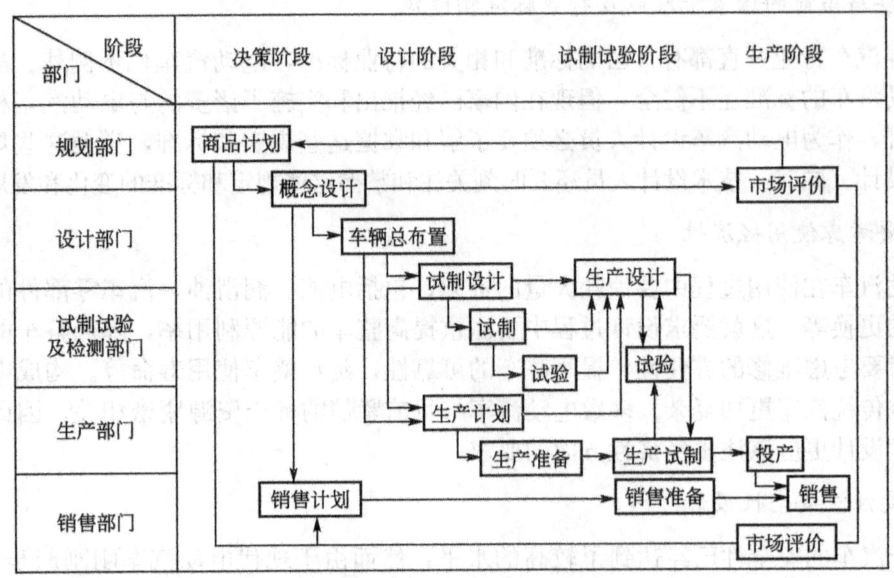

图 9.1　汽车新产品开发流程

展状况，同时结合公司自身的特点、技术水平、设备状况、工艺水平、生产能力和实力等状况进行分析，必要的时候还要走访客户、考察配套商或者进行必要的试验测试等工作。这一阶段必须要确认新产品的技术状态、产品档次、产品配置、目标成本以及预期售价、合理利润等。这些都是产品开发的初期资料和基本依据。

决策阶段的工作必须务实和求真，分为如下步骤：

(1) 进行积极的市场调研和技术调研，提出准确的市场预测和技术可行性报告。市场调研是为了确定产品的预期市场占有率，同时也是为了全面了解市场对该类产品的功能、性能、安全、寿命、外观等方面的需求。技术调研包括对目前市场上同类产品的技术水平，所使用的新技术、新材料和新工艺等进行预测。同时关注国家的重点项目、科技发展信息及产业结构调整对技术提出的新要求等，关注国家是否有新的技术法规和使用标准等。

(2) 进行可行性分析。从本企业的生产经营角度，进行新产品开发的可行性分析，掌握本企业的技术来源和技术优势，对产品的开发周期和开发费用等投资作预测，对该产品的产量和盈利能力作预测，编写产品开发可行性报告。

(3) 对可行性报告进行评审后就可以列入企业产品开发计划。然后编写产品开发任务书。任务书一般包含如下内容：产品设计和立项的依据、产品的用途和使用范围、产品的总体方案概述、关键性技术方案、总体布置及主要结构概述、基本的技术参数和性能指标；与其他同类产品的比较和改进目标，对产品的性能、寿命、成本的要求，标准化的综合要求，以及产品所遵循的法律法规；确定产品的开发周期和开发团队名单；对产品的试制试验周期和上市日期的估算等。

决策阶段对于汽车的开发十分关键。如果不经过周密调查研究与论证，轻则会造成产品先天不足，投产后问题成堆；重则造成产品不符合市场需求，造成滞销，带来重大损失。

9.2.2 设计阶段

设计阶段主要是指通过设计确定总体方案、造型方案，进行设计计算，绘制设计图纸，编写设计文件，必要时还需要进行试验和设计评审等。

整车设计一般分为如下步骤。

1. 制定设计原则

这一阶段的主要任务是制定设计方针，明确目标，确定是全新产品设计还是改型设计，是自主设计还是反求设计等。明确最基本的技术要求后，还要了解国家在汽车产品的技术方面的先进性、产品的系列化和生产方式方面的具体要求，同时收集国内外的资料，进行使用调查、生产状况调查以及同类产品的结构分析，通过整车结构和外形设想，制定产品的开发设计原则。设计原则应包括：对技术的先进性、工艺性、继承性、零部件通用化和生产成本的要求；产品使用中要优先保证的性能以及要考虑到的变型等。通过对产品方案进行性能和成本分析，确定合理的设计方案。通常要绘制或提供多套总体方案，要求各个方案的特点要突出，思路明确，然后对这些方案进行分析、评价，区分各方案的差别并改进，形成最终方案。

2. 选型和制定设计任务

这一阶段主要是正确地选择整车和各总成的结构形式以及主要的技术特性，确定性能参数，形成整车概念，并进行总体布置和选型工作，编制设计任务书。主要包括以下内容：

(1) 汽车总布置设计。总布置设计时要求将汽车各个总成及装载的人员或货物安排在恰当的位置，以保证各总成运转相互协调、乘坐舒适或装卸方便。还需要拟定出许多重要总成的相关位置和控制尺寸。这个过程一般需要由经验丰富的专门人员进行。经过汽车总布置设计，可确定汽车的主要尺寸和基本结构。

(2) 绘制效果图。效果图用来表现汽车造型效果。总布置图完成后，造型设计师根据总布置设计确定的汽车尺寸和基本形状，勾画出汽车的大体形象，或绘制构思草图，或绘制彩色效果图，如图 9.2 和图 9.3 所示。

图 9.2 构思草图

图 9.3 彩色效果图

(3) 可根据需要制作缩小比例模型。比例模型是在彩色效果图的基础上更进一步表达造型构思，更具有立体形象，更有真实感，要求各部分比例严格、曲线流畅、曲面光顺。缩小比例的模型还可以用于风洞试验，用来确定空气动力学特性。

(4) 编写产品设计任务书，以便于设计工作的全面开展。

3. 技术设计

在汽车造型审定后，就可以着手进行汽车结构设计，确定整车、部件(总成)和零件的结构。主要内容如下：

(1) 进行各项参数计算，确定总体配置。

(2) 确定各部件总成所在的位置和连接方式。

(3) 确定各部件总成的控制尺寸和控制质量。

(4) 确定各操纵机构的位置及其运动范围。

(5) 对各运动零部件进行运动校核，防止运动干涉。

(6) 确定驾驶区的内部布置，驾驶员视野以及周边各附件的操控的方便性，此时要考虑驾驶员的操纵轻便性以及仪表、照明、暖气、除霜及通风性能等。

(7) 确定车辆内部空间的大小，确保乘客的乘坐安全性和舒适性。

(8) 确定各部件的质心位置，计算汽车在空载和满载时的轴荷分布情况和质心高度。

4. 工作图设计

工作图设计是指，在技术设计的基础上，完成在试制或生产过程中加工、装配、供销、生产管理及随产品出厂使用的全部图样和技术文件。

成套的产品图样由总图、简图、主要零部件图、部件装配图、总装配图、安装图、图样目录、明细表、汇总表等组成。零件图需要详细地标注出各部分的尺寸。总成图应清楚地表达零件相互装配的关系并标注出相关的装配尺寸及装配要求。图纸绘制成后，需要将部件和零件按照它们所属的装配关系编成“组”及其下属的“分组”号码。每个部件、零件及其图纸都给定一个编号，以便于对全部图纸进行管理。

设计阶段工作量大而繁琐，可能需要一个或几个团队一起来进行。整个设计工作的总纲领即是设计任务书，设计人员之间始终要对相关的零部件进行校核，预测可能出现的矛盾和问题，共同探讨解决问题的办法。

9.2.3 试制试验阶段

试制试验阶段是产品由图纸走向实践的过程，进行样机试制试验并进行小批试制，以验证产品图样、设计文件和工艺文件、工装图样的正确性；验证产品的适用性、可靠性和安全性，并完成产品的鉴定。通过小批量试制，进行产品的各种形式试验和试销，确认产品的性能和适应性。

试制试验阶段的主要工作包括以下三个方面。

1) 样机试制

样机试制是指根据设计图样生产零部件，进行样机组装试制。汽车的样机试制不仅仅是按汽车零部件图纸生产，还需要对生产所用到的一些辅助模具、检具进行设计，包括编制工艺文件和制作必要的工装设备。生产样机的数量应根据产品的类型和试验需要来确定。试制样机的主要目的是为了验证设计产品的结构、性能和工艺性等，考核产品图样和设计文件的质量，同时为试验提供必要的车辆。

2) 样机试验

样机试验是对汽车的设计和产品进行验证，以保证产品的结构和安全。样机试验是多方面的，目的是为了验证产品的可靠性、安全性，并进行技术鉴定。

3）小批试制

小批试制是在样机试制试验的基础上进行的，它的主要目的是考核产品的工艺性，验证正式生产全部工艺文件及工艺装备质量，并进一步验证产品的性能、结构和经设计改进后的产品设计文件及图样的正确性和合理性。小批量试制在工艺上为批量生产做准备，因此应按工艺管理的有关规定进行。小批试制应依据样机试制阶段经确认的全部技术文件及图样进行。

小批量试制完成以后，提交经过修改、改进并最终通过评审的设计资料、工艺文件和全部图样，最终形成完整的产品文件。

整个试制试验过程也是汽车设计从理论走向实践的过程，试制试验的主要工作是进行样车试制，掌握整车和部件的结构工艺性，发现整车在装配中发生的问题并及时协调解决。这一阶段要求技术设计的开发团队进行必要的跟踪和服务，将反映出来的问题一一记录，为技术或工艺的改进提供最直接的参考。为验证样车是否符合设计要求，必须进行试验。在试验过程中，设计人员要及时地与试验人员沟通，及时分析和解决出现的问题，取得相应数据，对设计的改进提供原始资料。试验的项目包括尺寸参数和质量参数的测定、整车性能试验、可靠性试验和耐久性试验，试验的过程有可能延续至产品定型。

9.2.4 生产阶段

生产阶段包括定型投产阶段和持续改进阶段。

(1) 定型投产阶段是正式投产前的准备阶段，定型投产在小批试制的基础上进行，目的是进一步完善产品工艺文件，改进、完善并定型工艺装备，配置必要的生产和试验设备，确保达到正式生产的条件和具备持续稳定生产合格产品的批量生产能力。

(2) 持续改进阶段是在产品生命周期内，对产品、过程或体系进行不断改进的过程。要提高客户的满意度，就必须不断地进行工艺改进，提高质量，同时对出现的问题及时采取措施；另一方面，积极改进以消除隐患，提高产品的竞争力，不断地满足用户的要求。

9.3 电动汽车结构形式的选择

不同形式的电动汽车，主要性能不一样，主要体现在整体造型、电能存储种类、充电方式、汽车驱动形式以及布置形式等方面上。汽车结构形式对整车的使用性能、外形尺寸、整车质量、轴荷分配和制造成本等方面的影响很大。

9.3.1 整体造型对结构的影响

电动汽车的整体造型对汽车的结构有较大的影响。电动汽车的整体造型与车辆的功能、车辆的使用环境及客户审美需求等诸多因素有关。按照目前电动汽车的发展状况，人们对其造型有以下几个期望。

1. 外观造型新颖

整个造型应摆脱传统车辆的风格，使人们一看到车辆的外形就能够知道这是一款电动汽车。由于电动汽车的驱动结构可以摆脱传统结构形式，因此在造型上容易有很大突破。

2. 有明显的电动汽车标志

由于目前现代电动汽车尚未普及，因此电动汽车对大众来说，尚为新鲜事物。应该有一个较为明显的标记，并容易引起人们的注意。

3. 电动汽车的涂装可以更加新颖

突出电动汽车的环保和节能理念的涂装，更加容易使人们接受。

4. 汽车造型更利于人性化设计

由于电动汽车可以突破传统汽车结构上的很多限制，包括动力装置和动力分配，因而在人性化设计上更加容易有所突破。

9.3.2 电能储存种类对结构的影响

电能储能设备种类的选择是一项重要的科学问题。合理选择电能存储方式，对电动汽车尤为重要。在选择时需要注意以下原则：

(1) 储能设备的价格要适中。电能存储器关系到电动汽车成本和售价，其成本占电动汽车总成本很大部分。由于电动汽车的售价往往要比同类型的传统车辆高得多，这也是制约电动汽车发展的因素之一。因此，根据电动汽车的用途和使用条件，选择合适的储能设备十分重要。

(2) 选择能量密度匹配的储能设备。电动汽车的续驶里程与电动汽车储能设备的配备有很大关系，而且储能设备重量往往比较大，影响整车的整备质量。如果储能设备的能量密度选择不善，容易导致车辆的续航能力不足或者产生浪费。

(3) 选择合适的功率密度的储能设备。电动汽车的性能参数，如速度、爬坡度等，均与电池的放电能力有关。电池功率密度直接决定电池的放电能力的高低，同时也会影响到电动汽车充电等性能。

(4) 储能设备具备合适的循环寿命。电动汽车储能设备的循环寿命必须与车辆相适应，储能设备的使用寿命不应高于电动汽车的整体寿命很多。但使用寿命也不能过低，否则会导致车辆的后续成本过高，不能满足使用需求。电动汽车在使用过程中虽允许更换储能设备，但不能过于频繁。

(5) 储能设备的种类必须满足使用环境。储能设备的类型不同，决定着其性能不同。合理选择储能种类，还要考虑使用者所在的地区所拥有的条件、基础设施或配套设备的完备情况。电动汽车毕竟不能像传统汽车一样，到处都可以加注燃油，它对基础设施或配套情况有严格的要求。

(6) 车辆储能设备满足使用的气候条件和使用环境。众所周知，内燃机的耐候性非常强，适用范围非常广泛。在不同的地区或气候条件下，仅通过更换燃油标号或者微调发动机即可满足要求。然而电动汽车却不能这么容易解决。储能设备(如蓄电池)受到温度的影响非常大，甚至在部分高温或低温的环境下无法运行。

(7) 储能设备的安全性能满足使用功能。储能设备的种类不同，安全性能就不一样。多数储能装置都存在一定的安全性问题，虽然经过近年来的飞速发展，安全性能进一步提升，但是毕竟达不到传统车辆的要求。电动汽车的用途不同，对储能设备的安全性要求就有所不同。

(8) 储能装置必须与管理系统合理搭配。储能装置需要管理监控装置，例如蓄电池需要管理系统，也就是通常称之为BMS。不同的电池对于这种管理系统的要求也不尽相同。由于电池电压、容量、温度等指标不同，因此储能装置还要考虑合适的管理系统。

(9) 储能设备本身特性容易实现均衡一致。以动力电池作为动力的电动汽车为例，所采用的动力电池的特性必须要一致或者非常相近，称之为动力电池的一致性。一般的电动汽车都需要很多储能设备组合在一起共同使用，如果储能设备的特性差别较大，在使用的过程中由于特性不一致，就会导致充、放电不均，很容易导致部分储能装置的效能下降甚至损坏，引发车辆故障甚至影响车辆安全。

9.3.3 轴数及驱动形式

电动汽车轴数的选择应根据车辆的用途、总质量、使用条件、公路车辆法规和轮胎负载能力等方面因素综合考虑，电动汽车的轴荷分配也必须满足国家相关法律法规。电动汽车毕竟属于汽车类别，因而电动汽车的轴数、轴荷分配及其驱动形式等方面的规定还是参考传统汽车的要求执行。

电动汽车采用的是电动机驱动，容易实现电子差速，因此电动汽车的驱动方式更加灵活。而且随着轮毂电动机的出现，电动汽车甚至可以实现全轮驱动。目前电动汽车还是以双轴汽车为主，电动汽车的驱动形式主要有4×2、4×4等，与传统汽车一样，其中前一位数字表示车轮总数，后一位数字表示驱动轮数。汽车的驱动形式常由汽车的使用条件、通过性和平顺性等条件决定。

值得注意的是增加驱动轮数能提高汽车的通过能力。但是驱动轮数越多，汽车的结构越复杂，整备质量和成本也随之增加。4×2布置的汽车结构相对简单，制造成本相对低，一般用在乘用车、大型客车上；而作为一些小型或微型汽车，采用轮毂电动机将更加简单方便，而且能够实现造型上的突破，因而可以采用4×4的驱动形式。

9.3.4 布置形式

电动汽车的布置形式是指电动机、驱动桥和车身(或驾驶室)的相互关系和布置特点。电动汽车的使用性能除取决于整车和各总成的有关参数外，其布置形式也有重要影响。

电动汽车的布置形式较传统汽车有了很大的变化，由于近年来电动机技术的飞速发展，电动机的结构型式的不断变化，布置也就更加灵活。例如前面所说的轮毂电动机，就是将动力和驱动直接设计在一起，可以分散在各个车轮上，从而使车辆布置更加简洁。当然也有些电动汽车和传统汽车在布置上没有本质的区别，这类电动汽车是由传统汽车转变而来，因而与传统汽车的布置相同。

1) 乘用电动汽车的布置形式

图9.4列出了部分乘用电动汽车的布置形式，这些结构型式是在电动汽车上较为常见的，当然不仅仅局限于这几种，由于电动汽车的布置相当灵活，结构也灵活多样，具体根据实际情况进行详细计算并进行布置。

上述的五种结构型式在目前的乘用电动汽车上较为常见，前面三种结构形式主体结构和现在的汽车基本一样，相当于传统汽车的电动化。该三种结构形式的特点是布置相对传统，结构简单，易于操作。这种布置的汽车的零部件，除了电力及驱动部分，绝大多数能够与传统汽车通用，甚至车身和底盘都可以通用。这样的结构最大的优势在于整车易于实现，避免大多数汽车零部件的重新设计，因而能够降低成本。其劣势在于不能够在电动汽车的设计上有所突破，汽车的整备质量也相对较大。

电动汽车如果采用轮毂电动机驱动，电动机不占用车辆的车身空间，则电动汽车的布置就更加简单易行。可以将动力布置于汽车的前轴或者后轴，通过电子差速控制车轮，从而实现整车驱动，如图 9.4(d)所示。为了使车辆具备更加优良的通过性能，有的电动汽车将所有车轮都配备轮毂电动机，从而实现全驱汽车，不过这种汽车需要复杂的电动机管理系统，如图9.4(e)。

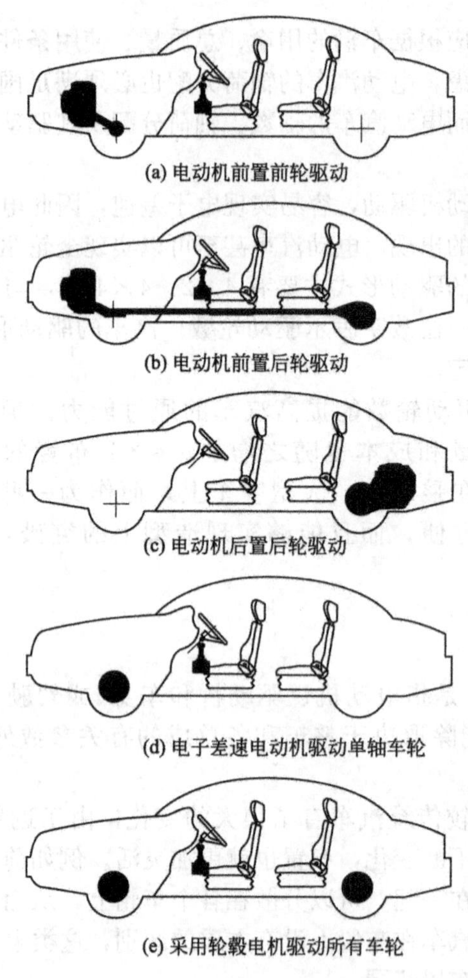

图 9.4 乘用车的布置形式

2）电动客车的布置形式

目前电动客车主要是在传统汽车的基础上进行改装而成，即使是新研发的电动客车，也是与传统汽车类似的。目前常见的电动客车主要以后置后驱为主，电动机替代了原发动机的位置，用固定速比的减速器或者简易变速器替代原变速器，电动机两侧被电能存储装置所替代，如图 9.5(a)所示。由于采用电动机驱动，体积减小，有的车辆为了提高乘客的乘坐空间甚至将电动机等采用后横置的方式，进一步缩小了后悬长度，如图 9.5(b)所示，该结构可以实现较短的前后悬结构，因而车辆的乘客空间利用率比较高。相对于传统发动机来说，电动机噪声要小得多，而且热量辐射也较低，不需要像发动机一样的排气系统，因而布置的时候可以将电动机置于两桥之间，如图 9.5(c)所示，这种结构可以进一步合理安排其他零部件尤其是储能设备的位置。

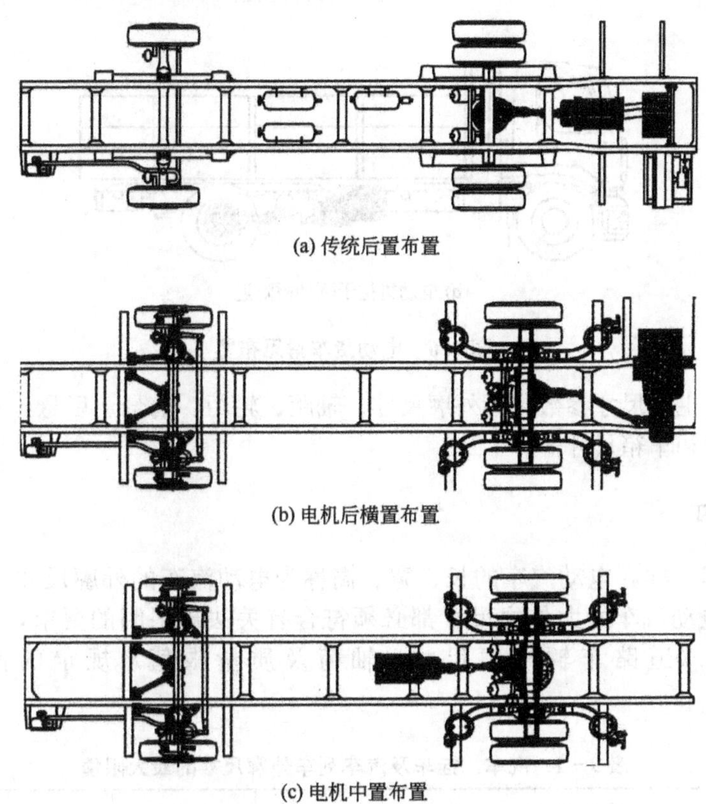

(a) 传统后置布置

(b) 电机后横置布置

(c) 电机中置布置

图 9.5　电动客车常见布置

3) 电动货车的布置形式

目前采用电动驱动的货车较为少见，一般来说，电动货车都是在原货车的基础上改制而成，有的是将原来的发动机及变速器直接更换为电动机及减速器结构，采用原来的传动系统实现车辆驱动，如图 9.6(a)所示。电动机及减速器的体积相对发动机来说要小得多，为了便于驾驶室的布置，部分电动货车将电动机及减速器绑定后置于车辆的驱动桥附近，缩短了动力传递路线，提高了能量利用率，如图 9.6(b)所示。

9.4　电动汽车主要参数的选择

汽车的主要参数包括尺寸参数、质量参数和汽车性能参数。在整车的方案初步确定之后，整车设计人员需要通过图面工作和计算对上述参数进行确定。

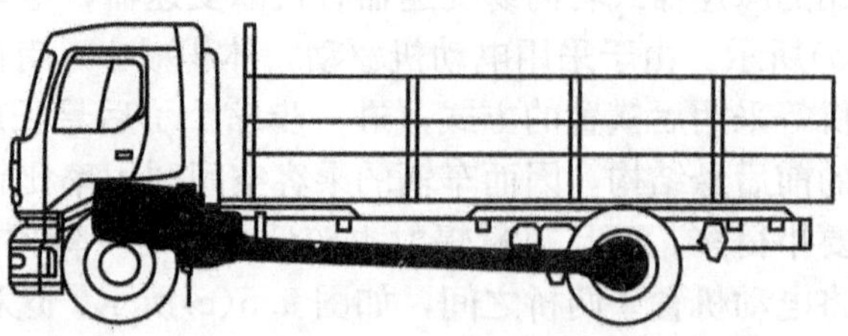

(a) 电动机位于驾驶室附近

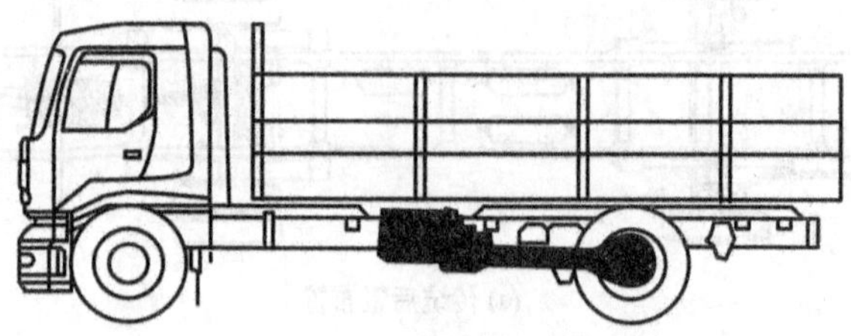

(b) 电动机位于驱动桥附近

图 9.6　电动货车常见布置

电动汽车的主要尺寸参数包括外廓尺寸、轴距、轮距、前悬、后悬，对于电动货车来说还有车头长度和车箱尺寸等。

9.4.1　外廓尺寸

与传统汽车一样，电动汽车的长、宽、高称为电动汽车的外廓尺寸。在我国，公路和市内行驶的电动汽车最大外廓尺寸都必须符合有关法规限制的要求，不能随意确定。GB 1589—2005《道路车辆外廓尺寸、轴荷及质量限值》规定的汽车外廓尺寸见表 9-1。

表 9-1　汽车、挂车及汽车列车外廓尺寸的最大限值　　单位：mm

<table>
<tr><th colspan="3">车辆类型</th><th>总长①</th><th>总宽</th><th>总高</th></tr>
<tr><td colspan="3">三轮汽车②、③</td><td>4600</td><td>1600</td><td>2000</td></tr>
<tr><td rowspan="8">货车⑤、⑥</td><td colspan="2">最高设计车速小于 70km/h 的四轮货车④</td><td>6000</td><td>2000</td><td>2500</td></tr>
<tr><td rowspan="4">二轴</td><td>最大设计总质量≤3500kg</td><td>6000</td><td rowspan="6">2500⑧</td><td rowspan="6">4000</td></tr>
<tr><td>最大设计总质量>3500kg，且≤8000kg</td><td>7000⑦</td></tr>
<tr><td>最大设计总质量>8000kg，且≤12000kg</td><td>8000⑦</td></tr>
<tr><td>最大设计总质量>12000kg</td><td>9000⑦</td></tr>
<tr><td rowspan="2">三轴</td><td>最大设计总质量≤20000kg</td><td>11000</td></tr>
<tr><td>最大设计总质量>20000kg</td><td>12000</td></tr>
<tr><td colspan="2">四轴</td><td>12000</td><td>2500⑧</td><td>4000⑨</td></tr>
</table>

（续）

车辆类型		总长[1]	总宽	总高
乘用车及客车	乘用车及二轴客车	12000	2550[8]	4000
	三轴客车	13700		
	单铰接客车	18000		

注：① 挂车车长为挂车最前端至最后端的距离；

② 即原三轮农用运输车，下同；

③ 当采用方向盘转向、由传动轴传递动力、具有驾驶室且驾驶员座椅后设计有物品放置空间时，车长、车宽、车高的限值分别为5200mm、1800mm、2200 mm；

④ 指低速载货汽车，即原四轮农用运输车，下同；

⑤ 车长限值仅适用于以运输为目的的专用作业车；

⑥ 最大设计总质量不超过26000kg的汽车起重机的车长限值为13000mm；

⑦ 当货厢与驾驶室分离且货厢为整体封闭式时，车长限值增加1000mm；

⑧ 对于货厢为整体封闭式的厢式货车(且货厢与驾驶室分离)、整体封闭式厢式半挂车及整体封闭式厢式汽车列车，以及车长大于11000mm的客车，车宽最大限值为2550mm；

⑨ 定线行驶的双层客车车高最大限值为4200mm。

如果规定电动乘用汽车的总长为L_a，则总长L_a为轴距L、前悬L_F和后悬L_R之和。并规定与轴距L有如下关系：

$$L_a=\frac{L}{C} \tag{9-1}$$

式中：C为比例系数，$0.52\leqslant C\leqslant 0.66$，其中对前置前驱汽车，$C$值为0.62～0.66，对后置后驱汽车，$C$值为0.52～0.56，其他布置的参考$0.52\leqslant C\leqslant 0.66$执行。

电动乘用车的宽度尺寸由乘员空间和车门等装置来决定，同时必须保证电动机、车架、悬架、转向系统和车轮等的布置。乘用车总宽度B_a与车辆总长L_a之间有如下关系：

$$B_a=\frac{L_a}{3}+(195\pm 60) \tag{9-2}$$

后排乘坐三人的乘用车，B_a不应小于1410mm。

乘用车总高度H_a主要由轴间底部离地高度h_m、地板及下部零件高h_p、室内高h_B和车顶造型高度h_t等决定。轴间底部离地高度h_m应大于最小离地间隙h_{min}。由座位高、乘员上身长和头部及头上空间构成的室内高h_B一般应为1120～1380mm，车顶造型高度h_1一般为20～40mm。

9.4.2 轴距

轴距是指通过车辆同一侧相邻两车轮的中点，并垂直于车辆纵向对称平面的两垂线之间的距离。轴距L对整备质量、汽车总长、最小转弯直径、传动轴长度、纵向通过半径、轴荷分配等都有影响。轴距选择必须在合适的范围内，轴距过短会使车厢长度不足或后悬过长；上坡或制动时轴荷转移过大，汽车制动性能和操纵稳定性变差；车身纵向振动角过大，汽车的平顺性变差；万向传动轴夹角也会增大。

由于电动汽车的动力装备的结构相对于传统汽车要小一些，因而一些大型车辆可以将轴距较一般汽车适当加长。但对于机动性能要求较高的电动汽车，轴距一般较短。

对以电动汽车来说，大多数可以参考传统汽车轴距确定，见表9-2。

表9-2　各类汽车的轴距和轮距参考

<table>
<tr><th>车型</th><th colspan="2">类别</th><th>轴距 L/mm</th><th>轮距 B/mm</th></tr>
<tr><td rowspan="3">乘用车</td><td rowspan="3">电动驱动(参考数值)</td><td>≤40kW</td><td>2000～2540</td><td>1100～1500</td></tr>
<tr><td>40～100kW</td><td>2500～2860</td><td>1300～1520</td></tr>
<tr><td>>100kW</td><td>2850～3900</td><td>1400～1620</td></tr>
<tr><td rowspan="6">商用车</td><td rowspan="2">客车</td><td>城市客车(单车)</td><td>4500～5000</td><td rowspan="2">1740～2050</td></tr>
<tr><td>长途客车(单车)</td><td>5000～6500</td></tr>
<tr><td rowspan="4">4×2货车汽车总质量 m_a/t</td><td>≤1.8</td><td>1700～2900</td><td>1150～1350</td></tr>
<tr><td>1.8～6.0</td><td>2300～3600</td><td>1300～1650</td></tr>
<tr><td>6.0～14.0</td><td>3600～5500</td><td>1700～2000</td></tr>
<tr><td>>14.0</td><td>4500～5600</td><td>1840～2000</td></tr>
</table>

9.4.3　前轮距和后轮距

与传统汽车一样，电动汽车增大前轮距，可以使室内宽度增加，有利于增加侧倾角，但汽车总宽度和总质量会有所增加，同时会影响到最小转弯直径的变化。

电动汽车也受汽车总宽度不超过2.55m的限制，因而轮距不宜过大。在取定的前轮距范围内，应能够布置相应总成，如电动机、车架、前悬架和前轮等，并要保证前轮有足够的转向空间；同时转向杆系与车架、车轮等之间必须有足够的运动空间。在确定后轮距时应考虑两纵梁之间的宽度、动力总成布置、悬架宽度和轮胎宽度以及它们之间必须预留的空间等因素。前轮距和后轮距的选取还必须要考虑整车的宽度和整车的美观。

各类电动汽车的轮距可参考表9-2确定。

9.4.4　前悬和后悬

电动汽车的接近角和离去角与前、后悬的长度直接相关，并直接影响汽车的通过性能。前悬主要受到前保险杠、散热器及风扇、电动机及减速器、储能设备等部件的影响。

电动乘用车后悬一般较短，主要考虑储能设备或行李箱的空间。对于电动客车，其后悬也应该符合法规要求，我国规定，客车的后悬长度不得大于轴距的65%，总值不得大于3500mm。对于电动货车而言，其后悬长度主要取决于货厢、轴距和轴荷分配要求。轻型、中型货车后悬一般控制在1200～2200mm，长货厢汽车的后悬一般控制在2600mm，但不得超过轴距的55%。

在确定尺寸参数的基础上，进而计算汽车的质量参数，计算包括整车整备质量 m_0、载客量、装载质量、质量系数 η_{m0}、汽车总质量 m_a，轴荷分配等。

9.5 电动汽车性能参数

9.5.1 汽车动力性能

电动汽车动力性能包括汽车的最高车速、加速时间、爬坡能力和汽车的比功率等，其根据车辆的设计要求和实际使用工况等确定。按照设计要求和进行合理的计算，进而确定动力性能参数，详见第10章。

需要说明的是，随着我国道路条件的不断改善和汽车技术的不断提高，电动汽车的最高车速也在逐步提高。一般来说，电动乘用车的最高车速要大于电动商用车和电动货车的最高车速。对乘用车而言，级别越高，最高车速一般越大。

9.5.2 通过性几何参数

电动汽车通过性的几何参数是与防止间隙失效有关的汽车本身的几何参数。总体设计要确定的通过性几何参数有：最小离地间隙 h_{min}、接近角 γ_1、离去角 γ_2、纵向通过半径 ρ_1 等。另外，汽车的最小转弯直径、内轮差、转弯通道圆以及车轮半径也是重要的汽车通过性参数。

1. 最小离地间隙

最小离地间隙 是汽车除车轮之外的最低点与路面之间的距离。它表征汽车无碰撞地越过石块、树桩等障碍物的能力。汽车的前桥、电动机外壳、变速器壳及主减速器外壳等通常有较小的离地间隙。后桥内装有直径较大的主减速器齿轮，一般离地间隙最小。在设计汽车时，应保证有足够的最小离地间隙。

2. 接近角 r_1 和离去角 r_2

接近角 r_1 和离去角 r_2 表征了汽车接近或离开障碍物(如小丘、沟洼地等)时，不发生碰撞的能力。接近角和离去角越大，则汽车的通过性越好。

3. 纵向通过半径

纵向通过半径 ρ_1 表征汽车可无碰撞地通过小丘、拱桥等障碍物的能力。纵向通过半径 ρ_1 越小，汽车的通过性越好。各类汽车的通过性参数范围见表9-3。

表9-3 汽车通过性几何参数

车型	h_{min}/mm	γ_1(°)	γ_2(°)	ρ_1/m
4×2乘用车	150～220	20～30	15～20	3.0～8.3
4×4乘用车	210	45～50	35～40	1.7～3.6
4×2货车	250～300	40～60	25～45	2.3～6.0
4×4货车	260～350	45～60	35～45	1.9～3.6
4×2客车	220～370	10～40	6～40	4.0～90

9.5.3　操纵稳定性参数

电动汽车的操纵稳定性要求可以参考传统汽车。汽车能按驾驶员操纵方向行驶，削弱改变行驶方向的外界干扰，维持一定的速度，不会造成驾驶员过度紧张和疲劳，保持稳定行驶，汽车的这种特性称为操纵稳定性。良好的操纵稳定性是行车安全的重要保证。汽车操纵稳定性参数中与总体设计有关并能作为设计指标的有如下方面。

1. 转向特性参数

为了保证有良好的操纵稳定性，汽车应具有一定程度的不足转向。通常汽车以 0.4g 向心加速度沿定圆转向时，前、后轮侧偏角之差 $\delta_1-\delta_2$ 作为评价参数。此参数在 1°～3°为宜。

2. 车身侧倾角

车辆转弯时由于离心力的影响，车身重心产生偏移，车身轴线与自由状态下轴线的夹角，称为车身侧倾角。汽车以 0.4g 向心加速度沿定圆等速行驶时，车身侧倾角应控制在 3°以内较好，最大不允许超过 7°。

3. 制动前俯角

为了不影响乘坐舒适性，要求汽车以 0.4g 减速度制动时，车身的前俯角不大于 1.5°。

9.5.4　制动性参数

汽车制动性是指汽车在制动时，能在尽可能短的距离内停车且保持方向稳定，下长坡时能维持较低的安全车速并有在一定坡道上长时间驻车的能力。目前常用制动距离和平均制动减速度来评价制动性能。

电动汽车也要符合传统汽车的要求，电动汽车制动性能要求必须符合 GB 7258—2004《机动车运行安全技术条件》的规定。电动汽车在规定的初速度下的制动距离和制动稳定性要求应符合表 9-4 的规定。

表 9-4　汽车制动距离和制动稳定性要求

机动车类型	制动初速度/(km·h^{-1})	满载检验制动距离要求/m	空载检验制动距离要求/m	试验通道宽度/m
乘用车	50	≤20.0	≤19.0	2.5
总质量不大于 3500kg 的低速货车	30	≤9.0	≤8.0	2.5
其他总质量不大于 3500kg 的汽车	50	≤22.0	≤21.0	2.5
其他汽车	30	≤10.0	≤9.0	3.0

电动汽车在规定的初速度下急踩制动时的平均减速度及制动稳定性要求应符合表 9-5 的规定。

表 9-5 制动减速度和制动稳定性要求

机动车类型	制动初速度/(km·h^{-1})	满载检验充分发出的平均减速度/(m·s^{-2})	空载检验充分发出的平均减速度/(m·s^{-2})	试验通道宽度/m
乘用车	50	≥5.9	≥6.2	2.5
总质量不大于3500kg的低速货车	30	≥5.8	≥5.6	2.5
其他总质量不大于3500kg的汽车	50	≥5.4	≥5.8	2.5
其他汽车	30	≥5.0	≥5.4	3.0

电动汽车在空载和满载状态下，按表 9-6 所列初速度进行应急制动性能检验，应急制动性能应符合表 9-6 的要求。

表 9-6 应急制动性能要求

机动车类型	制动初速度/(km·h^{-1})	制动距离/m	充分发出的平均减速度/(m·s^{-2})	允许操纵力不应大于/N	
				手操纵	脚操纵
乘用车	50	≤38.0	≥2.9	400	500
客车	30	≤18.0	≥2.5	600	700
其他汽车	30	≤20.0	≥2.2	600	700

在空载状态下，驻车制动装置应能保证机动车在坡度为 20%(对总质量为整备质量的 1.2 倍以下的机动车为 15%)、轮胎与路面间的附着系数不小于 0.7 的坡道上，正、反两个方向能够保持固定不动时间不少于 5min。

9.5.5 舒适性

电动汽车相对于传统汽车来说，由于没有了发动机的爆震等因素影响，车辆平顺性、车内噪声、乘坐环境及驾驶员的操作性能等都有了很大改善。同时电动汽车由于不受怠速影响，更加容易实现无级变速。参考传统汽车的垂直振动参数评价，包括频率和振动加速度等，以及悬架动挠度来评价电动汽车。各类电动汽车的悬架静挠度、动挠度和偏频见表 9-7。

表 9-7 悬架的静挠度 f_c、动挠度 f_d 和偏频 n

车型＼参数	静挠度 f_c/mm	动挠度 f_d/mm	偏频 n/Hz
电动乘用车	100～300	70～90	0.9～1.6
电动客车	70～150	50～80	1.3～1.8
电动货车	50～110	60～90	1.5～2.2

9.6 电动汽车的总体布置

在初步确定了电动汽车的整车控制尺寸、质量参数、性能要求、动力布置形式及新车结构形式之后，就应对总成和部件进行空间布置，并使其达到最佳组合，进行汽车总布置设计，并且绘制总布置图。总体布置工作相当繁琐复杂，要经过大量的运算和调整，合理调配各部分的空间以及判断各零部件之间的关系和工作状态是否合理。

9.6.1 总布置设计图的图面要求

1. 坐标系

绘制电动汽车的总布置设计图时，与传统汽车的要求一致，通常以车架上平面或车身地板主平面为 XY 面；以过前轮中心线且垂直于 XY 面的面为 YZ 面；以汽车的纵向对称面为 XZ 面。XY 面和 XZ 面的交线为 X 轴，以汽车行驶的方向为负方向；XY 面和 YZ 的交线为 Y 轴，以车辆行驶方向的右侧为正方向；XZ 面和 YZ 面的交线为 Z 轴，向上为正方向。三条轴线的交点为 O 点，如图 9.7 所示。此点一般为前轮轴心上方车架或地板平面上的点。有些车辆以车架上平面为 XY 面；无车架(承载式车身)时以车身地板主平面为 XY 面；但当车架上表面是复杂面时，也可以用车身地板主平面作 XY 面。设计时推荐使用统一的坐标系，但允许各总成建立独立的坐标系。

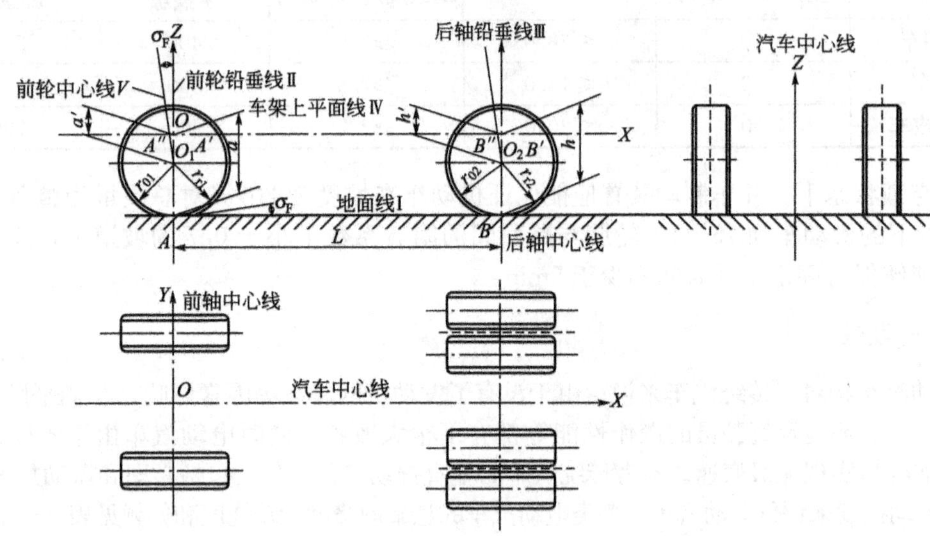

图 9.7 汽车总布置图的坐标系

2. 总布置图格式

总布置设计图是将选定的各总成按照既定位置布置在图面上，用以对各总成的安装和外形进行确认和调整，消除干涉，合理分配空间，调整和确定整车的尺寸。各总成在图上所处的位置和范围将作为系统设计的依据和边界条件。总布置图应该能够比较准确地反映整车的形态、轮廓以及各总成的相对安装位置等，我国对汽车设计的总布置图有指导性规范。

3. 校对图

校对图是对各系统设计师完成的设计图进行图面上的总装，相当于模拟组装一辆汽车，以确认总布置设计是否合理及各设计是否符合计划图的要求。

9.6.2 车身内部布置

电动汽车作为汽车的一种，它必须符合汽车设计规范。因此电动汽车的车内布置布局需要参考传统汽车的要求。

电动车身内部布置必须考虑有良好的乘坐舒适性和足够的安全性，车身内部布置一般以第 95 百分位的人体模型的胯骨轴心(H 点)和眼椭圆为基准，通过调整座椅和方向盘的位置来适应其余 5%的人体模型，如图 9.8 所示。在设计中一般采用 SAE 标准的人体躯干模型，如图 9.9 和表 9-8 所示。有关眼椭圆、头部包络线及其与人体躯干的相对关系可参考相关资料确定。在车身内部布置的时候，要注意相关法律法规，所设计的车身及其布置必须与相关的法律法规相适应。

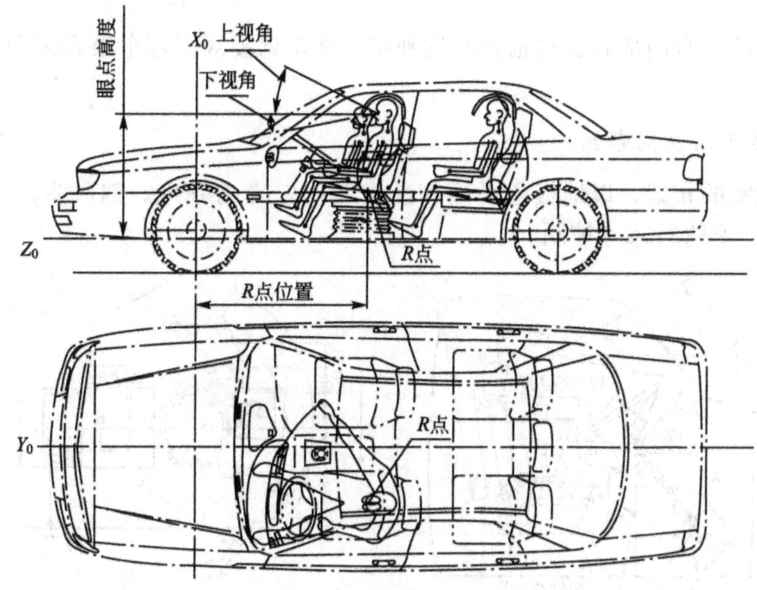

图 9.8 驾驶区布置图

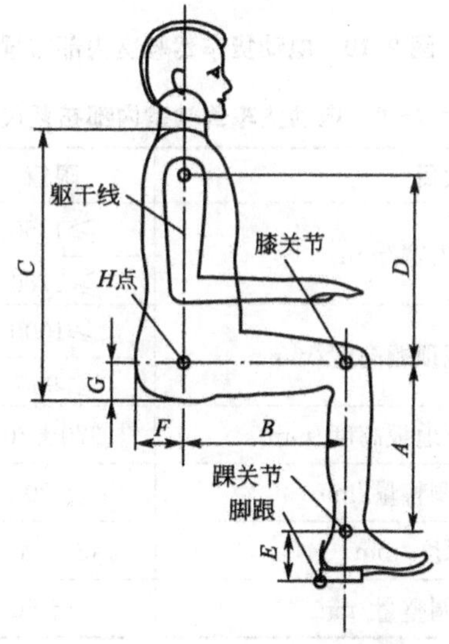

图 9.9 SAE 的人体模型标准

表 9-8 SAE 人体模型标准

	部位	95%男性/mm	50%男性/mm	5%女性/mm
A	踝关节至膝关节	445	398	351
B	膝关节至胯关节	452	407	362
C	肩至胯关节	538	494	450
D	肩关节至胯关节	480	442	404
E	踝关节高度	94	86	78
F	胯关节至后背	140	128	116
G	胯关节至臀部	96	80	64

电动汽车的车身内部布置包括货车驾驶室、客车驾驶区、客车乘客区和乘用车内部布置等。

1. 电动货车驾驶室布置

货车驾驶室的布置，以地板主平面和前安装固定点为基准。驾驶室内部布置可参考图 9.10和表 9-9 进行尺寸控制。

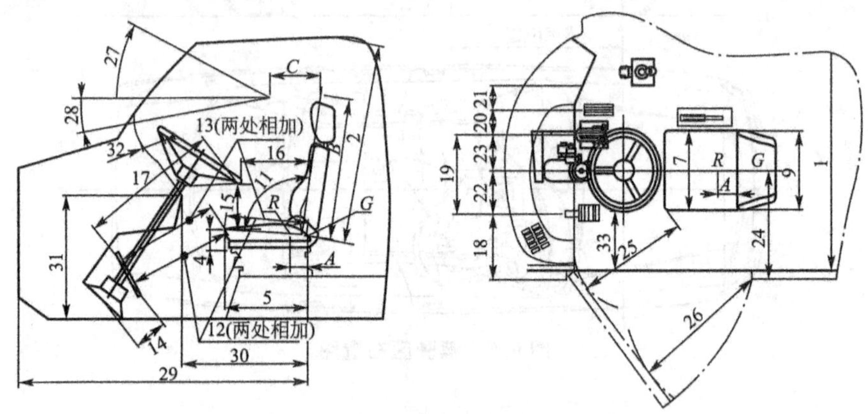

图 9.10 电动货车驾驶室内部布置

表 9-9 电动货车驾驶室内部布置尺寸

序号	项目	限值	备注
1	驾驶室内宽/mm	≥1250	准坐 2 人
		≥1700	准坐 3 人
2	座椅上表面至顶棚高度/mm	≥1000	平行于靠背测量
		≥960	
3	座垫上表面至地板高度/mm	370±70	
4	座垫高低调整量/mm	±20	可以不调整
5	座垫深度/mm	420±40	
6	座椅前后调整量/mm	≥±50	

（续）

序号	项目	限值	备注
7	座垫宽度/mm	≥450	
8	靠背高度/mm	480±30	不含头枕
9	靠背宽度/mm	≥450	最宽处
10	座垫角度/水平面(°)	2～10	
11	靠背角度调整范围(°)	90～105	
12	靠背下缘至加速踏板距离/mm	900～1000	
13	靠背下缘至离合器、制动器踏板距离/mm	800～900	
14	离合器、制动器踏板行程/mm	≥200	
15	方向盘至座垫上表面距离/mm	≥180	
16	方向盘至靠背距离/mm	≥360	
17	方向盘至离合器、制动器踏板距离/mm	≥600	
18	离合器踏板中心至侧壁距离/mm	≥80	
19	离合器至制动器踏板中心距离/mm	≥150	
20	制动器踏板中心至加速踏板中心距离/mm	≥110	
21	加速踏板中心至最近障碍物距离/mm	≥60	
22	离合器踏板中心至座椅中心距离/mm	50～150	
23	制动器踏板中心至座椅中心距离/mm	50～150	
24	座椅中心至车门内板距离/mm	360±30	轻、微车型可以略小
25	车门打开时下部通道宽度/mm	≥250	
26	车门打开时上部通道宽度/mm	≥650	
27	上视角(°)	≥12	
28	下视角(°)	≥12	
29	靠背下缘至前围距离/mm	≥1050	脚能伸到的最前位置
30	靠背下缘至仪表板距离/mm	≥650	
31	仪表板下缘至地板距离/mm	≥550	
32	方向盘至其他障碍物距离/mm	≥80	
33	方向盘至侧面障碍物距离/mm	≥100	轻、微车型应大于80
A	胯关节至靠背下缘距离/mm	≥100	
B	靠背下缘至视点方向距离/mm	≥750	沿靠背向上量取
C	视点至靠背方向距离/mm	≥180	水平方向量取

2. 电动客车驾驶区布置

客车驾驶区布置尺寸可参考图9.11和表9-10进行尺寸控制。

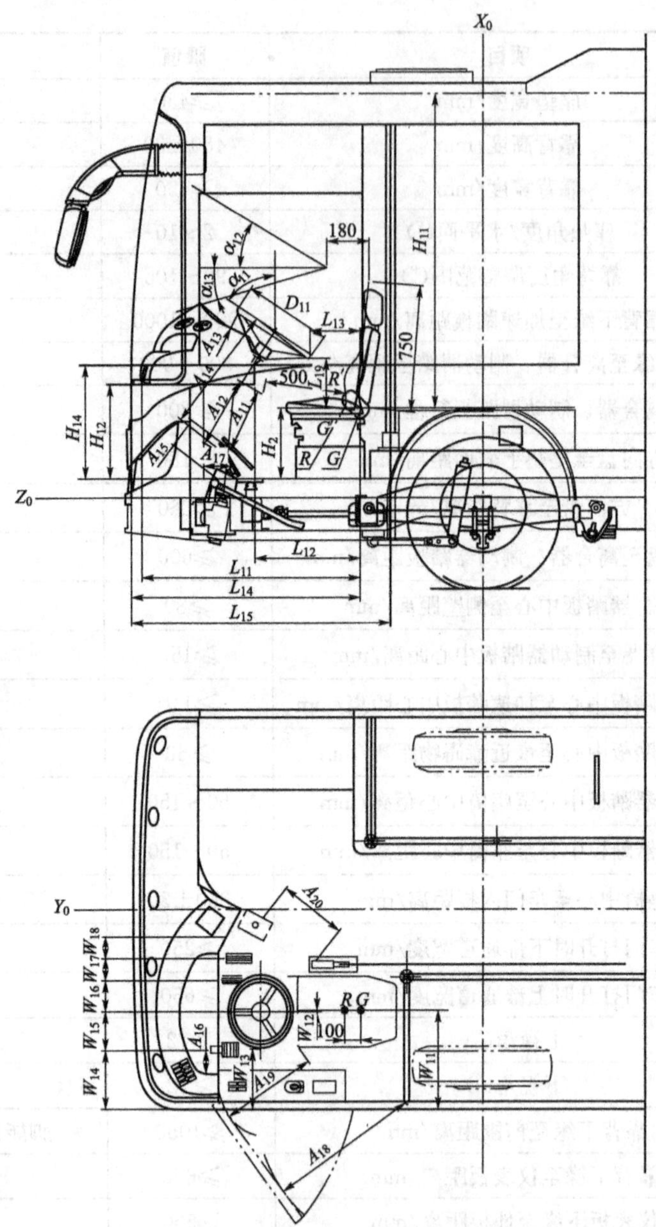

图 9.11 电动客车驾驶区布置

表 9-10 电动客车驾驶区布置尺寸

代号	项目	尺寸/mm
H_{11}	座垫至顶盖高	≥1000
H_2	R'点高	400～450
A_{11}	G点至制动、离合器踏板中心距离	800～900
A_{12}	G点至加速踏板中心距离	900～1000
L_{11}	G点至前围护板距离	≥1050

（续）

代号	项目	尺寸/mm
L_{12}	G点至仪表板距离	650～750
H_{12}	仪表板下缘至地板表面距离	≥450
D_{11}	方向盘直径	425～550
α_{11}	方向盘角度	55°～75°
H_{19}	方向盘下缘最低点至坐垫上表面距离	180～240
L_{13}	方向盘外缘至靠背表面距离	350～380
W_{11}	座椅中心平面至侧围距离	360～550
W_{12}	方向盘中心至座椅中心平面距离	≤40
W_{13}	方向盘外缘至侧围护板距离	≥100
A_{13}	方向盘外缘至仪表板最小距离	≥80
A_{14}	方向盘下缘最低点至离合器制动踏板中心距离	≥600
A_{15}	离合器、制动踏板最大行程	≤200
A_{16}	离合器、制动、加速踏板中心至两侧障碍物距离	≥80
A_{17}	离合器、制动、加速踏板中心至前面障碍物距离	≥120
W_{14}	离合器踏板中心至近侧围护板距离	≥80
W_{15}	离合器踏板中心至方向盘中心距离	80～200
W_{16}	制动踏板中心至方向盘中心距离	70～180
W_{17}	制动踏板中心至加速踏板中心距离	110～160
W_{18}	加速踏板中心至最近障碍物距离	≥60
A_{18}	驾驶员一侧车门打开时，上部通道宽	≥650
A_{19}	驾驶员一侧车门打开时，下部通道宽	≥250
α_{12}	上视角 （M：眼点离地高/m；N：眼点离保险杠前端的水平距离/m）	$\geqslant \arctan[(5-M)/(12+N)]$
α_{13}	下视角 （M：眼点离地高/m；N：眼点离保险杠前端的水平距离/m）	$\geqslant \arctan(M/(3+N))$
L_{14}	G点至风窗下缘距离	≥1060
L_{15}	风窗下缘至驾驶区挡板距离	≥1300
H_{14}	风窗下缘至地板表面距离	≥770
A_{20}	变速杆手柄和驻车制动手柄距其他零件的距离	≥50

3. 电动客车乘客区布置

电动客车乘客区布置可参考图 9.12 和表 9－11 进行尺寸控制。

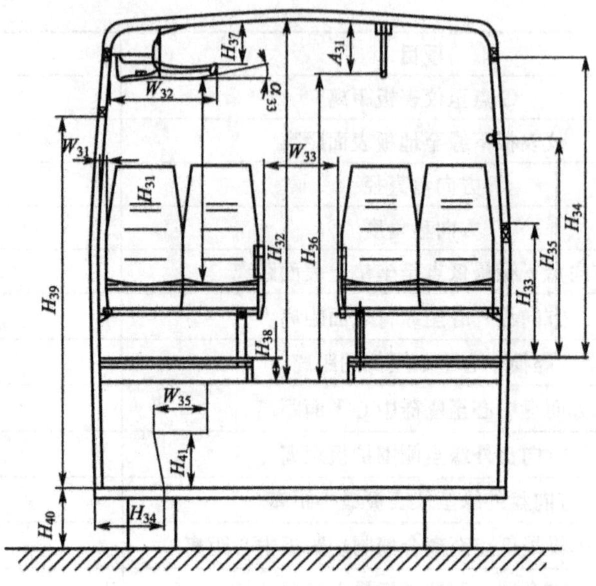

(a) 电动客车乘客区车厢内部布置

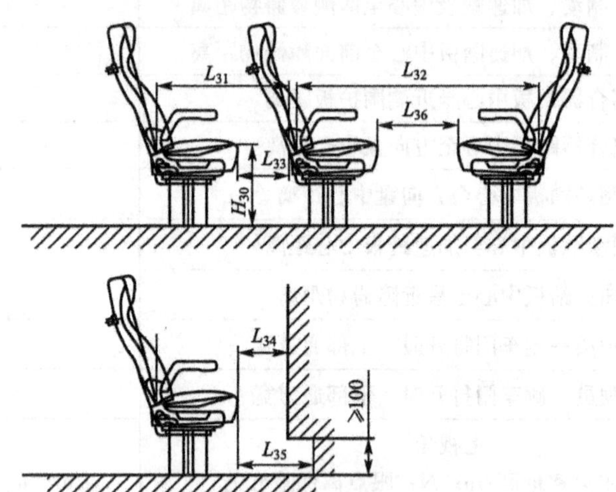

(b) 电动客车乘客区座椅布置

图 9.12　电动客车乘客区布置

表 9-11　电动客车乘客区布置尺寸

代号	项目		尺寸/mm
H_{30}	座垫至底板平面高		400～450
L_{31}	同方向座椅坐间距	Ⅰ类车	≥650
		Ⅱ类车	≥670
		Ⅲ类车	≥720
L_{32}	面对面坐垫后缘间距		≥1200
L_{33}	座垫至前靠背距离		≥250

（续）

代号	项目		尺寸/mm
L_{34}	座垫前缘至膝部障碍物距离		≥280
L_{35}	座垫前缘至脚部障碍物距离		≥300
L_{36}	面对面座垫前缘间距		≥450
W_{31}	座垫至侧围距离		≥30
H_{31}	座垫至行李架高		≥1100
H_{32}	车内高	Ⅰ类车	≥1900
		Ⅱ、Ⅲ类车(不包括7m以下车辆)	≥1800
H_{33}	侧窗下缘高		≥680
H_{34}	侧窗上缘高		≥1650
H_{35}	侧窗扶手高		1000～1700
H_{36}	顶盖扶手高		1700～1800
A_{31}	扶手空间		≥70
H_{37}	行李架入口高		≥200
W_{32}	行李架宽		≥300
α_{33}	行李架倾角		≥5°
W_{33}	通道宽	Ⅰ类车	≥450
		Ⅱ类车	≥300
		Ⅲ类车	≥400
α_{32}	通道地板坡度	车门引导部位	≤3%
		站立乘客用的通道地板	≤6%
		后桥轴线前1.5m处×平面之后	≤8%
H_{38}	地板高		≤250
H_{39}	乘客门高	Ⅰ类车	≥1800
		Ⅱ类车、Ⅲ类车	≥1650
L_{37}	乘客门净宽	单通道门	≥650
		双通道门	≥900
H_{40}	一级踏步高		≤400
W_{34}	一级踏步深		≥300
H_{41}	踏步高		≤300

（续）

代号	项目	尺寸/mm
W_{35}	踏步深	≥200
H_{42}	安全门高	≥1250
H_{43}	安全门净宽	≥550
α_{31}	安全门开启角	≥100°

4. 电动乘用车内部布置

电动乘用车内部布置参考传统乘用车布置。假设电动乘用车内部有三排座椅布置如图 9.13 所示，则电动乘用车内部布置和尺寸控制参考图 9.13 和表 9－12 执行。如果两排座椅，则图中 S 按两排座数值校核。

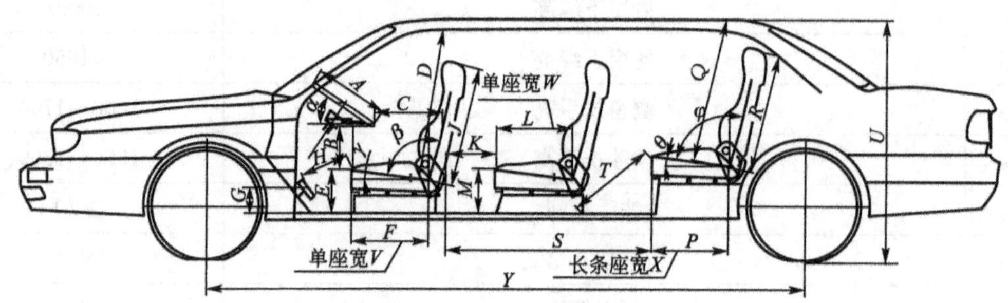

图 9.13　电动乘用车内部布置

表 9－12　电动乘用车内部布置尺寸　（mm）

车型 / 序号	电动机功率/kW			车型 / 序号	电动机功率/kW		
	$P>80$	$80\geq P>60$	$P\leq 60$		$P>80$	$80\geq P>60$	$P\leq 60$
A	300～420	300～420	300～420	L	320～400	—	—
B	140～180	140～180	130～170	M	300～390	—	—
C	360～380	350～370	350～370	N	350～410	340～400	340～380
D	940～960	940～960	900～950	P	460～530	420～500	420～460
E	300～380	300～360	300～340	Q	900～950	900～950	860～910
F	450～510	450～480	450～480	R	580～660	560～620	510～600
G	150～180	150～180	150～180	S	三排 850～700 二排 500～650	250～500	250～350
H	420～500	420～500	420～520	T	500～700	500～600	500～600
J	480～560	460～570	460～520	U	1500～1800	1400～1600	1290～1400
K	250～350	—	—	V	150～650	500～600	480～550

（续）

车型 / 序号	电动机功率/kW			车型 / 序号	电动机功率/kW		
	$P>80$	$80\geqslant P>60$	$P\leqslant 60$		$P>80$	$80\geqslant P>60$	$P\leqslant 60$
W	550～580	—	—	β(°)	97～105	97～105	97～102
X	1400～1700	1200～1400	800～1200	γ(°)	6～10	6～10	6～10
Y	2800～3500	2500～3500	2000～2500	θ(°)	8～13	8～13	8～10
α(°)	55～70	55～70	55～70	φ(°)	99～105	99～105	97～100

9.6.3 运动校核

在进行总布置设计时，进行运动检查有两方面的内容：从整车角度出发进行运动学正确性的检查；对于有相对运动的部件或零件进行运动干涉检查。这些检查关系到汽车能否正常工作，总体设计时一般要进行以下校核工作：

(1) 转向轮的转动方向必须与方向盘的转动方向保持一致，为此应对螺杆的旋向、摇臂的位置、转向传动机构的构成等进行运动学正确性的检查。

(2) 转向轮在跳动和转向过程中与翼子板、转向杆系之间的运动关系。

(3) 传动轴随后轮跳动时的运动关系。

(4) 后轮跳动时与翼子板间的相对关系。

(5) 转向杆系与悬架共同工作所产生的转向干涉，可通过分别作上节臂球头随悬架运动和随直拉杆运动的轨迹求出干涉量，一般控制干涉量在产生轻微不足转向的范围内。

(6) 制动时前轴的扭转所产生的转向干涉，这种干涉应当尽可能地减到最低程度，否则易产生制动跑偏。

(7) 可翻转的驾驶室翻转时，连接驾驶室和车架之间的杆件和软管的运动轨迹，包括转向传动轴、变速操纵杆及其他各种操纵杆件、软轴、连接软管、电线束等的校核。

(8) 驾驶区各种操纵机构的运动轨迹，主要校核各种操纵动作是否会发生干涉和人体的动作是否舒适。

(9) 半挂牵引主车、挂车之间的相互运动关系，包括挂车前悬的回转半径、主车后悬的回转半径及挂车的前后俯仰角的校核。

(10) 自卸车举升机构的运动关系，即校核举升机构的运动轨迹等。

9.7 电动汽车数字化总体设计

现代汽车设计已经进入了数字化设计的时代，数字汽车也越来越多地出现在了人们的视野中。所谓的数字车身是指用现代化的计算机进行设计，将整车的结构和构造在电脑中模拟完成，形成了一个完整的可视化车辆模型。电动汽车仿真技术不但解决了汽车设计的可视化操作，便于汽车的合理布局，还能对汽车的各个运动部件进行模拟校核。数字汽车还能按照车辆的实际材料和形状进行质量分析，从而对车辆的整车重量及各轮胎的负重进行分析，有利于汽车的质量分布。数字车身的另一强大功能是通过模拟加载，来模拟车辆的各个工况，从而对汽车的结构受力进行分析。通过分析车辆结构受力不足或过盈，并进行合理改善，就可大大降低车辆的设计成本。通过仿真模拟，能够早期发现车辆缺陷，大大降低车辆后续的试验和改造成本，如图 9.14～9.17 所示。

图 9.14 数字化电动轿车底盘

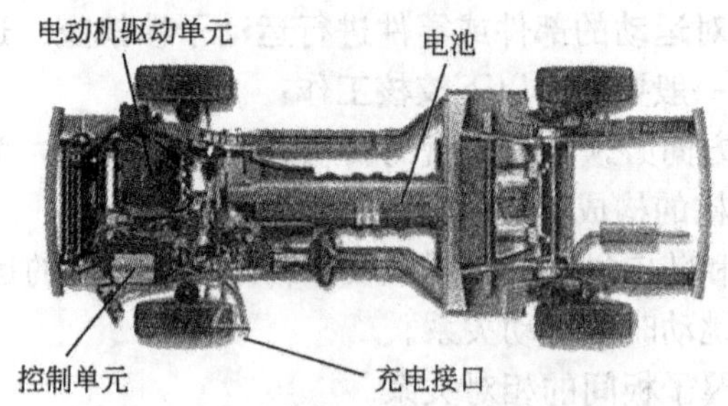

图 9.15 数字化电动轿车底盘结构

图 9.16 数字化电动轿车

图 9.17 数字化电动城市客车

小　　结

本章介绍了电动汽车总体设计要点、电动汽车开发流程、电动汽车结构形式选择、电动汽车主要参数确定过程、电动汽车总体布置方法、电动汽车数字化设计技术。

电动汽车总体设计要考虑的因素要比传统汽车多得多，需要根据其特有结构需求进行总体设计工作。电动汽车的主要尺寸参数包括外廓尺寸、轴距、轮距、前悬、后悬，对于电动货车来说还有车头长度和车箱尺寸等。电动汽车动力性能包括汽车的最高车速、加速时间、爬坡能力和汽车的比功率等，其根据车辆的设计要求和实际使用工况等确定。电动汽车通过性的几何参数是与防止间隙失效有关的汽车本身的几何参数。总体设计要确定的通过性几何参数有：最小离地间隙 h_{min}、接近角 γ_1、离去角 γ_2、纵向通过半径 ρ_1 等。另外，汽车的最小转弯直径和内轮差、转弯通道圆及车轮半径也是汽车通过性的重要参数。电动汽车操纵稳定性参数中与总体设计有关并能作为设计指标的有如下方面：转向特性参数、制动前俯角、车身侧倾角。

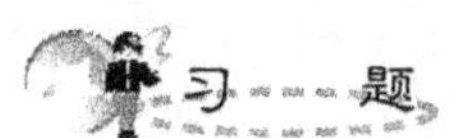

1. 电动汽车设计时需要考虑的要素有哪些?
2. 电动汽车主要参数包括哪些?主要尺寸参数又有哪些?
3. 电动汽车总体设计要确定的通过性几何参数有哪些?

第10章

电动汽车整车性能参数计算

★ 掌握电动汽车质量计算

★ 掌握电动汽车动力性参数

★ 掌握电动汽车驱动力和阻力的计算方法

★ 掌握电动汽车性能参数的确定

★ 掌握电动汽车的续驶里程计算

★ 掌握电池及电池系统的计算

★ 了解电动汽车环保与经济性分析

知识要点	掌握程度	相关知识
车辆质量计算	熟悉整车质量参数的计算	整备质量；载荷或乘员人数；总质量
动力性参数	了解动力性参数	最高车速；加速时间；最大爬坡度
驱动力和阻力的计算方法	熟悉电动汽车的驱动力和阻力的计算方法	驱动力的计算方法；电动汽车行驶阻力；滚动阻力、空气阻力、坡度阻力和加速阻力
性能参数计算	熟悉电动汽车性能参数以及计算方法	传动比与行驶性能关系；传动比选择；电动汽车加速性能
续驶里程计算	了解续驶里程的估算过程，学会初步估算	续驶里程；汽车行驶能量能耗
电池系统计算	了解电池系统的计算过程，能够对电池总能量进行计算； 熟悉电池组的选择和确定	电池总能量；总电压与单体电池关系；电池组数量确定；电池连接方式确定
环保与经济性分析	了解电动汽车的环保与经济性优势的分析过程。	购置成本；使用成本

导入案例

由于电动汽车不同于传统车辆，各种配套件的性能相差很大，因此，电动汽车不能仅凭经验来设计，必须有一个针对性的而且合理的理论计算作为支撑。而计算的过程和计算的准确性尤为重要，它将直接影响车辆的整体性能。

车辆的计算主要分为质量计算、电动汽车的静态计算和动态计算以及车辆的使用寿命、环保性和经济性分析等。

以一款总长12m的纯电动城市客车为例，经过计算得到：

总质量为18.5t，整备质量为13.5t，有效载荷5t，乘员人数77人；

车辆配备600V 400Ah电池，总电量为240kW·h，电池重量约为2.2t～2.5t；

车辆配备120kW的永磁电动机，额定转速为300r/min，最高转速为4500r/min；

车辆选用一级减速器，速比为1.86，主减速比为6.3，轮胎选用275/70R22.5；

车辆的最高车速为72～75km/h，车辆爬坡度约为18%，车辆百公里耗电约为80～100kW·h，一次充电续驶里程约为220～320km(不同使用工况)。

10.1 车辆质量计算

对于汽车来说，无论是电动汽车还是传统的燃油汽车，其质量参数是车辆的基础参数，而且质量参数与车辆的性能密切相关。车辆无论是载人或是载物，都是以质量为基础进行计算的。对于传统车辆，整车的质量参数分为整备质量和最大总质量，对于电动汽车来说，也是如此，车辆的整备质量和最大总质量也是车辆必须注明的参数之一。

10.1.1 整备质量

汽车的整备质量是指汽车完全装备好的质量，也就是人们常说的一辆汽车的自重，它的规范定义是指汽车的结构质量加上冷却液、燃料(不少于燃料箱容量的90%)、备胎和随车附件的总质量。整车装备质量对于电动汽车来说，包括车辆的主要零部件以及车辆必备设备的质量，还包括安全设备、润滑油、燃料、电池、备胎、洗涤液及随车工具等所有装置的质量总和。其实通俗地说整备质量就是汽车在正常条件下准备行驶时，尚未载人(或货物)、载物时的空车质量。整备质量不包含驾驶员。

对于汽车设计来说，整备质量分为设计整备质量和实际整备质量。对于一辆汽车来说，在车辆的设计之初，针对车辆的用途和使用工况等因素确定承载量，即车辆的承载质量。针对承载质量，需在车辆的设计之初，确定为满足这一承载所需要的车辆的结构和各类服务需要的全部装备。将这些装备进行组装和计算，组成的所设计车辆的全部设备的质量和包括必要的连接件、燃料和润滑油脂等质量总和就是车辆的设计整备质量。对于电动汽车来说，虽然没有传统燃油，但如果采用燃料电池，整备质量还应该包含注满燃料电池所需的燃料的质量。

为获得更准确的整备质量参数，计算整备质量的时候，应针对设计的车辆要求，严格细致地将汽车所涉及的所有构件、零部件等详细考虑进去。在做设计的时候所确定的整备质量是设计整备质量，实车与设计的车辆有所差别。车辆实际生产后的整备质量，称为车辆实际整备质量，简称整备质量。一个好的设计所确定的设计整备质量与整车的整备质量应该吻合或相差不大。整备质量关系到车辆的各类计算，因此该质量参数的准确与否不仅关系到车辆的性能是否满足要求，更关系到车辆的整体成本，而且整备质量往往与车辆的安全性还有直接关系。因此，车辆质量参数的设定非常重要。

由于电动汽车采用的特殊设备，如电池、电动机及控制器与传统的燃油汽车不同，重量也就有很大出入。对于电动汽车来说，降低整备质量可以降低能耗，使车辆拥有较好的续航能力和动力性能。当然，汽车的整备质量也不是越小越好，合理配置和确定整备质量，可以大大提升汽车的车辆稳定性，特别是急转弯和急制动的时候，优势会很明显。电动汽车的整备质量还是影响汽车能耗的一个重要参数。因为车辆的能耗量与整备质量是成正比关系的，即整备质量越大的电动汽车能耗越大。例如一辆小型车，整备质量每增加40kg，就需要增加1%～2%的能耗，其续驶里程也就会相应下降。

整备质量还与汽车的设计水平、制造水平以及工业化水平密切相关。同等车型条件下，谁的设计方法优化，生产水平先进，工业化水平高，则整备质量就会下降。整备质量的下降，最为明显的就是车辆的成本会降低，车辆的效益会提高。

10.1.2 载荷或乘员人数

对于电动汽车来说，其最大载荷数不仅要满足设计需要，更要满足车辆的承载条件和车辆电动机及驱动系统的性能要求。一般来说，电动机驱动的汽车的承载量要稍逊于传统车辆，因此车辆的承载力还需要严格的计算，方能最终确定。

汽车自重利用系数是指最大载荷与整备质量的比值。对于传统车辆来说汽车自重利用系数是一个重要的评价指标，对于电动汽车来说亦然。好的设计不但能够提高汽车自重利用系数，提高运输效率，而且能提高车辆的经济性能。

确定汽车的载质量应考虑下面几个因素：

(1) 必须与汽车的用途和使用条件相适应；

(2) 各种车型的载重量要合理分级，以利于产品的系列化、通用化和标准化；

(3) 要考虑到对现有生产设备和生产线变动的大小和可利用程度。

对于电动汽车来说，目前主要的功能是承载乘员，乘员的质量是不固定的，而计算是以质量为基础的，因此要按照国家的相关标准来执行。为了便于车辆的标准化，对于载客汽车来说，我国规定：客车的乘员质量依据GB/T 12428标准核算，其中A级和Ⅰ级客车按照65kg/人核算；其他客车按照78kg/人核算(驾驶员、乘务员等乘务人员按75kg/人核算)。其他车辆按照65kg/人核算，对于有随车工具要求的，按照20kg计算。

10.1.3 最大总质量

车辆的最大总质量又称车辆总质量。车辆的总质量是指车辆装备齐全，在满载(载人或载货)状态下，车辆的整体总质量。最大总质量的确定与车辆承载结构和设备有关，例如车辆的前后桥、车辆的悬挂，以及车架和轮胎等，同时还与车辆的承载空间有关，电动汽车也是如此。在选择车辆的承载部件时，应参考车辆的承载能力的规划以及车辆的整备质量，尤为重要的是车辆的最大总质量一定不能导致承载部件(尤其是车架、桥、悬挂或轮胎等)超过各自的承载能力，这关系到车辆的安全性能。

有如下公式：

最大总质量=整备质量+最大承载量

最大总质量的取值一般在整备质量与最大承载量之和的基础上再上调 100～200kg，然后取整数，并保留 100 的整数倍数。

10.2 电动汽车动力性的参数

汽车的动力性是指汽车在良好路面上直线行驶时由汽车受到的纵向外力决定的、所能达到的平均行驶速度。汽车是一种高效的运输工具，运输效率的高低在很大程度上取决于汽车的动力性。所以，动力性是汽车的各种性能中最基本，也是最重要的性能。汽车的动力性指标主要包括三个方面：

(1) 汽车的最高行驶速度，即最高车速，用 u_{max}表示；

(2) 汽车的加速时间，用 t 表示；

(3) 汽车的最大爬坡度，即爬坡能力，用 i_{max}表示。

最高车速是指在水平良好路面(混凝土或沥青路面)上，汽车能够达到的最高行驶速度，目前车辆的最高车速都是设计参数，即表示所设计车辆的最高行驶速度能够达到或超过的一个车速。一般说的最高车速是指设计车速，实际最高车速往往超过这个数据，最高车速的选择是根据车辆的实际工况和动力性能共同确定的。

汽车的加速时间表示了汽车的加速能力，它对汽车的平均行驶车速有很大影响，尤其是现在的小型车辆如轿车，对加速时间尤为重视。加速时间通常用原地起步加速时间与超车加速时间来表明汽车的加速能力。

汽车的爬坡能力是指车辆在满载(或某一制定装载质量)时，车辆在良好路面上的最大爬坡度，用 i_{max}表示。对于电动汽车，爬坡时应置于最低挡或者处于低速大扭矩范围的时候。i_{max}代表了汽车的极限爬坡能力，它应比实际行驶中遇到的道路最大坡度要大得多，这是因为应考虑在实际坡道行驶时，能够在坡路上顺利起步并克服由于路面不平而导致的局部大阻力情况。对于不同种类的汽车和不同功用的汽车，其爬坡能力的需求也不一样。

特殊说明：按照相关标准和法规，以上三个参数的测量都是在环境条件较好，尤其是风速较小或者无风条件下测定。

10.3 影响电动汽车行驶性能的参数

影响电动汽车行驶性能的参数很多，因而计算起来相对复杂。外部因素主要有汽车受到的阻力影响，内部因素则是汽车的动力系统的影响。下面将逐个分析，进而对电动汽车的动力系统进行分析。

按照力学原理，汽车在行驶过程中受到各种力，建立汽车行驶方程受力方程如下：

$$F_t = \sum F \tag{10-1}$$

式中：F_t为驱动力；$\sum F$ 为行驶阻力之和。

动力是由电动机的转矩经过传动系统传递到驱动车轮，经地面反作用而得到的。行驶阻力由滚动阻力、空气阻力、加速阻力和坡度阻力组成。

10.3.1 汽车的驱动力

汽车的电动机在转动时，电动机的转矩经过传动系统传递到驱动车轮上，作用在驱动轮上的转矩 T_t产生一个对地面的圆周力 F_0，地面对驱动轮的反作用力 F_t即是汽车的驱动力。其数值可以用公式表示：

$$F_t=\frac{T_t}{r} \tag{10-2}$$

式中：T_t为作用于驱动轮上的转矩；r 为车轮的滚动半径。

若定义电动机的转矩为 T_{tq}，i_g为传动系变速器的传动比，i_0为主减速器的减速比，μ_T为传动系的机械效率，则有：

$$T_t=T_{tq}i_g i_0\mu_T \tag{10-3}$$

驱动力可以用以下公式计算：

$$F_t=\frac{T_{tq}i_g i_0\mu_T}{r} \tag{10-4}$$

式(10－4)同样适用于电动机在任何转速下不同转矩时车辆的驱动力 F 的计算，只需将 T_t 用相应的电动机扭矩 T 代替即可。

1. 电动机的转速特性

需要说明的是，电动机的转速特性与电动机种类和功率有很大关系。不同电动机，其工作原理不同，输出的扭矩也就存在差异，电动机的输出扭矩与转速关系详见本书的第4章。即使是同一种类的电动机，当设计功率不同时，输出的扭矩也有很大差异。电动机的特性曲线一般由电动机厂家提供，多数的特性曲线在试验台上测得，而且台架实验是在电动机工况相对稳定时进行的。而在实际使用中，电动机的工况是多变的，不可能处于稳定状态，因此具体性能还需要设计完成后进行实车验证，即后期的测试测验非常重要。

2. 传动系的机械效率

与传统汽车一样，电动汽车的传动系统也存在效率问题。输入传动系的功率 P_{in}经传动系传递到驱动轮的过程中，为了克服传动系各部件之间的摩擦，总要消耗一部分功率。经过传动系传递到驱动车轮部分的功率占电动机输出功率的比例，一般以百分比表示，即为传动系的机械效率。如果以 P_T表示传动系中的损耗功率，则传动系的机械效率可以用以下公式表达：

$$\mu_T=\frac{P_{in}-P_T}{P_{in}} \tag{10-5}$$

在等速行驶的工况下，P_{in}等于电动机的功率 P_e，因此有：

$$\mu_T=\frac{P_e-P_T}{P_e}=1-\frac{P_T}{P_e} \tag{10-6}$$

传动系的机械效率计算时应充分考虑传动轴、联轴器、主减速器、分动器及轮边减速器等设备的总效率。其中变速器和主减速器的功率损失所占的比例最大，其余的功率损失相对较小。

传动系的效率要在专门的试验台上测得。经过大量的技术测试，汽车的传动效率也并非一个固定数，在不同的挡位，传动效率会不同，而且传动系的润滑油脂的温度有所变化时，传动效率也会随之变化。经测试，当油脂温度上升时，传动效率会有所上升。在设计电动汽车的时候，也要本着提高传动效率的原则进行。在满足使用条件的同时，尽可能减少动力传递的中间环节，缩短电动机与驱动车轮之间的路径，可以减小不必要的功率损失。电动汽车的效率在车辆的设计之初要进行一定的计算，综合考虑。例如，根据变速器厂家提供的信息和主减速器的效率等确定各自效率，对于电动机的效率，也要进行合理的选择和计算。根据经验，装有变速器的电动汽车的效率一般较低，可以在 0.92～0.95 选择，而那些轮毂电动机直驱型的电动汽车效率要高得多，可以参照所选用的行星齿轮减速器的效率来选择，一般选择在 0.95～0.98。

3. 车轮的半径

对于车轮来说，其半径决定驱动力的大小。相同扭矩情况下，减小车轮半径，相当于增大驱动力。因此，对于电动汽车来说，为了降低电动机的负荷，车轮的半径选择往往要比传统汽车小一点。

车轮的半径为自由半径、静力半径和滚动半径。车轮处于无载荷状态时的半径称之为自由半径；当汽车静止时，车轮中心至轮胎与道路接触面之间的距离为静力半径；当车辆在行驶时，以车轮转动圈数与实际车轮滚动距离之间的关系来计算得出的为轮胎的滚动半径，滚动半径的表达式为：

$$r_r = \frac{S}{2\pi n_w} \tag{10-7}$$

式中：n_w为车轮转动的圈数；S 为在转动 n_w圈时，车轮行过的距离。

由于车辆的自由半径、静力半径和滚动半径是不同的，因此在车辆设计时要考虑实际情况，选择合理的半径参数。一般来说，对汽车做动力学分析的时候应该采用静力半径 r_s；而在做运动学分析的时候，采用滚动半径 r_r来计算更加合适。为了简化分析计算，在设计时一般将两者区别忽略，统称车轮半径，并统一用 r 表示：

$$r = r_r = r_s \tag{10-8}$$

4. 电动汽车的驱动力

电动汽车驱动力的计算与传统车辆一样，一般用电动机的外特性确定驱动力与车速之间的关系，并建立函数关系。设计中的电动汽车确定了电动机的外特性曲线、传动系的传动效率、传动比、车轮半径等参数之后，即可以计算出车辆电动机转速与汽车行驶速度之间的关系，进而求出驱动力与车速之间的关系曲线。

10.3.2 汽车的行驶阻力

汽车在行驶过程中，必须要克服来自地面的滚动阻力、空气阻力、坡度阻力以及加速阻力。滚动阻力用符号 F_f表示，空气阻力用 F_w表示，坡度阻力用 F_i表示，车辆加速阻力用 F_j表示。因此车辆行驶的总阻力为：

$$\sum F = F_f + F_w + F_i + F_j \tag{10-9}$$

上述诸阻力在车辆运行中，滚动阻力和空气阻力是在任何行驶条件下均存在的，坡度阻力和加速阻力仅在一定的行驶条件下存在。例如在水平道路上匀速行驶就不受坡度阻力和加速阻力的影响。

1. 滚动阻力

滚动阻力是指车轮滚动时，轮胎与地面之间接触区域产生法向和切向相互作用力以及轮胎和支撑路面因变形而形成的滚动摩擦阻力。将滚动阻力 F_f 与法向载荷 W 的比值称之为滚动阻力系数，用 f 表示：

$$f=\frac{F_f}{W} \tag{10-10}$$

因此有：

$$F_f=fW=fmg\cos\alpha \tag{10-11}$$

式中：α 为地面与水平面的夹角。

滚动阻力系数是由实验确定的。车辆的滚动阻力系数与路面的种类、车辆的行驶速度以及轮胎的构造、材料和气压有很大关系。表 10-1 中给出了汽车在某些路面上以中低速行驶时滚动阻力系数的大致数值，以供设计参考。

表 10-1　滚动阻力系数 f 的数值

路面类型	滚动阻力系数
良好的沥青或混凝土路面	0.010～0.018
一般的沥青或混凝土路面	0.018～0.020
碎石路面	0.020～0.025
良好的鹅卵石路面	0.025～0.030
坑洼的鹅卵石路面	0.035～0.050
压紧土路：干燥的	0.025～0.035
雨后的	0.050～0.150
泥泞道路(雨季或解冻期)	0.100～0.250
干砂道路	0.100～0.300
湿砂道路	0.060～0.150
结冰路面	0.015～0.030
压紧的雪道	0.030～0.050

行驶车速对滚动阻力的影响也很大，实验表明，在相同路面条件下，车辆在车速 100km/h 以下的速度行驶时，滚动阻力系数一般变化不大，但当超过某一临界车速时(与轮胎及道路等有关，例如车辆轮胎出现驻波现象)，滚动阻力迅速增加。作为研究和设计电动汽车来说，一般计算中低速的运行状况，因此可以选择表 10-1 中的数据，为了设计的保险起见，可以适当选择较大数值作为滚动阻力的计算值。如果无实验得到的准确滚动阻力系数，也可以参考一下阻力系数公式进行推算：

$$f=0.0076+0.0056u_\alpha \tag{10-12}$$

式中：u_α 为汽车行驶速度。

如果用 n 代表发动机转速(r/min)；r 为车轮半径(m)；i_g 为变速器传动比；i_0 为主减

速器传动比，则有：

$$u_a = 60\frac{2\pi rn}{1000 i_g i_0} = 0.3768\frac{rn}{i_g i_0} \tag{10-13}$$

因此 f 可以表达为：

$$f = 0.0076 + 0.0000211\frac{rn}{i_g i_0}$$

需要说明的是，车辆在转弯行驶时，轮胎要发生侧偏现象，此时滚动阻力会明显增加，有实验数据表明，由于转弯行驶而引起的滚动阻力约为平路行驶的滚动阻力的1.5～2倍。毕竟转弯工况在整个行驶工况中所占的比例非常小，因此在一般的动力分析中，往往忽略转弯工况。

2. 空气阻力

汽车在行驶过程中必然会受到空气作用力，空气作用力在车辆行驶方向上的分力，称之为空气阻力。空气阻力分为压力阻力和摩擦阻力两部分。作用在汽车外形表面上的法向压力的合力在行驶方向的分力，称之为压力阻力。由于空气的黏性在车身表面产生的切向力的合力在行驶方向的分力，称之为摩擦阻力。压力阻力又分为四部分：形状阻力、干扰阻力、内循环阻力和诱导阻力。其中，形状阻力占压力阻力绝大部分，主要与由车身的形状而导致的迎风面积有关。干扰阻力是指车身表面突起物如后视镜、门把手、导流槽、悬架、车桥等引起的阻力；由于车辆内循环冷却系统，车辆通风系统等车体内流动引起的阻力称之为内循环阻力；而诱导阻力是指空气升力在车辆行驶方向的分力。

不同的汽车结构，这四种分力所占的比例是不同的，就轿车而言，着重考虑车辆形状，降低风阻。如果车辆以中速行驶，一般来说各种阻力的大致比例为：形状阻力占58%左右，干扰阻力占14%左右，内循环阻力占12%左右，诱导阻力占7%左右，摩擦阻力占9%左右。自然，这只是某一种车辆的情况，空气阻力的大小和各种阻力所占的比例还与车速有关。

在汽车行驶过程中，空气阻力的数值通常都总结成与气流相对速度的动压力 $0.5\rho u_a{}^2$ 成正比关系。即

$$F_w = \frac{1}{2}C_D A\rho u_r{}^2 \tag{10-14}$$

式中：C_D为空气阻力系数；ρ为空气密度，一般来说 $\rho = 1.2258\text{N}\cdot\text{S}^2\cdot\text{m}^{-4}$；$A$ 为迎风面积，即汽车在行驶方向上的投影面积(m^2)；u_r为相对速度，在无风时，就是车速(m/s)。

由于实际设计中，风速因素复杂，一般不予以考虑，只计算在无风条件下的运动，因此空气阻力可以表达为

$$F_w = \frac{C_D A u_a^2}{21.15} \tag{10-15}$$

由式(10-5)可以看出，空气阻力与 C_D及 A 成正比，与速度 u_a的平方成正比。由于 A 的数值受到乘坐空间的影响不宜进一步减小，u_a是函数变量，因而，降低 C_D值成为降低空气阻力的最主要手段。现代的空气动力学认为降低车辆 C_D值的方法主要有如下几种：

(1) 车身前部适当向后倾斜，风挡玻璃尽量躺平，前围与侧围及顶盖部分采用合适的圆角过渡。对于轿车而言，前挡风可以尽量后倾，但对于货车或客车而言，有较大的难度，这需要合适的造型和载荷空间计算。

(2) 整车应该有一个向前 1°～2°的倾角，水平方向投影适宜上下微收，成为“腰鼓”形。

(3) 汽车后尾部适宜采用舱背式或直背式，或者加装扰流板等结构。

(4) 车身底部零件要整齐、平整，尽量减少零部件外露，或者加装平滑的盖板。

(5) 选择合适的冷却系统进出风口，设计车体内部通风道等。

通过对大量汽车进行分析，归结了各类车辆的空气阻力系数和迎风面积的数据，见表 10-2。

表 10-2　汽车的空气阻力系数与迎风面积

车型	迎风面积 A/m^2	空气阻力系数 C_D
典型轿车	1.7～2.1	0.3～0.4
客车	4～7	0.5～0.8
货车	3～7	0.6～1.0

对于不同的车辆，上述系数需要合理分析，认真计算。

3. 坡度阻力

当汽车上坡行驶时，汽车重力在坡路方向的分力就形成了坡度阻力，F_i为坡度阻力，则有：

$$F_i = G\sin\alpha = mg\sin\alpha \tag{10-16}$$

式中：G 为汽车的重力，$G=mg$，g 为重力加速度，车辆质量用 m 表示。

道路的坡度通常用坡高与坡的底长的比值来表示：

$$i = \frac{h}{s} = \tan\alpha \tag{10-17}$$

根据我国公路路线设计规范，高速公路在平原及微丘陵地段最大纵坡不大于 3%，山区重丘陵路段不大于 5%。一级汽车专用道路在平原及微丘陵地段最大纵坡不大于 4%，山区重丘陵路段不大于 6%。对于城市道路来说，一般要求坡度不大于 10%。故一般道路的坡度都不是很大。

4. 加速阻力

加速阻力就是汽车在加速时，会有一个惯性作用力，用 F_j表示。汽车的加速阻力分为两部分，一部分是平移质量加速阻力，另一部分是旋转质量加速阻力。对于固定传动比的汽车，通常用一个系数 δ 作为计入旋转质量惯性力矩后的汽车旋转质量换算系数。因而汽车的加速阻力 F_j可以表达为

$$F_j = \delta m \frac{du}{dt} \tag{10-18}$$

式中：δ 为汽车旋转质量换算系数，其值大于 1；m 为汽车质量，kg；$\frac{du}{dt}$为行驶加

速度。

δ为汽车旋转质量换算系数，主要与车辆电动机的转子的转动惯量、车轮的质量、传动部件的转动惯量以及传动系的传动比有关。

为了简化，忽略传动部件的转动惯量，由此旋转质量换算系数δ可以用以下公式获得：

$$\delta=1+\frac{1}{m}\frac{\sum I_w}{r^2}+\frac{1}{m}\frac{I_f i_g^2 i_0^2 \eta_T}{r^2} \tag{10-19}$$

式中：I_w为车轮的转动惯量，$kg \cdot m^2$；I_f为电动机的转子的转动惯量，$kg \cdot m^2$。为了简化计算，一般采用如下方法估算：

$$\delta=1+\delta_1+i_g^2\delta_2 \tag{10-20}$$

其中$\delta_1 \approx \delta_2=0.03 \sim 0.05$。

10.4 电动汽车电动机功率的初步确定

汽车在行驶中所受到的阻力为

$$F_t=F_f+F_w+F_i+F_j=fmg\cos\alpha+mg\sin\alpha+\frac{1}{2}C_D A\rho u_r^2+\delta m\frac{du}{dt} \tag{10-21}$$

根据分步分析的结果，将所设计的电动汽车的各个参数代入式(10-21)中，就可以得到汽车在道路上行驶时所需的牵引力。

同时根据功率公式$P_t=F_t u_t$，就可以计算出在不同车速下汽车所需要的最低电动机功率为：

$$P_t=(fmg\cos\alpha+mg\sin\alpha+\frac{1}{2}C_D A\rho u_r^2+\delta m\frac{du}{dt})u_t \tag{10-22}$$

电动汽车最大功率与传统汽车类似，一般最大功率用于两个方面，一个是最大爬坡度，另一个是最高车速。因此，在计算时取最大爬坡度和最高车速两种状态下计算的电动机基本功率，最终需要选择两者中的较大者。计算时，车辆应选用最大总质量进行计算。

1) 最高车速时电动机的功率计算

在这种情况下主要考虑电动汽车行驶在较平整的路面上，而且达到最高车速时应该能够稳定，处于匀速行驶状态，因此$\cos\alpha=1$，$\sin\alpha=0$，$\tan\alpha=0$，$du/dt=0$。则确定电动汽车最高车速时所需的功率P_v为：

$$P_v=(fmg+\frac{1}{2}C_D A\rho u_r^2)u_{max} \tag{10-23}$$

2) 最大爬坡度时电动机的功率计算

最大爬坡度时，车辆处于标定的最大坡路上，此时α取标定最大值。车辆能够按照较低速度行驶，根据经验，此时速度u可以选择10～15km/h，且车辆有一定的加速能力，车辆能够在坡路上起步行驶，即加速度$du/dt>0$。不同的电动汽车加速度的要求也不一样。根据经验和对于电动汽车加速度的期待值，给出各种电动汽车加速度取值，见表10-3。

表 10-3 电动汽车坡路加速度选择

车型	坡路加速度 $\mathrm{d}u/\mathrm{d}t/\mathrm{m}\cdot\mathrm{s}^{-2}$
小型电动轿车	0.15～0.2
电动客车	0.1～0.15
电动货车	0.05～0.1

由此可以得到坡路行驶所需最大功率：

$$P_a=(fmg\cos\alpha+mg\sin\alpha+\frac{1}{2}C_DA\rho u_r^2+\delta m\frac{\mathrm{d}u}{\mathrm{d}t})u \tag{10-24}$$

为了保证车辆的动力性能和电动机的可靠性能，一般选择式(10-23)、(10-24)中计算的最大值，然后乘以一个功率系数，作为电动机的基本功率。电动机的基本功率数值仅仅能够满足车辆最低需求，在保证汽车爬坡能力的同时，计算时还要考虑汽车有可能存在超载，因此针对不同的电动汽车，功率系数的选择也必须慎重。不同性能或功用的电动汽车的功率系数选择可参考一定的试验数值，见表 10-4。

表 10-4 不同类型电动汽车所选择的功率系数

车型	功率系数
小型电动轿车	1.2～1.5
电动客车	1.5～1.8
电动货车	1.3～1.7

必须注意，这种计算仅仅是车辆电动机功率的基础运算，最终需要进行实车检验。

当然，以上获得的电动机的功率数是指单个电动机的情况，针对多电动机共同运行的情况要分开来计算。尤其应该注意的是，有的电动汽车采用电子差速，双电动机驱动，为了确保车辆的驱动性能，在这种情况下，电动机的功率不能够仅仅通过简单的数学平均的方式进行，而是要保留电动机足够的剩余动力。一般双电动机的功率按照左右各为$\sqrt{2}/2$分配比较合理。

10.5 电动汽车的几个性能参数的选择

电动汽车的主电动机功率确定后，可按照这些参数进行下一步的计算。电动汽车也有类似于传统汽车的参数评价要求。

10.5.1 车辆的最高车速、最大爬坡度与传动比的关系

电动汽车的最高车速、最大爬坡度均与传动比有很大关系，计算过程中需要反复计算和验证。

最高车速即电动汽车在良好水平路面上，在无风或微风条件下所能达到的最高行驶速度。最高车速属于电动汽车的一个极端使用条件，是电动车的重要性能参数。电动汽车最高车速的确定与车辆的性能和要求有关，最高车速与车辆的电动机的功率成正比关系，与

传动系统的速比成反比关系。

电动汽车的最高车速分为设计最高车速和实际最高车速。电动汽车的最高车速与传统车辆一样，也是代表车辆的一种基本性能的参数。目前所指的车辆的最高车速均是指设计最高车速。所设计的电动汽车在试验时所测得的最高车速必须大于等于车辆所标示的参数。

最大爬坡度是指在良好路面上，在无风和微风条件下，车辆以规定的速度能够连续稳定行驶的最大坡度。最大爬坡度属于电动汽车的一个极端使用条件，也是电动汽车的重要性能参数。电动汽车的最大爬坡度与电动机扭矩和传动系统的速比都成正比关系。

这两个参数是一对矛盾的数据，对于一个固定速比电动汽车来说，最高车速越高，往往电动汽车传动系统的速比越小，爬坡能力越差；反之亦然。

10.5.2 传动比的选择

电动汽车的传动比也是一个比较难确定的参数。传动比的选择不但与电动机的转速和车辆的最高车速有关，还要考虑电动机的输出扭矩。前面章节中已经提到各种电动机的特性，其关键的一项就是扭矩与转速特性。可以看出，电动机的扭矩在电动机低速的时候，并不一定能够发挥出较大值。每种电动机都有低速扭矩特性。

电动汽车的传动比要考虑两个因素，电动机的低速扭矩特性和高速扭矩特性。汽车在低速爬坡和最高车速行驶时，输出扭矩转换来的驱动力与阻力是相等的。根据这一特性，就可以计算出电动汽车的在不同车速下的传动比要求。为了保证车辆性能，一般要分别计算不同工况下的传动比要求。

1）高速状态下的传动比要求

根据所设计的车辆的最高车速、电动机的转速特性以及车辆的配置状况，即可计算该状况下的传动比需求。将总传动比用 i 表示，i_g 为传动系变速器的传动比，i_0 为主减速器的减速比，则有

$$i=i_g i_0 \tag{10-25}$$

车速 u_t 计算公式为：

$$u_t=\frac{120n\pi r}{1000i_g i_0}=0.3768\frac{nr}{i_g i_0}=0.3768\frac{nr}{i} \tag{10-26}$$

可确定最高车速，根据电动机参数选取好电动机最高转速后，即可计算总的速比为：

$$i=0.3768\frac{nr}{u_t} \tag{10-27}$$

计算出的数据即为总的传动比，但是还需要对电动机高速特性进行验算，还需要验算在最高车速下的电动机的扭矩特性能否满足车辆的最高车速下克服阻力的需求。

根据汽车的实际最高车速往往大于设计最高车速这一特性，因此在最高车速下的电动机提供的扭矩应该大于等于车辆所受到的阻力。只有在这一状况下，车辆才能够满足最高车速的条件。

根据电动机最高转速下的扭矩特性，选择该转速下的扭矩，代入公式即可以得到该转速下的驱动力为：

$$F_t=\frac{T_{tq}i\mu_T}{r} \tag{10-28}$$

根据阻力公式，最高车速是道路良好，平直道路，无风和微风条件下的受力，因此，最高车速下的车辆受到的阻力数值也可以进行估算：

$$F=fmg+\frac{1}{2}C_DA\rho u_r^2 \tag{10-29}$$

然后将上面两个数据进行对比，需要 $F_t \geqslant F$ 才可满足条件。

2) 爬坡状态下的传动比要求

根据所设定的最大爬坡度，需要进行计算和验算，确保车辆在爬陡坡时，电动机的功率和扭矩能够满足条件。众所周知，电动汽车的爬陡坡能力相对传统汽车要低得多。一般的电动汽车都是针对固定的使用工况设计，对于经常爬陡坡的电动汽车来说，一般都采用变速器结构来实现，还有的电动汽车是采用更大速比的减速器或主减速器来提升爬坡能力。

无论哪种电动汽车结构，爬陡坡时的状况是一样的，一般来说是将电动机处于最大扭矩和最大传动比的情况下进行。对于有挡位的电动汽车，应将车辆的挡位置于最低前进挡，对于没有挡位变化的电动汽车，应该将车速置于一个速度较低，而且电动机应处于最大扭矩工作区间的工作状态。一般来说，上述工况下的车速一般控制在 10～20km/h 较为适宜。但不同的车辆又有不同的使用工况，为了便于计算受到的各种阻力，可以参考传统车辆的爬坡时速，如果没有数据可以参考，可以选择 15km/h 进行计算。车辆受力计算为：

$$F_{t1}=fmg\cos\alpha+mg\sin\alpha+\frac{1}{2}C_DA\rho u_r^2 \tag{10-30}$$

为了保障车辆在坡路上能以一定的加速度起步，还需要将加速度值进行选定。然后根据阻力公式，计算出最大爬坡时受到的阻力总和。

$$F_{t2}=fmg\cos\alpha+mg\sin\alpha+\frac{1}{2}C_DA\rho u_r^2+\delta m\frac{\mathrm{d}u}{\mathrm{d}t} \tag{10-31}$$

有了车辆爬坡所需要的力，根据电动机的扭矩特性，就可以计算出所需要的传动比 i：

$$i=\frac{F_{t2}r}{\eta_t T_t} \tag{10-32}$$

为了确保数据的正确性，需要针对在该速比下，将车辆速度换算成电动机转速，确定电动机转速是否在所选择的大扭矩输出范围之内。

根据式(10－27)得出转速 n_t。

$$n_t=2.654\frac{u_t i}{r} \tag{10-33}$$

如果转速范围超过大扭矩范围，则表示车辆的车速选择不合适，需要重新校核。

通过计算，可以得到两种情况下的总的速比要求，这样就可以根据这两种情况进行判断和选择总的传动速比了。如果两者比较接近，就可以选择数值中的较大者，或者根据车辆的具体工况，确定更加适合的速比，然后根据这一数值重新计算另一个极限工况，从而对车辆的对应参数进行标定。如果要满足这两个极限工况所得到的总速比数值差别较大，则车辆需要考虑采用可变速的变速器，来满足不同工况下的使用要求。

有了总的速比，根据式(10－25)就可以选取合适的变速器和主减速器的速比进行配合。根据电动汽车的现状，在选择变速器和主减速器时，尽量选择现有的产品或者少量调整改造即可达到要求的产品。

现在市面可以选择的变速器和主减速器产品非常丰富。但要注意，所选择的无论是减速器或者是主减速器，其性能指标均要满足车辆的使用条件，如承载量、最大扭矩承受力等。

10.5.3 电动汽车加速性能

电动汽车的加速性能与传动汽车类似，也是汽车驾驶者较为关心的问题。实际上，汽车技术性能指标上的加速性能是一个参考值。一般加速性能主要有原地起步加速性能和超车性能两个指标。原地起步加速性能是指车辆动力全开，从静止状态下加速到指定车速所需用的最短时间。该性能一般需要在良好路面和无风或微风条件下实施。对于定速比的电动汽车来说，就是在加速踏板全开状态下实施加速测试，对于有变速挡的电动汽车来说，需要按照换挡的要求来执行加速测试。超车性能是指电动汽车在一定速度下行驶时能够富裕动力的能力。一般来说，电动汽车电动机的最大扭矩越大，其加速性能越好，而在相同动力的条件下速比越大，加速性能越好，车辆自重越小，加速性能越好。

原地加速性能和超车加速性能都是考察电动汽车在克服来自地面的滚动阻力和风阻之后，仍能提供的剩余动力。在计算加速性能时，由于考虑车辆在良好的水平路面，无风或微风条件下，因此在计算车辆受到阻力的时候，忽略坡度影响。

$$F_t = fmg + \frac{1}{2}C_D A\rho u_r^2 + \delta m\frac{du}{dt} \tag{10-34}$$

根据电动机的外特性曲线，分别选择在不同转速下，电动机满负荷时所能产生的扭矩，计算电动机所能产生的最大牵引力 F：

$$F = \frac{T_t i\mu_T}{r} \tag{10-35}$$

同时可以根据该情况下的受力平衡，即最大牵引力等于车辆所受的阻力，$F_t = F$，得到平衡式：

$$fmg + \frac{1}{2}C_D A\rho u_r^2 + \delta m\frac{du}{dt} = \frac{T_t i\mu_T}{r} \tag{10-36}$$

于是可以得到加速度 du/dt 的表达式：

$$\frac{du}{dt} = \frac{\frac{T_t i\mu_T}{r} - fmg - \frac{1}{2}C_D A\rho u_r^2}{\delta m} = \frac{T_t i_g i_0 \mu_T}{\delta m r} - \frac{C_D A\rho u_r^2}{2\delta m} - \frac{fg}{\delta} \tag{10-37}$$

导入速度与转速公式后，得：

$$\frac{du}{dt} = \frac{T_t i\mu_T}{\delta m r} - \frac{C_D A\rho\left(0.3768\frac{rn}{i_g i_0}\right)^2}{2\delta m} - \frac{fg}{\delta} = \frac{T_t i_g i_0 \mu_T}{\delta m r} - \frac{0.142 C_D A\rho r^2 n^2}{2\delta m i_g^2 i_0^2} - \frac{fg}{\delta} \tag{10-38}$$

式中：n 为电动机转速；T_t为电动机的在指定转速 n 下所能得到的最大输出扭矩；μ_T 为传动效率；i_g为变速器传动比；i_0为主减速器减速比；m 为汽车质量；r 为轮胎半径；f 为滚动阻力系数；g 为重力加速度；δ 为汽车旋转质量换算系数；C_D为风阻系数；A 为汽车迎风面积；ρ 为空气密度。

对一辆电动汽车来说，fg/δ 为常数：变量仅为发动机的转速 n 和对应的扭矩 T_t。

通过计算电动汽车的加速度，就可以计算出各阶段加速性能情况，进而了解汽车的加速性能。此外，对于最终的加速性能数据，还需要经过试验确定。

10.6 电动汽车的续驶里程计算

由于道路条件和使用工况不同，电动汽车的实际续驶里程亦不同。因此，对于电动汽车的续驶里程的标定就需要一个统一的测试规定。在规定条件工况下所测得的电动汽车的续驶里程称之为标定续驶里程，标定工况目前是指 GB/T 18386 所规定的工况。这种测量方式是一种验证测量，作为电动汽车的设计，必须做好规划和计算。

电动汽车的电池总容量决定了电动汽车的续驶里程，但是由于当前电池的能量密度还不能与传统汽车相比，因而电池的容量也决定了电动汽车的整车整备质量，这影响了车辆的承载量。因此电动汽车的续驶里程需要在车辆设计的时候就进行计算。

由于汽车在行驶过程中的干扰因素太多，在计算时不可能全部考虑进来，因此选择合理的系数是非常必要的。电动汽车与传统汽车不同，电动机不存在怠速状态，因而在不对电动汽车电动机施加指令的时候，电动机的功耗几乎为零。除了混合动力汽车外，传统汽车几乎不存在能量回收问题，但是电动汽车可以实现能量回收，电动汽车在制动过程中，部分动能可以通过电动机转换为电能，回收到动力电池等蓄电设备中并储存起来。这一部分能量也将干扰电动汽车的续驶里程。

电动汽车的所有电能绝大多数是用于电动汽车的驱动系统，同时电能还被车辆的辅助系统、空调系统、照明信号系统、影音系统和通信系统所消耗。其中辅助系统和空调系统是除驱动系统外的主要的电能消耗系统。辅助系统主要包含电动空压机系统、电动助力系统等；空调系统分为制冷系统、制热系统和除霜系统等。车辆克服滚动阻力和空气阻力所需要的能量与距离有关，而其他耗能设备如辅助系统、信号系统、空调系统及影音系统等的能耗与时间有关。因而电动汽车的续驶里程的计算非常复杂，所计算的数值也仅仅是参考数值，但对电动汽车的设计来说是必要的。

电动汽车的驱动系统能耗主要是用于克服车辆行驶过程中所受到的阻力。电池总能量为：

$$Q_e = Q_z + Q_a + Q_k + Q_q \tag{10-39}$$

式中：Q_e表示总能量；Q_z表示汽车行驶过程中滚动阻力和空气阻力所做的功；Q_a表示辅助系统消耗能量；Q_k表示空调系统能耗；Q_q表示除前面所述外的其他设备所需要的能耗。

为了便于计算，将部分能耗小的系统或设备忽略，因为照明设备或通信系统等其他设备能耗较小，在整个系统中可以忽略不计，因而可以简化为：

$$Q_e = Q_z + Q_a + Q_k \tag{10-40}$$

电动汽车电动机发出的功率全部用于克服滚动阻力和空气阻力，按照固定距离的能耗Q_z为：

$$Q_z = F_t l = fmgl + \frac{1}{2} C_D A \rho u_r^2 l \tag{10-41}$$

式中：l 代表车辆行驶的距离(m)。

电动汽车的辅助系统能耗与各个系统的电动机有关，而且各个系统的电动机也不是全时工作。其能量可以表达为

$$Q_a = \eta t P_a \tag{10-42}$$

式中：t 为工作时间；η 为工作利用率；P_a 为辅助电动机功率。

空调系统的能耗也与时间有关，如果空调系统的总的平均功率为 P_k，则空调系统消耗电能为

$$Q_k = P_k t \tag{10-43}$$

由此可以估计电动车的能耗为

$$Q_e = Q_z + Q_a + Q_k = fmgl + \frac{1}{2} C_D A \rho u_\tau^2 l + \eta t P_a + P_k t \tag{10-44}$$

式(10－44)计算出的数据为一个理想数据，即车辆在平整路面一直匀速行驶，而且过程中无制动，无急速转向等，且忽略车辆自身电器能耗的情况下车辆行驶所需要的电能。由于车辆存在种种工况，因此在实际设计时需要参考实际经验设置一个系数，用来表达车辆的整体能耗。根据车辆实际工况，这个系数的选择与所标定的数据有关。如果是为了标定车辆的标定续驶里程，系数可以选择1.2～1.4；如果是为了标定实际续航能力，这个系数一般为1.4～1.7，即在车辆计算单位能耗的基础上乘上这个系数。

为了便于计算，在实际设计中，对电动汽车的能耗计算一般用一个单位能耗系数 φ 来估算，单位为kW·h/t/km，而且这个数据是一个实验性结论数据，据目前的电动汽车的测算数据，一般选择为0.035～0.055kW·h/t/km。上述数据中，较小数一般用于标定续驶里程的估算，而较大数一般用于实际续驶里程的估算。需要说明的是，最终标定续驶里程需要用实验来验证。

有了能耗系数，就可以通过这个数据为电动汽车选择合适的续驶里程以及标定合适的续驶里程了。

例如，车辆总质量为 M，目标续驶里程为 S，那么电池的总能量就可按照如下公式计算：

$$Q' = MS\varphi \tag{10-45}$$

式中：Q'为电池总能量，kW·h；M 为车辆总质量，t；S 为车辆续驶里程，km。

得到电池的总能量数据，可以对车辆的续驶里程进行估算：

$$S = \frac{Q'}{M\varphi} \tag{10-46}$$

10.7 电池数量计算及电池组数确定

电池数量与选定的电池的总能量、电池电压、单体电池容量有关，而电池组数与总电压、电池单体电压和电池总数量有关。

10.7.1 电池系统总能量确定

根据设计确定了车辆的总续驶里程，也就确定了车辆总电能。

理论需要的总电能为 Q'：

$$Q'=MS\varphi \tag{10-47}$$

式中：M 为车辆总质量；φ 为单位质量能耗系数；S 为目标续驶里程。

此时得到的是一个理论需要电能值。为了保证车辆在一个行驶周期后还有一定的富裕电量，同时还要避免温度等外界因素对电池的影响，通常根据理论进行一系列的计算，在电池的理论总能量之前乘以一个系数 ξ，作为整车的总电能系数。通常这个系数选择 1.2～1.3，即

$$Q=\xi Q' \tag{10-48}$$

10.7.2 电动汽车总电压的确定

电动汽车的总电压的选择与车辆的类型有关，还与车辆的行驶性能有关。电动汽车的电压等级越高，获取同等功率的电流就越小，反之电压等级越低，获取同等功率的电流就越大。电压等级高，对车辆的绝缘要求就会增加，车辆的防护、线路的绝缘等级及车辆的绝缘性能等要求就更加苛刻，成本相应增加。如果电流过大，则电动汽车的线路损耗越大，电能的利用率就会下降。确定一个合适的电压，有利于降低车辆成本，提高车辆的电能利用效率。

目前国内电动汽车的电压常用值较为繁多，一般来说，车辆总质量越大，电压选择就相应较高，反之，可以选择较低的电压。表 10－5 为常用的电压等级。

表 10－5 电动汽车常用电压等级

电动车类型	参考电压等级/V	常用电压/V
电动工具车	48～160	48、60、72、120
电动旅游观光车	48～220	60、72、120
小型电动轿车	150～450	180、220、300、320、400
电动客车	250～680	320、400、480、500、520、600、650
电动货车	300～720	480、500、520、600、650

由于目前电动汽车没有大规模生产，电动汽车电压的选择还与所选用的电动机和电动机控制器的标称电压有关。

10.7.3 确定电池的单体容量

电池的单体容量与电池种类有关，还与电池常见的生产规格有关，因而，对于电池单体容量确定的过程，即是选择电池的过程。电池单体容量选择时需要考虑的因素主要如下。

1）电池的均衡性

电池的均衡性是影响电池组寿命的关键因素。电池单体容量越大，制造出的电池的差异就越大，一致性越差。反之，电池单体容量越小，电池的差异性就越小，容易实现电池的一致性。

2）电池管理系统的要求

电池管理系统是通过管理每一个电池单元实现对电池组的管理的。电池管理系统要对

每一个电池单元的电压、温度、容量等参数进行监控，如果选择的单体电池容量过小，导致电池管理系统的端子数增加，也就增加了电池管理系统的复杂性，进而影响电池管理系统的可靠性和整体造价。

3）电池的安全性

有数据表明，电池单体做的越大，其安全性能下降的速度就要超过电池容量增加的速度。也就是说，单体电池制作的越大，其安全性就会下降。安全性不但与电池的差异性有关，更与电池单体散热有关。

4）车辆电池安装位置和空间的限制

对于电动汽车来说，电池的布置是一项非常复杂的课题，由于电动汽车也要尽可能地增加乘坐空间或有效载荷空间，还要考虑整车载荷分配，电池的安装空间不可能无限制地增大，对于电池来说，选择合适尺寸的电池，有利于电池的安装和装配，也就合理地利用了有限的电池安装空间。

5）考虑电池组合后总体能量与设计容量差别

由于单体电池容量是固定的，因此成组之后的总电量并不一定就是所需的电池总电量。因此在选择单体容量时还要通过计算，选择组合后能最接近预期的总电量的电池。

10.7.4 确定电池的单体数量

确定电池的总体数量需要反复运算。

(1) 根据总电压和电池单体电压确定电池单体总数。

用选用的额定总电压除以单体电池的电压，即可以得出电池单元的数量了。此时得到的电池单元数需要进行规整，尽可能满足使每个电池箱的电池容量和数目相等，而且又能够尽量减少电池管理系统的分模块数量。

(2) 根据总电量和单体电池电量确定电池单体总数。

确定了总电池能量和单体电池容量后，就可以直接用总电池能量除以单体电池电能，得出单体电池的总数量了。但此时得到的这个数也仅仅是一个参考数值，也需要考虑电池单体配成电池单元和电池组的影响，并通过计算圆整。

综合考虑电池单元数、电池管理系统、电池组数、电池箱的一致性等因素，就可以对总体的电池数进行确定。按照此方法确定电池组合后，电池总的容量与所选定的电池总容量相差很小，而且每个电池箱的容量一致性较好，所需要的电池管理系统模块最小。

10.7.5 计算案例

下面通过一个案例来进行说明。

假设选定的电动汽车的总质量为18t，车辆单位质量能耗选择为每吨每公里行驶需要0.05kW·h/t/km，车辆的设定续驶里程选择为150km。车辆的额定电压选择为520V，电池箱为10箱，电池选择磷酸铁锂电池，电压为3.2V，ξ取1.2。

总电能为：

$$Q=\xi Q'=\xi MS\varphi=1.2\times18\text{t}\times150\text{km}\times0.05\text{kW}\cdot\text{h/t/km}=162\text{kW}\cdot\text{h}$$

电池单元数为：

$$N_1=520/3.2=162.5$$

假设选择电池箱为10箱，因此可以取160块。

电池单元的能量为：

$$C_1=162/160=1.0125\text{kW}\cdot\text{h}=1012.5\text{W}\cdot\text{h}$$

根据电池电压，则可以选定电池单元的容量为：

$$C_2=1012.5/3.2=316.41\text{A}\cdot\text{h}$$

假设厂家提供的电池型号，有50A·h、60A·h、80A·h、100A·h四种型号，通过组合后发现4块80A·h电池并联后容量最接近316.41A·h，因此可以选定电池单元为4块80A·h电池并联。

因此，总的电池数量N就能够确定：

$$N=4\times160=640\text{块}$$

此时的总电能为

$$Q_0=N\times3.2\times80=163840\text{W}\cdot\text{h}=163.84\text{kW}\cdot\text{h}$$

从计算结果上看，实际总电能Q_0与设计总电能Q相当，符合要求。

由此可以确定结果如下：

该车辆选定的电池箱为10箱，单箱由16个电池单元组成，每个电池单元有4块单体80A·h电池并联组成，一共有640块单体电池。

10.8 电动汽车环保性与经济性分析

对电动汽车而言，目前最吸引人的是它的高环保性和高经济性，但是作为一个电动汽车的设计者来说，不能单单通过车辆的描述来表达，应该要有合理的数据作为支持。由于电动汽车的种类繁多，不便于将每一种车辆进行计算，下面给出了一种通用的计算方案，用表格的方式进行介绍，作为参考。需要注意的是，比较应该在性能或功能相同的两种车辆上进行。表10-6是以常见的纯蓄电池电动汽车与传统汽车相比，进行电动汽车环保性与经济性分析，列举了国内某款12m纯电动城市客车与传统12m城市客车的主要数据对比。

表10-6　电动汽车环保性与经济性分析

对比项目	电动汽车	传统车辆	差额	计算方法
驱动系统功率	120kW	140～180kW	—	计算时，不含驾驶员等相同费用
百公里能耗	100kW·h/100km	40L/100km	—	按照目前相关资料公布数据
能源单价	0.4元/kW·h	7元/L	—	按照国家能源价格平均数计算
车辆年运行里程	72000km	72000km	—	规定为同等行驶距离
每年能耗费用	28800元	201600元	172800元	用前者减去后者
每年二氧化碳排放	无	68.0t	68.0t	按照国家及相关资料提供数据
每年其他排放物	无	4.0t	4.0t	按照国家及相关资料提供数据
其他维修费用	5000元	16000元	11000元	计算各自的全部维护 如三滤、润滑、保养等

（续）

对比项目	电动汽车	传统车辆	差额	计算方法
车辆充电设备等	100000 元	无	－100000 元	电动汽车有充电等附属设备需求
电池寿命	4～6 年	无	—	忽略铅酸电池影响，电池有可能中途更换
电池价格	600000 元	无	—	仅动力电池更换时需要计入
车辆使用年限	10～12 年	6～8 年	接近两倍	电动汽车的使用寿命与电池或电动机等有关，传统车辆与发动机等有关
车辆价格	1800000 元	650000 元	－1150000 元	根据同等档次的平均售价
政府补贴	500000～600000 元	20000～30000 元	—	根据国家及地方政策
车辆购置成本	1200000 元	620000 元	580000 元	—
短期使用成本	1502800 元	1925600 元	422800 元	按 6 年计，以上费用的总计
长期使用成本	2305600 元	3911200 元	1605600 元	按 12 年计，以上费用的总计，电动汽车更换电池，传统车辆更换车辆
短期排放合计	无	432t	432t	按 6 年计
长期排放总计	无	846t	846t	按 12 年计

表 10－6 中数据仅代表某种车型，数据也不尽完全正确。但由表中的比对项目可以看出，电动汽车与传统汽车在环保性特征和经济性特征上相比还是比较有优势的。对于电动汽车来说，尤其是纯电动汽车，其正常行驶中的排放为零，排放不含二氧化碳、氮氧化物、硫化物以及其他固体颗粒物等，这对城市来说，其环保性是非常明显的。需要说明的是，目前我国火电所占发电的比例仍在 70%以上，电动汽车行驶所需要的电能大部分来自燃烧煤炭得来，因而也有间接的二氧化碳排放，由于发电厂大多数不在城区，因而在计算时一般予以忽略。电动汽车的经济性不但表现在能耗费用的降低，其维修和保养费用都在同步降低。

小　　结

电动车整车设计计算，是电动车设计的基础，由于电动汽车与常规燃油汽车存在很大的区别，因此其设计计算也有别于普通汽车的设计计算。本章重点介绍了电动汽车车辆质量、动力性参数、驱动力和阻力、续驶里程、电池系统、性能参数等方面的设计计算。

1. 电动汽车的传动比如何选择？
2. 电池单体容量选择时需要考虑的因素主要有哪些？
3. 电动汽车的续驶里程及总能耗，如何计算得出？
4. 电动汽车单体电池的数量如何确定？

参考文献

[1] 王文伟，毕荣华. 电动汽车技术基础 [M]. 北京：机械工业出版社，2010.

[2] 王贵明，王金懿. 电动汽车及其性能优化 [M]. 北京：机械工业出版社，2010.

[3] 赵立军，白欣. 汽车试验学 [M]. 北京：北京大学出版社，2008.

[4] 祝占元. 电动汽车 [M]. 郑州：黄河水利出版社，2007.

[5] 章桐，贾永轩. 电动汽车技术革命 [M]. 北京：机械工业出版社，2010.

[6] 陈清泉，孙逢春，祝嘉光. 现代电动汽车技术 [M]. 北京：北京理工大学出版社，2002.

[7] (波兰)Antoni Szumanowski. 电工仪表与测量 [M]. 北京：北京理工大学出版社，2001.

[8] 王望予. 汽车设计 [M]. 北京：机械工业出版社，2000.

[9] 余志生. 汽车理论 [M]. 北京：机械工业出版社，2000.

[10] 王淑芳. 电动机驱动技术 [M]. 北京：科学出版社，2008.

[11] 桂长清. 动力电池 [M]. 北京：机械工业出版社，2009.

[12] 邹国棠，程明. 电动汽车的新型驱动技术 [M]. 北京：机械工业出版社，2010.

[13] 康云龙. 新能源汽车与电力电子技术 [M]. 北京：机械工业出版社，2009.

[14] 肖钢. 燃料电池技术 [M]. 北京：电子工业出版社，2009.

[15] 崔胜民. 新能源汽车技术 [M]. 北京：北京大学出版社，2009.

[16] 电动汽车安全要求　第 1 部分：车载储能装置(GB/T 18384.1—2001) [G]. 中国国家标准化管理委员会，2001.

[17] 电动汽车安全要求　第 2 部分：功能安全和故障防护(GB/T 18384.2—2001) [G]. 中国国家标准化管理委员会，2001.

[18] 电动汽车安全要求　第 3 部分：人员触电防护(GB/T 18384.3—2001) [G]. 中国国家标准化管理委员会，2001.

[19] 电动汽车定型试验规程(GB/T 18388—2005) [G]. 中国国家标准化管理委员会，2005.

[20] 电动汽车动力性能试验方法(GB/T 18385—2005) [G]. 中国国家标准化管理委员会，2005.

[21] 电动汽车能量消耗率和续驶里程试验方法(GB/T 18386—2005) [G]. 中国国家标准化管理委员会，2005.

北京大学出版社汽车类教材书目

序号	书　名	标准书号	著作者	定价	出版日期
1	汽车构造(第2版)	978-7-301-19907-7	肖生发，赵树朋	56	2014.1
2	汽车构造学习指导与习题详解	978-7-301-22066-5	肖生发	26	2014.1
3	汽车发动机原理(第2版)	978-7-301-21012-3	韩同群	42	2013.5
4	汽车设计	978-7-301-12369-0	刘涛	45	2008.1
5	汽车运用基础	978-7-301-13118-3	凌永成，李雪飞	26	2008.1
6	现代汽车系统控制技术	978-7-301-12363-8	崔胜民	36	2008.1
7	汽车电气设备实验与实习	978-7-301-12356-0	谢在玉	29	2008.2
8	汽车试验测试技术	978-7-301-12362-1	王丰元	26	2013.6
9	汽车运用工程基础(第2版)	978-7-301-21925-6	姜立标	34	2013.1
10	汽车制造工艺（第2版）	978-7-301-22348-2	赵桂范，杨　娜	40	2013.4
11	车辆制造工艺	978-7-301-24272-8	孙建民	45	2014.6
12	汽车工程概论	978-7-301-12364-5	张京明，江浩斌	36	2008.6
13	汽车运行材料（第2版）	978-7-301-22525-7	凌永成	45	2013.7
14	汽车运动工程基础	978-7-301-25017-4	赵英勋，宋新德	38	2014.10
15	汽车试验学	978-7-301-12358-4	赵立军，白　欣	28	2014.7
16	内燃机构造	978-7-301-12366-9	林　波，李兴虎	26	2014.12
17	汽车故障诊断与检测技术	978-7-301-13634-8	刘占峰，林丽华	34	2013.8
18	汽车维修技术与设备	978-7-301-13914-1	凌永成，赵海波	30	2013.5
19	热工基础	978-7-301-12399-7	于秋红	34	2009.2
20	汽车检测与诊断技术	978-7-301-12361-4	罗念宁，张京明	30	2009.1
21	汽车评估	978-7-301-14452-7	鲁植雄	25	2012.5
22	汽车车身设计基础	978-7-301-15619-3	王宏雁，陈君毅	28	2009.9
23	汽车车身轻量化结构与轻质材料	978-7-301-15620-9	王宏雁，陈君毅	25	2009.9
24	车辆自动变速器构造原理与设计方法	978-7-301-15609-4	田晋跃	30	2009.9
25	新能源汽车技术（第2版）	978-7-301-23700-7	崔胜民	39	2014.2
26	工程流体力学	978-7-301-12365-2	杨建国，张兆营等	35	2011.12
27	高等工程热力学	978-7-301-16077-0	曹建明，李跟宝	30	2010.1
28	汽车电气设备（第2版）	978-7-301-16916-2	凌永成，李淑英	38	2014.1
29	汽车电气设备	978-7-301-24947-5	吴焕芹，卢彦群	42	2014.10
30	汽车电器与电子设备	978-7-301-25295-6	唐文初，张春花	26	2015.2
31	现代汽车发动机原理	978-7-301-17203-2	赵丹平，吴双群	35	2013.8
32	现代汽车新技术概论（第2版）	978-7-301-24114-1	田晋跃	42	2014.5
33	现代汽车排放控制技术	978-7-301-17231-5	周庆辉	32	2012.6
34	汽车服务工程（第2版）	978-7-301-24120-2	鲁植雄	42	2014.6
35	汽车使用与管理	978-7-301-18761-6	郭宏亮，张铁军	39	2013.6
36	汽车数字开发技术	978-7-301-17598-9	姜立标	40	2010.8
37	汽车人机工程学	978-7-301-17562-0	任金东	35	2013.5
38	专用汽车结构与设计	978-7-301-17744-0	乔维高	45	2014.6
39	汽车空调	978-7-301-18066-2	刘占峰，宋　力等	28	2013.8
40	汽车空调技术	978-7-301-23996-4	麻友良	36	2014.4
41	汽车CAD技术及Pro/E应用	978-7-301-18113-3	石沛林，李玉善	32	2014.1
42	汽车振动分析与测试	978-7-301-18524-7	周长城，周金宝等	40	2011.3
43	新能源汽车概论	978-7-301-18804-0	崔胜民，韩家军	30	2015.2
44	汽车空气动力学数值模拟技术	978-7-301-16742-7	张英朝	45	2011.6
45	汽车电子控制技术(第2版)	978-7-301-19225-2	凌永成，于京诺	40	2015.1
46	车辆液压传动与控制技术	978-7-301-19293-1	田晋跃	28	2011.8
47	车辆悬架设计及理论	978-7-301-19298-6	周长城	48	2011.8
48	汽车电器及电子控制技术	978-7-301-17538-5	司景萍，高志鹰	58	2012.1
49	汽车车身计算机辅助设计	978-7-301-19889-6	徐家川，王翠萍	35	2012.1
50	现代汽车新技术	978-7-301-20100-8	姜立标	49	2014.12
51	电动汽车测试与评价	978-7-301-20603-4	赵立军	35	2012.7
52	电动汽车结构与原理	978-7-301-20820-5	赵立军，佟钦智	35	2015.1
53	二手车鉴定与评估	978-7-301-21291-2	卢　伟，韩　平	36	2012.8
54	汽车微控制器结构原理与应用	978-7-301-22347-5	蓝志坤	45	2013.4
55	汽车振动学基础及其应用	978-7-301-22583-7	潘公宇	29	2013.6
56	车辆优化设计理论与实践	978-7-301-22675-9	潘公宇，商高高	32	2015.2
57	汽车专业英语	978-7-301-23187-6	姚　嘉，马丽丽	36	2013.8
58	车辆底盘建模与分析	978-7-301-23332-0	顾　林，朱　跃	30	2014.1
59	汽车安全辅助驾驶技术	978-7-301-23545-4	郭　烈，葛平淑等	43	2014.1
60	汽车安全	978-7-301-23794-6	郑安文	45	2014.3
61	汽车系统动力学与仿真	978-7-301-25037-2	崔胜民	42	2014.11

相关教学资源如电子课件、电子教材、习题答案等可以登录 www.pup6.cn 下载或在线阅读。

如您需要免费纸质样书用于教学，欢迎登陆第六事业部门户网(www.pup6.com.cn)填表申请，并欢迎在线登记选题以到北京大学出版社来出版您的大作，也可下载相关表格填写后发到我们的邮箱，我们将及时与您取得联系并做好全方位的服务。

联系方式：010-62750667，童编辑，13426433315@163.com，pup_6@163.com，欢迎来电来信咨询。